Georg Denzler

Die Geschichte des Zölibats

HERDER / SPEKTRUM

Band 4146

Das Buch

Der Amtszölibat als Pflichtgesetz für Priester der katholischen Kirche
ist eine Existenzfrage, nicht nur für die persönlich Betroffenen. Der
katastrophale Priestermangel betrifft die Kirche insgesamt. Ist der
Pflichtzölibat ehernes Gesetz oder ein historisches Relikt? Was sagt
die Bibel? Was ist der Befund der Kirchengeschichte? Welches Gewicht haben die theologischen Argumente? Welche Gründe wurden
historisch wirksam? Wie wurde das Zölibatsgesetz in der Geschichte
verwirklicht? Entstehung und Entwicklung des Zölibatsgesetzes sind
für viele, die darüber hitzig und kontrovers diskutieren, weithin unbekannt. Angesichts vieler falscher oder schiefer Ansichten zur – zugegeben – komplizierten Geschichte des Priesterzölibats vermittelt
Georg Denzler – ohne jeden Zorn, aber nicht ohne Eifer und persönlichen Einsatz – sachliche Information und nüchterne Beurteilung
einer Geschichte, die mehrere Jahrhunderte umspannt. Ein engagier-
tes und kompetentes Buch, dessen Autor am Ende gesteht: „Wenn ich
der katholischen Kirche etwas Böses wünschen sollte, wäre es dies:
Daß sie die Zölibatsverpflichtung ihrer Priester unter allen Umständen und gegen alle Widerstände als eisernes Gesetz aufrechthält.
Doch ich wünsche es nicht, und zwar im Interesse der Kirche Jesu
Christi und aller Menschen, für die diese Kirche dasein soll."

Der Autor

Georg Denzler, geb. 1930 in Bamberg, Studium der katholischen
Theologie in Bamberg, 1955 Priesterweihe, 1962 Promotion, 1967 Ha-
bilitation im Fach Kirchengeschichte an der Universität München.
Seit 1971 o. Professor für Kirchengeschichte an der Universität Bam-
berg. 1973 Heirat. Unter seinen zahlreichen Veröffentlichungen: Die
verbotene Lust. 2000 Jahre christliche Sexualmoral, München ³1992.
Er ist Herausgeber der internationalen Schriftenreihe „Päpste und
Papsttum" (bisher 26 Bände).

Georg Denzler

Die Geschichte des Zölibats

Herder

Freiburg · Basel · Wien

Originalausgabe

Alle Rechte vorbehalten – Printed in Germany
© Verlag Herder Freiburg im Breisgau 1993
Herstellung: Freiburger Graphische Betriebe 1993
Umschlaggestaltung: Joseph Pölzelbauer
Umschlagfoto: © Agentur Focus, Hamburg, 1992
Autorenfoto: Brigitte Würtz, München.
ISBN 3-451-04146-4

Inhalt

Auf ein Wort

Jesus Christus: „Ich nenne euch nicht mehr Knechte …
Vielmehr habe ich euch Freunde genannt"
(Joh 15, 15)

Ambrosius († 397), Bischof von Mailand: „Knechten gibt man Gebote,
Freunden aber Räte.
Wo Gebot, da waltet das Gesetz,
wo der Rat, da waltet die Gnade"
(Migne: PL 16, 256)

Noch eine Veröffentlichung zum leidigen Thema Zölibat! So höre ich Sie stöhnen, und ich sehe auch schon, wie Sie dieses Buch aus der Hand legen, weil Sie der Meinung sind, die sattsam bekannten Argumente pro und contra Zölibat, die Gedanken über Nutzen und Schaden der gesetzlichen Verpflichtung der Priester zur Ehelosigkeit seien längst schon bis zum Überdruß ausgetauscht. Neues gebe es nicht mehr zu erwarten. Und im übrigen habe alles Argumentieren keinen Sinn, da es sich bei diesem Thema in erster Linie um ein kirchenpolitisches Problem handle, über das „Rom", gemeint ist vor allem der Papst, bekanntlich nicht mit sich reden lasse.

Sollte es in der Tat noch so sein wie vor 900 Jahren, als selbst Bischöfe, die 1074 bei einer Synode in Erfurt gegen die von Papst Gregor VII. mit Entschiedenheit geforderte Enthaltsamkeit des Klerus opponierten, nach einem Bericht des Bamberger Mönchs *Lampert von Hersfeld* enttäuscht feststellen mußten, daß weder mit Gegengründen noch mit Bitten bei der römischen Kirchenautorität etwas auszurichten sei? Dann freilich bliebe uns nichts anderes übrig, als mit dem Dichter Dante Alighieri resigniert zu bekennen: „Laßt alle Hoffnung fahren".

Resignation sei eine „Sünde gegen den Heiligen Geist", meinte der weltbekannte reformierte Theologe *Karl Barth* († 1968), „das glückselige Aber zur Resignation" jedoch ein Zeichen von Hoffnung. Die biblische Mahnung „Hoffen gegen alle Hoffnung" müßte in der Tat die Devise eines jeden Christen sein. Also will auch ich tausendmal lieber auf Hoffnung setzen, statt alle Hoffnung fahren zu lassen.

Wenn ich der Einladung, die gegenwärtige Zölibatsdiskussion durch einen historischen Beitrag zu versachlichen, folgte und mich dazu entschloß, nach meiner zweiteiligen Publikation „Das Papsttum und der Amtszölibat" (1973–1975), wo die Päpste im Mittelpunkt stehen, diese Abhandlung zu verfassen, geschah es vor allem deshalb, weil Entstehung und Entwicklung des Zölibatsgesetzes doch nicht so bekannt sind, wie es den Anschein hat.

Neben viel Unkenntnis, die sich beheben ließe, wird bei Erörterung der Zölibatsfrage häufig eine reichliche Portion Ideologie sichtbar, die leider nur schwer auszuräumen ist. Angesichts vieler falscher oder schiefer Ansichten zur – zugegeben – komplizierten Geschichte des Priesterzölibats tut Aufklärung immer noch not. Der Leser möge hier nicht eine anthropologische, systematisch-theologische oder pastoral-theologische Studie des Zölibatsproblems erwarten, sondern in erster Linie, wie es auch der Titel verspricht, eine historische Abhandlung des Zölibatsthemas.

Bei der zu allen Zeiten, heute aber mit besonderer Dringlichkeit diskutierten gesetzlichen Ehelosigkeit der katholischen Priester geht es nicht um eine unbedeutende Sache, sondern um wirkliche Existenzprobleme: zunächst für die persönlich betroffenen Priester und Priesteramtskandidaten, dann aber auch für immer mehr Pfarrgemeinden. Nehmen wir also die Lage so ernst, wie sie wirklich ist, und bemühen wir uns um sachliche Information und nüchterne Beurteilung einer Geschichte, die mehrere Jahrhunderte umspannt.

Der Historiker soll, einem alten Grundsatz folgend, „ohne Zorn und Eifer" (sine ira et studio) ans Werk gehen. Dieses Buch ist ohne jeden Zorn geschrieben, aber nicht ohne Eifer, und auch nicht ohne persönlichen Einsatz; denn diese beiden, Eifer und Einsatz, sind im Interesse des zu behandelnden Themas nicht bloß wünschenswert, sondern sogar notwendig.

Für das Mitlesen der Korrekturfahnen danke ich sehr herzlich Max Blauberger (Bamberg) und Dr. Hans-Urs Wili (Bern).

Breitbrunn am Ammersee, im November 1992   *Georg Denzler*

I. Priesterbild im Wandel

Bevor wir nach der Entstehung, Entwicklung und aktuellen Geltung der priesterlichen Ehelosigkeit fragen, soll der Wandel im Verständnis von Wesen und Aufgabe des Priesters skizziert werden. So sonderbar es klingen mag, ein Blick in die Geschichte zeigt bereits deutlich: Priesterbild und Priesterzölibat bedingen einander weithin.

Das alttestamentliche Priestertum fand im Neuen Testament keine Fortsetzung. Mit dem Sühnetod Jesu Christi, des einzigen Hohenpriesters, war das Priestertum zu Ende gegangen. Der Begriff, den wir deutsch mit Priester (griech. presbyteros, d. h. Älterer) wiedergeben, bezeichnet im hebräischen kohen, im griechischen hiereus und im lateinischen sacerdos den aus dem profanen Bereich ausgesonderten und einem heiligen Stand angehörenden Kultbeauftragten, dessen Hauptaufgabe im Darbringen des Opfers besteht. Dieser Begriff bezieht sich aber im ganzen Neuen Testament nirgends auf die Apostel und ihre Mitarbeiter. „Kein einziger Apostel wird im Neuen Testament als Priester bezeichnet, von keinem Apostel spricht ein neutestamentlicher Text als von dem Leiter einer Herrenmahlfeier. Keinem Presbyter oder Episkopen wird eine besondere Vollmacht und Verantwortung für den Gemeindegottesdienst ausdrücklich zugesprochen." [1] Unter den Mitgliedern der Kirche als des neuen Gottesvolkes gab es anfangs keine wesentlichen Unterschiede. Sie alle zusammen waren das Volk (griech. laos), d. h. Laien. Die einzelnen Kirchengemeinden hatten zwar Vorsteher (Episkopen bzw. Presbyter) und Diener (Diakone) mit jeweils eigenen Aufgaben, aber keine Kultpriester wie in den Tempeln der Heiden oder im Jerusalemer Tempel. „Das Neue Testament kennt weder geweihte Personen noch eigene Kultorte, weder Opferhandlungen noch heilige Zeiten der

Christen."[2] Noch fehlte also der Priester im kultisch-sacerdotalen Sinn.

Doch je weiter dieser jesuanische Ursprung aus den Augen verschwand, desto mehr erfuhren die kirchlichen Dienste eine Interpretation, welche dem Neuen Testament fremd ist. Ein qualitativ neuer Sprung erfolgte im 3. Jahrhundert: Man begann zwischen Priestern (jetzt nicht mehr im Sinn des früheren Presbyter!) und Laien klar zu unterscheiden. Auf diese Weise traten zwei Stände ins Leben, von denen der des „qualifizierten" Amtsinhabers den des „gewöhnlichen" Laien bald weit übertraf. Diesen Sachverhalt bringt der dem Neuen Testament selbst fremde Begriff Hierarchie (griech. hiera archä = heilige Herrschaft) zum Ausdruck. Während die ersten Christen mit dem Brotbrechen und Brotessen beim Gottesdienst noch ihre Distanz zum Opferkult und Priestertum in Jerusalem bekundeten, erlebte das Amt des Aufsehers (Episkopos) ebenso wie das des Ältesten (Presbyter) vom 3. Jahrhundert an eine spezifisch priesterliche (sacerdotale) Umdeutung, die sich auch auf die Lebensführung des (neuen) Priesters auswirken mußte. Diese neue Sicht erhielt im Hochmittelalter ein theologisches Fundament durch die scholastische Lehre, daß die Ordination (Priesterweihe) ein „unauslöschliches Siegel" (Charakter) einprägt, mit dem eine seinsmäßige Veränderung in der Person des Empfängers verbunden ist.

Erste Spuren dieser höchst bedeutsamen Entwicklung finden sich schon in einem um das Jahr 96 verfaßten Brief, der allein *Klemens von Rom* zugeschrieben wird, obwohl die Christengemeinden in Rom und in Korinth zu dieser Zeit noch kollegiale Leitungen besaßen. Diesem Schreiben ist zu entnehmen, daß die wichtigste Aufgabe des Vorstehers, wie schon beim alttestamentlichen Priester, in der Darbringung der Opfergaben besteht. In diesem *Klemens-Brief* haben wir übrigens das erste Zeugnis für einen kirchlichen Amtsträger in der Rolle des Opferpriesters. Unter diesem Aspekt verstärkte sich in der nächsten Zeit die Verbindung zwischen Synagoge und Kirche. „Hippolyt, Tertullian, Cyprian, die syrische Didaskalia, Origenes wenden alttestamentliche Titel und Kultvorschriften unmittelbar und ohne erkennbare Hemmungen auf Bischöfe, Presbyter, Diakone und ihren Dienst in der

Kirche an."[3] Die Erhöhung des kirchlichen Amtsträgers zum *sacerdos*" (anfangs Bezeichnung für jeden Priester, später nur noch für den Bischof) bewirkte eine Degradierung der übrigen Gemeindemitglieder, die fortan im betonten Gegensatz zu den Klerikern (d. h. Auserwählten) „Laien" genannt werden. Der wesentliche Unterschied liegt darin, daß nur Inhaber des sacerdotalen Amtes zur Leitung der Gottesdienste befähigt und berechtigt sind. Mit dieser Differenzierung setzte nach Meinung des Neutestamentlers Paul Hoffmann eine verhängnisvolle Entwicklung ein; denn: „Die Idee eines von den übrigen Gemeindemitgliedern unterschiedenen Klerikerstandes, für den eine besondere ontologische Verfaßtheit kraft der Weihe (character indelebilis) und der alleinige Führungsanspruch oder eine heilsmittlerische Kompetenz postuliert wird, findet im Zeugnis des Neuen Testaments keine Stütze."[4] Der Gemeindevorsteher wurde bis zu dieser Zeit unter Handauflegung und Gebet in sein Amt eingesetzt (ordiniert), jetzt empfängt er eine *heilige Weihe,* d. h. er wird geweiht (konsekriert) und damit für immer aus dem Bereich der Laien herausgenommen und gleichzeitig in die Welt des Heiligen eingegliedert.

Bezeichnenderweise läßt sich um diese Zeit eine wachsende *Zurückdrängung der Frauen* erkennen, die ihren männlichen Geschlechtsgenossen bei der Verkündigung des Evangeliums und der Feier der Eucharistie in den anfänglichen Hausgemeinden bis dahin wohl nicht nachgestanden waren. Priesterinnen gab es bei den Griechen wie bei den Römern, bei den Kelten ebensowie bei den Germanen. Doch je höher der Mann im Zeichen des Patriarchats stieg, desto tiefer sank die Frau, bis sie schließlich, aus „Amt und Würden" verdrängt, den Männern, das heißt den männlichen Priestern, das Monopol in der Kirche überlassen mußte. Parallel dazu beobachten wir eine aus gnostisch-dualistischem Gedankengut erwachsene Geringschätzung des weiblichen Geschlechts, das, weil immer mehr auf der Seite des Bösen angesiedelt, dem männlichen Geschlecht als unheilvoll erscheinen mußte und deshalb so weit wie möglich ganz gemieden werden sollte. All dies führte dazu, daß die christlichen Gemeinden bald nur noch von Männern, mit Vorliebe von zölibatären Männern, geleitet werden durften.

Das gewandelte priesterliche Amtsverständnis kann sich endgültig durchsetzen, „als seit der Zeit Konstantins der Klerus der christlichen Gemeinden durch die staatliche Privilegierung wie die heidnischen Priesterschaften Steuerfreiheit erhält, nach und nach den heidnischen Priesterschaften gleichgestellt und schließlich diesen vorgezogen wird"[5]. Von besonderer Bedeutung für unser Thema ist die Tatsache, daß diese *Sakralisierung des Priesteramtes* konkrete Auswirkungen auf das Leben der Priester zeigte. Weil der heilige Dienst nur noch von „Geheiligten" (Konsekrierten) versehen werden durfte, erwartete man jetzt, daß diese Priester, ihrem heiligen Dienst entsprechend, auch ein heiliges Leben führten. Und Heiligkeit bedeutete zuerst Reinheit im Sinn sexueller Enthaltsamkeit, gleichgültig, ob in einer Ehe oder ohne Ehe. Der eingeschlagene Weg mündete schließlich in die Forderung dauernder Enthaltsamkeit nach dem Empfang der höheren Weihe.

Provozierend auf die Lebensform des Priesters wirkten außerdem Denken und Leben der *Asketen,* die sich in der Kirche schon früh hoher Achtung erfreuen konnten. Der Kirchenhistoriker Ernst-Ludwig Grasmück dürfte recht haben mit der Feststellung, daß der Gedanke der Ehelosigkeit „ausschließlich über das Asketentum – ganz gleich, ob bei den Gebildeten neuplatonisch oder darüber hinaus anachoretisch bestimmt – in den Klerus" eingedrungen sei.[6]

Bei der Entfaltung dieses neuen Priesterverständnisses geriet allmählich ganz in Vergessenheit, daß nach dem neutestamentlichen Brief an die judenchristlichen Hebräer das alttestamentliche Priestertum ein für allemal beendet sein sollte und die Kirche keinen neuen Opferkult und folglich auch keine neuen Opferpriester mehr brauchte, weil Jesus Christus als der „eine erhabene Hohepriester" durch seinen Tod die ewige Erlösung für alle Zeiten bewirkt hat und als der einzige Fürsprecher für die Kirche bei Gott bis zum Ende der Zeiten eintritt (Hebr 4, 14 – 5, 10).

Diese ursprüngliche Auffassung scheint sich im *Mönchtum* am längsten gehalten zu haben. Es ist ohnedies zweifelhaft, ob die Mönche zur Zeit des *hl. Benedikt* († ca. 547), des Gründers des nach ihm benannten Benediktinerordens, schon die Eucharistie oder hl. Messe gefeiert haben (falls ja, dann sicher nur an Sonn- und Festtagen). Benedikt selbst war kein Priester, und die meisten seiner Mönche auch nicht. „In der Zeit des heiligen Benedikt er- mahnte man die Mönche, zwei Arten von Menschen aus dem Wege zu gehen: Bischöfen und Frauen, da ein Bischof den Ver- such unternehmen würde, den Mönch zum Priester zu machen, und eine Frau würde es darauf anlegen, ihn zum Heiraten zu brin- gen."[7]

Die Theologen des 4. und 5. Jahrhunderts konzentrierten das „Heilige" in zunehmendem Maß auf das Priesterliche, was zur Folge hatte, daß die Person des Priesters in einem Nimbus er- strahlte, der von seiner Weihe ausging. Vor allem *Johannes Chry- sostomus* führte mit seinem Traktat „Über das Priestertum" (386) die Sakralisierung des Klerus auf himmlische Höhe. „Was näm- lich das Priestertum betrifft", lesen wir darin, „so wird es zwar auf Erden verwaltet, nimmt jedoch den Rang himmlischer Einrich- tungen ein."[8] Bei demselben Kirchenvater begegnet uns auch die völlig neue Auffassung von der Eucharistie als einem sakralen Op- fer. Er sah das Opferblut auf dem Altar der Götter abgelöst durch das Blut Christi auf dem Opferaltar der Eucharistie. Und weil die Eucharistiefeier jetzt als ein wirklicher Opferritus verstanden und vollzogen wurde, erwartete man auch von den (Opfer-)Priestern als Dienern des Hohenpriesters Jesus Christus, der selbst unver- heiratet geblieben war, ein sexuell enthaltsames Leben. So wan- delte sich die allen Christen geltende Empfehlung des Apostels Paulus (vgl. S. 22) erst Jahrhunderte später zu einer speziellen For- derung an die Adresse aller Kleriker. Doch auch die Laien sollten als Teilnehmer an der Opferfeier nach Reinheit, vorrangig als ge- schlechtliche Beherrschung verstanden, streben.

Papst *Gregor der Große* (590–604) schritt auf dem so vorge- zeichneten Weg weiter. In einem Brief an Kaiser Mauricius offen- barte er allerdings ein allzu wörtliches Verständnis der Bibel, wenn er feststellt, „in den Heiligen Schriften werden die Priester manchmal ‚Götter‘, manchmal ‚Engel‘ genannt"[9], um daraus die unvergleichlich hohe Würde des Priesters abzuleiten. Am liebsten hätte er aus den verheirateten Priestern zölibatäre Mönche ge- macht, wie er selbst einer gewesen ist.

Diese Zielsetzung wurde im 11. und 12. Jahrhundert von dem monastisch ausgerichteten Papsttum energisch verfolgt. „Wunsch und Wille Gregors VII., die Priester der Kirche nach dem asketischen Ideal der Mönche zu prägen, führen zu einem veränderten Priesterbild ... Aus dem Presbyter ist der Priester der katholischen Kirche geworden, der das heilige Opfer darbringt." [10] Doch die Mehrzahl des Klerus, mehr weltlich als geistlich gesinnt, war zu dieser Zeit nach Meinung der Kirchenreformer zwei Hauptübeln verfallen: der Simonie (Kauf geistlicher Ämter) und dem Nikolaitismus (Unzucht, wozu auch die Ehe der Priester gerechnet wurde). Das Ziel hieß letztlich: *enthaltsame* und darum *ehelose Priester.* Fast alle Päpste dieses Jahrhunderts, von Leo IX. (1049–1054) bis Urban II. (1088–1099), förderten die vita communis der *Kanonikerbewegung,* weil sich vom Gemeinschaftsleben der „Welt"-Priester eine bessere Erfüllung der Kontinenzpflicht erhoffen ließ. Diese Kanoniker lebten wie Mönche, jedoch ohne Armut, Keuschheit und Gehorsam zu geloben, und erwarben sich in der praktischen Seelsorge große Verdienste.

Die scholastische Theologie im Hochmittelalter brachte die Sakralisierung des Priesters mit der Definierung des Sakramentsbegriffs und im Zusammenhang damit der Doktrin vom *„unauslöschlichen Merkmal" (character indelebilis),* das bei der Taufe und der Priesterweihe eingeprägt wird, zu einem krönenden Abschluß. Der Priester galt demnach als geweiht „auf ewig nach der Ordnung Melchisedeks" (Hebr 5, 6) und konnte nie mehr ein Laie werden.

Zur Abwehr der von den Reformatoren ausgehenden Angriffe gegen ein Priestertum, das zu dieser Zeit einseitig am Meßopfer ausgerichtet war, betonte das *Konzil von Trient (1545–1563)* die enge Verknüpfung von Opfer und Priestertum. Folglich erschien dieser gegenreformatorischen Theologie der Priester vornehmlich als *Opferpriester,* während das Predigtamt, die Verkündigung des Evangeliums, in den Hintergrund geriet. Leo Zirker formulierte diesen Sachverhalt prägnant: „Das kirchliche Amt wird ausschließlich auf den priesterlichen Ordo gegründet, der seinerseits kultisch sacerdotal verengt gesehen wird." [11] Nach dem Priesterbild, das in den Reformdekreten des Trienter Konzils aufscheint, unterscheiden sich Priester und Mönch hinsichtlich ihres liturgischen Dienstes und ihrer Spiritualität (Breviergebet, Ehelosigkeit) nur wenig voneinander.

Zu welcher Übersteigerung eine solche Blickverengung führen kann, beweist der auf Anregung desselben Konzils erarbeitete und von Papst Pius V. im Jahr 1566 für die ganze Kirche publizierte *Catechismus Romanus*. Darin werden Bischöfe und Priester in den Himmel erhoben, wenn sie „Gottes Dolmetscher und Botschafter", ja noch mehr: „mit Recht nicht nur Engel, sondern auch Götter genannt werden, weil sie des unsterblichen Gottes Kraft und Hoheit bei uns vertreten".[12] Diese Aussage stellt nach Karl Lehmann „eine bedauerliche und angesichts der Verbreitung des Katechismus nicht folgenlose Lehräußerung dar, die man heute unbeschadet des sonstigen Rangs dieses Reformwerks als Verirrung bezeichnen muß."[13]

Das tridentinische Priesterideal bestimmte jedoch die Auffassung vom Priester auf Jahrhunderte. Der Geistliche wurde jetzt vollends zu einer Person, die sich von den anderen Gläubigen unterscheidet, äußerlich sichtbar in der Standeskleidung, in speziellen Standesrechten und in einem besonders aufgrund des Zölibats distanzierten Leben. Dieses sakralisierte Priesteramt wirkte nicht allein auf das Selbstverständnis des Priesters, es erzeugte gleichzeitig im Kirchenvolk einen hohen Respekt vor dem Wesen und Wirken des Geistlichen. *Joseph-Marie de Maistre* († 1821), ein katholischer Laie aus Savoyen, fordert in seinem Buch „Du Pape", das ihn als flammenden Vorkämpfer eines souveränen, unfehlbaren Papsttums ausweist, priesterliche Männer, „welche in jeder Beziehung höher stehen als andere", höher auch als die Priester aller anderen Religionen. Die Ehelosigkeit spielt dabei eine ganz entscheidende Rolle: „Jeder verehelichte Priester wird unter seine Würde herabsinken. Das unbestreitbare Übergewicht der katholischen Geistlichkeit ist einzig in dem Zölibatsgesetze gegründet ... Der erhabene Adel der katholischen Geistlichkeit beruht ganz und gar auf dem Zölibat." Schließlich bricht er in einen Jubelruf auf jene Päpste aus, die für die Ehelosigkeit der Geistlichen gestritten haben: „Heil und ewige Ehre Gregor VII. und seinen Nachfolgern, die das Priestertum gegen alle Sophismen der Natur, des Beispiels und der Ketzerei unversehrt erhalten haben."[14]

Das *2. Vatikanische Konzil (1962–1965)* betrachtete den Priester zwar nicht mehr einseitig als Kultdiener, hielt aber doch, aufs Ganze gesehen, am tridentinischen Priesterideal fest und verursachte dadurch bei manchem Priester eine Identitätskrise. Andererseits verdanken wir dieser großen Kirchenversammlung doch eine längst fällige Aufwertung des Weltlichen und der Laien, so daß das „Sakrale" und das „Priesterliche" ihre frühere Vorzugsstellung weitgehend verloren haben und der Priester seinen Platz wieder, wie in den Anfangszeiten der Kirche, inmitten der Gemeinde einnimmt.

Papst *Paul VI.* (1963–1978) registrierte den Wandel im Selbstverständnis vieler Priester mit großer Besorgnis. Bei einer Ansprache an den Klerus seiner Diözese Rom im Jahre 1972 wertete er das „beseligende Opfer im Zölibat" als Folge innigster Verbundenheit mit Jesus Christus. Über den Priester selbst wagte er die leicht mißverständliche Aussage: „er ist auf andere Weise Christus."[15] Solchen und ähnlichen Gedanken begegnen wir häufig in Äußerungen des seit 1978 regierenden Papstes *Johannes Paul II.* Charakteristisch für seine Auffassung vom Priester sind Begriffe wie „besondere Berufung", „freie Erwählung", „besondere persönliche Gemeinschaft mit Jesus Christus", „Handeln in der Person Jesu Christi" und „besondere Teilhabe am Amt Jesu Christi". Doch viele Theologen und Priester, namentlich jüngere, wollen von einer derartigen Quasi-Identifizierung nichts mehr wissen.

Der katholische Journalist *Josef Othmar Zöller* hat das Priesterbild mit goldenem Heiligenschein schon 1969 in seinem heute noch lesenswerten Buch „Abschied von Hochwürden" ins Museum verwiesen. Der Zölibat sei „ein wesentliches Moment für das Prestige und das Selbstbewußtsein der katholischen Priester" gewesen, konstatiert Zöller, „ein Elite-Zeichen für einen exponierten Beruf – und das in einer pluralistischen Gesellschaft, deren Berufe heute gewöhnlich mehr materialiter als elitär gewertet werden. Unter den Aspekten der modernen Gesellschaft ist der Status des katholischen Priesters eine permanente Herausforderung eben dieser Gesellschaft." Das stark verschobene theologische Gleichgewicht habe vor allem in moralischer Sicht zu kuriosen Maßstäben geführt: „Während man auch Priestern Lieblosigkeiten und Sünden wider den Geist gleichsam nur wie moral-theologische Kavaliersdelikte anrechnet, wird ein Vergehen gegen den Zölibat wie ein Kapitalverbrechen geahndet." Doch die Zeiten, da der Zölibat „als bloßer Kraftakt gegen die naturgegebene Geschlechtlichkeit und als bloße disziplinäre Pflichtübung" noch imponierend gewirkt habe, sind nach Zöllers Überzeugung längst vergangen. Niemand wird dies bedauern; denn: „Der Zölibatär im Sinne der Selbstverwirklichung des ‚Geistlichen‘ im Gegensatz zur Verfallenheit des Niedervolks der ‚Fleischlichen‘ ist eine antiquierte und theologisch nicht haltbare Fehlkonstruktion."[16]

Der Kirchenhistoriker *Wilhelm Gessel* hat überzeugend nachgewiesen, daß die Sakralisierung wesentlich ein hellenistisch-römisches Charakteristikum trägt, das sich die frühen Kirchen von außen her zunutze gemacht haben. Er zieht daraus den Schluß, daß mit dem Erlöschen spätantiker Lebensformen eine Entsakralisierung im kirchlichen Bereich dringend geboten sei: „Eine innere Notwendigkeit zur Beibehaltung des Sakralkultischen dürfte kaum begründet sein. Es zu eliminieren heißt, das spätantike Gewand der Kirche abzustreifen."[17]

Dennoch sehen konservative Kirchenkreise in der wachsenden Tendenz zur Entsakralisierung einen massiven Angriff auf das Sakrale schlechthin und beschwören diese Entwicklung als eine der größten Gefahren für die Kirche in unserer Zeit. Zu ihnen zählt auch der Philosoph *Dietrich von Hildebrand*, Ehemann und Familienvater, wenn er schreibt: „Nicht die Verwischung des Unterschiedes des Priesters vom Laien – die dem Sinn und Wesen des Priestertums widersprechen würde –, sondern die Betonung des übernatürlichen Charakters dieses Amtes, die Vermeidung aller Säkularisierung, die Stärkung des sensus supranaturalis kann sie vor diesem Fehler bewahren."[18] Es ist aber doch die Frage, ob dieser Verweltlichungsprozeß, der noch lange nicht abgeschlossen ist, um der Absolutheit des Heiligen willen nicht bloß legitim, sondern sogar notwendig ist. Hat nicht Jesus selbst den Weltdingen ihre Eigenart zugeteilt und eben dadurch das Heilige in seinem Eigenwert gerettet?

Schließlich steht die Kirche heute noch vor der Aufgabe, den *einen* Priesterdienst in eine Vielzahl von Diensten aufzuteilen, wie sie zum Teil aus den ersten Jahrhunderten bekannt sind. Der Priestermangel führte inzwischen schon zu einer „Aufwertung" der männlichen wie der weiblichen Laien. Sie dürfen in der Kirche Dienste verrichten, die früher nur ledigen Männern mit niederen oder höheren Weihen reserviert blieben. Auf diese Weise verringerte sich noch einmal die persönlich-amtliche Distanz zwischen Priestern und Laien, begleitet von der tiefgehenden Konsequenz, daß auch das Bewußtsein vom Wesensunterschied zwischen beiden, wie ihn die Dogmatik lehrt, zu schwinden begann. Kein Wunder also, wenn das Amt des Priesters nicht mehr allgemein als ein besonderer Stand in der Kirche verstanden wird und außerdem der Ruf nach dem Priester im Nebenamt nicht mehr verstummt. Jedenfalls erscheint die Frage nach der speziellen Lebensform, ob ledig oder verheiratet, weithin als nebensächlich. Im Gegenteil, es stößt immer mehr auf Unverständnis, daß die Bereitschaft zum Zölibat ein unerläßliches Kriterium für den Zugang zum Priestertum darstellen soll. Dies ganz besonders, da speziell aus diesem Grund fähige, unter Umständen sogar besser geeignete Kandidaten, die aber auf die Ehe nicht verzichten wollen, dem Priesterdienst verlorengehen. Was heute zählt, heißt es, ist einzig und allein die Bereitschaft zum Dienst für das Evangelium.

Die alttestamentliche Idee von der kultischen Reinheit (vgl. S. 60 ff.) und eine eng damit verbundene Sakralisierung des priesterlichen Amtes waren die entscheidenden Motive dafür, daß vom Priester zuerst Enthaltsamkeit und schließlich auch noch Ehelosigkeit gefordert wurden. Entsacerdotalisierung wird darum erst wieder den Weg frei machen zu einem Berufsbild des Priesters, das die Charismen aller Glieder der Kirche voll zur Wirkung kommen läßt.

II. Gesetzgebung zur Enthaltsamkeit und zum Zölibat

Enthaltsamkeit bedeutet vollkommenen Verzicht auf jede Art von sexueller Aktivität. Mit *Ehelosigkeit* ist zunächst nicht mehr und nicht weniger gesagt, als daß ein Mensch – aus welchem Grund auch immer – nicht verheiratet ist; es heißt aber nicht unbedingt, daß er auch sexuell völlig enthaltsam lebt. Der im kirchlichen Bereich übliche Terminus *Zölibat* (lat. caelebs = ehelos) meint eine Ehelosigkeit, bei der geschlechtliche Enthaltsamkeit eingeschlossen ist. In diesem Sinn verpflichtet die römisch-katholische Kirche spätestens seit dem 2. Laterankonzil (1139) alle Inhaber höherer Weihen (Subdiakon, Diakon, Priester, Bischof) zu einem ehelosen Leben. Eine Ausnahme bilden erst seit dem 2. Vatikanischen Konzil jene Diakone, die als verheiratete Männer reiferen Alters geweiht werden.

Ferner unterscheidet man zwischen einer *charismatischen Ehelosigkeit*, wie sie für die *Jungfräulichkeit* als Geschenk (griech. charisma) von Gott charakteristisch ist, und einer kirchenrechtlich vorgeschriebenen Ehelosigkeit, welche der künftige Priester bereits vor seiner Weihe zum Diakon versprechen muß. Von diesen beiden Formen verschieden ist eine Ehelosigkeit, die im Verständnis der antiken Philosophie, insbesondere der Stoa und der Gnosis, als asketisch oder philosophisch bezeichnet werden kann. Der Verzicht auf die Ehe erfolgt hier einerseits aus Geringschätzung des Leiblichen und andererseits aus Hochschätzung des Geistigen (vgl. S. 79 f.).

Der in die Frühe Kirche zurückreichende Begriff Jungfräulichkeit (lat. virginitas) ist mißverständlich. Wenn damit ein sexuell enthaltsames Leben angezeigt werden soll, fragt man sich sogleich, ob dies nur eine Angelegenheit von Frauen sein kann. Sicher nicht, doch es gibt eben begrifflich kein männliches Pendant, etwa Jungmännlichkeit. Wenn also die Kirche von *jungfräulichem Leben* spricht, meint sie ein eheloses Leben in völliger Enthaltsamkeit, das eine Frau oder ein Mann aus religiösen Gründen führt.

Unsere Suche nach den biblischen Wurzeln der vom Priester geforderten Ehelosigkeit (Zölibat) müssen wir im Alten Testament beginnen, einmal, weil Jesus Christus, den die Kirche als ihren göttlichen Gründer verehrt, aus dem Volk der Juden hervorgegangen ist, und dann, weil im Laufe der Jahrhunderte gerade in dieser Hinsicht oft enge Zusammenhänge zwischen dem Alten und dem Neuen Testament hergestellt werden.

1. Biblische Aussagen

A. Altes Testament

Die Ehe stellt im Alten Testament eine sakrale Institution dar. Nach dem älteren der beiden biblischen Schöpfungsberichte bleiben Mann und Frau aufeinander angewiesen: „Es ist nicht gut, daß der Mensch allein bleibt. Ich will ihm eine Hilfe machen, die ihm entspricht" (Gen 2, 18). Kinder wurden als Segen Gottes verstanden und angenommen, Kinderlosigkeit dagegen gereichte der Frau zur Schande.

Die Priester waren verheiratet, mußten aber strenge Ehegesetze befolgen: „Sie dürfen weder eine Dirne noch eine Entehrte, noch eine Frau heiraten, die ihr Mann verstoßen hat" (Lev 21, 7). Schwere Strafe traf die unzüchtige Priestertochter: „Wenn sich die Tochter eines Priesters als Dirne entweiht, so entweiht sie ihren Vater; sie soll im Feuer verbrannt werden" (Lev 21, 9). Zur Zeit seines Tempeldienstes durfte sich der Priester nicht sexuell betätigen.

Ehelosigkeit oder Jungfräulichkeit werden im Alten Testament nirgends mit Lob bedacht. Geschätzt und geschützt ist allerdings die Unberührtheit eines noch ledigen Mädchens. Das spätere Judentum hielt eine Witwe für fromm, wenn sie nach dem Tod ihres Mannes nicht wieder heiratete.

Jesus von Nazareth, der Sohn der Jungfrau Maria, blieb ehelos, machte aber niemand, auch nicht seinen Aposteln, Ehelosigkeit zur Pflicht. Andererseits respektierte er die Ehe wie alle anderen irdischen Wirklichkeiten auch. Doch verurteilte er in scharfem Widerspruch zur Tradition die Ehescheidung radikal: „was Gott verbunden hat, das darf der Mensch nicht trennen" (Mt 19,6). Auf dieses Scheidungsverbot beziehen sich Vers 19,11: „Nicht alle können dieses Wort fassen, sondern nur die, denen es gegeben ist" und der Schluß von Vers 19,12: „Wer das erfassen kann, der erfasse es." Und selbst wer diesen Ruf mit dem unmittelbar vorausgehenden Eunuchenspruch („Manche sind von Geburt an zur Ehe unfähig, manche sind von den Menschen dazu gemacht, und manche haben sich selbst dazu gemacht – um des Himmelreiches willen") verbinden möchte, wird zugeben müssen, daß es sich dabei nicht um einen Befehl Jesu an alle Jünger oder auch nur an die Amtsträger zum Verzicht auf die Ehe handelt. Wohl aber kennt und anerkennt Jesus die Gnadengabe der Ehelosigkeit „um des Himmelreiches willen" (Mt 19,12). Vielleicht wollte er damit in erster Linie seine eigene Ehelosigkeit verteidigen gegen böse Angriffe von Juden, welche das Wort „Eunuch" gleich jenem anderen Ausspruch „Fresser und Weinsäufer" (Mt 10,25) vermutlich als Schimpfwort gegen ihn gebrauchten.

Nicht bloß an dieser Stelle, im gesamten Neuen Testament findet sich kein Hinweis darauf, daß die Ehelosigkeit einem bestimmten Personenkreis, etwa den Aposteln oder Jüngern Jesu, als Charisma versprochen worden wäre. Aus dem an Jesus gerichteten Wort des Petrus „Wir haben alles verlassen und sind dir nachgefolgt" (Mt 19,27) schließen zu wollen, wie es später mancher kirchliche Schriftsteller getan hat, daß die verheirateten Apostel, an der Spitze Petrus, dessen Schwiegermutter in der Bibel klar bezeugt ist, Hab und Gut und damit auch ihre Ehefrauen verlassen hätten, führt in die Irre. Ein solches Vorgehen widerspräche allein schon dem erwähnten Scheidungsverbot Jesu. Die meisten Apostel waren verheiratet und blieben es auch nach ihrer Berufung zur speziellen Jesus-Nachfolge. Trotzdem ist anzunehmen, daß

Christen beiderlei Geschlechts schon bald auf die Heirat verzichteten, weil sie den religiösen Ruf zu einem zölibatären Leben in sich verspürten und mit ungeteilter Kraft für das von Jesus verkündete Reich Gottes wirken wollten.

Wie Jesus erhob auch der Apostel *Paulus* keine Forderung der Ehelosigkeit. Obwohl er selbst ledig blieb und seinen zölibatären Stand allgemein empfahl, wußte er doch sehr genau: „Jeder hat seine Gnadengabe von Gott, der eine so, der andere so" (1 Kor 7,7). Deshalb teilte er auch den Christen in Korinth mit: „Was die Frage der Ehelosigkeit angeht, so habe ich kein Gebot vom Herrn" (1 Kor 7,25). Wenn er den Rat gab, ehelos zu bleiben, geschah es einmal in der Meinung, daß das Ende der Welt nicht mehr lange auf sich warten lasse, und dann in der Überzeugung, daß das ehelose Leben eine größere Freiheit für „die Sache des Herrn" gewähre. Obwohl er die Entscheidung für die Ehe nicht als Sünde verurteilte, gab er doch unmißverständlich zu erkennen, daß der Ehelose unter dem eschatologischen Vorbehalt eine bessere Wahl getroffen habe: „Wer seine Jungfrau heiratet, handelt also richtig; doch wer sie nicht heiratet, handelt besser." Dasselbe riet er übrigens auch den Witwen. Wenngleich einer Wiederverheiratung nichts im Weg stehe, meinte er die Witwe doch glücklicher preisen zu müssen, „wenn sie nach meinem Rat unverheiratet bleibt" (1 Kor 7,25–40). Eine gewisse Reserve gegenüber dem Eheleben ist hier also nicht zu übersehen.

Paulus ist ein großartiger Zeuge dafür, daß „die übrigen Apostel, die Brüder des Herrn (Jesus) und Kephas Ehefrauen mit herumführten", und nahm auch für sich dasselbe Recht in Anspruch, „eine Schwester (Christin) als Ehefrau mitzuführen" (1 Kor 9,5). Die Interpretation „Ehefrau" (statt Gehilfin) findet sich schon bei Schriftstellern wie Tertullian, Klemens von Alexandrien und Hilarius von Poitiers. Erst der Mönch Hieronymus machte später – anfangs übersetzte auch er noch ‚Ehefrau' – aus der Ehefrau eine „Schwester" im Sinn einer Begleiterin oder Dienerin. Gerade weil Jesus die Ehe für unauflöslich hielt, war es eigentlich nur konsequent, wenn die Apostel sich bei ihrer Arbeit für das Evangelium von ihren Ehefrauen nicht trennten und sie auch bei Missionsreisen mitnahmen, zumindest in Einzelfällen.

Daß nicht alle, die sich zum Dienst für das Reich Gottes entschlossen, deswegen auch auf die Ehe verzichten wollten oder mußten, beweisen Aussagen in den nicht von Paulus direkt stammenden, jedoch in seinem Sinn verfaßten Pastoralbriefen des Neuen Testaments. Die gegen Ende des 1. Jahrhunderts geschriebenen *Briefe an Timotheus und Titus* enthalten den wie eine Forderung anmutenden Appell: „Deshalb soll der Bischof ein Mann ohne Tadel sein, nur einmal verheiratet ... Er soll ein guter Familienvater sein und seine Kinder zu Gehorsam und allem Anstand erziehen" (1 Tim 3,2–4). Die Christen der ersten drei Jahrhunderte feierten ihre Gottesdienste in kleineren oder größeren Familienkreisen. Vom Leiter (Episkopos oder Presbyter) solcher Zusammenkünfte erwartete man die Qualitäten eines guten Familienvaters; denn „wer seinem eigenen Hauswesen nicht vorstehen kann, wie soll der für die Kirche Gottes sorgen?" (1 Tim 3,5). Daß im *Brief an Titus* zu lesen ist, der Presbyter dürfe „nur einmal verheiratet sein" (Tit 1,6), bedeutet nicht das Verbot einer zweiten Heirat nach dem Tod des Ehepartners, obwohl diese Auffassung im Widerspruch zur Einstellung des Paulus bald zu einer festen kirchlichen Tradition im Osten wie im Westen wurde. Ausgesagt wird hier vielmehr, daß der Presbyter seine Frau als einzige und mehr als alles andere lieben soll.

Trotz des Rufes zur Jungfräulichkeit finden wir also im Neuen Testament kein *Gesetz*, welches die Presbyter der Kirche zur Ehelosigkeit verpflichtet. Es ist darum historisch falsch, das Zölibatsgesetz als eine apostolische Überlieferung hinzustellen. Der Münchener Kirchenrechtsprofessor Klaus Mörsdorf formulierte mit Bedacht: „Weder die Worte des Herrn noch die des Apostels lassen einen Bezug zum Priestertum erkennen, dürften aber durch den Hinweis auf die besondere Gnadengabe der Jungfräulichkeit Antrieb für den Zölibat gewesen sein."[1]

2. Kirchengeschichte

A. Von der Zeit der Apostel bis zum 2. Laterankonzil (1139)

Schon der Apostel Paulus und seine unmittelbaren Nachfolger nannten Bedingungen für den Zugang zu kirchlichen Diensten oder Ämtern. Unverheiratetsein zählte, wie wir gesehen haben, nicht dazu. Die nicht von Paulus stammenden *Pastoralbriefe* des Neuen Testaments (1 und 2 Tim, Tit) gehen davon aus, daß der Presbyter, der Vorsteher einer Gemeinde, ein bewährter Ehemann und Familienvater ist. Weiter heißt es dort, die Kandidaten für höhere Kirchenämter dürften ebenso wie ihre Ehefrauen, die als Jungfrau in die Ehe gegangen sein müßten, kein zweites Mal verheiratet sein. Wiederverheiratung war auch nach dem Tod eines Ehepartners nicht gern gesehen. Der später zum Montanismus übergegangene *Tertullian* († 220), ein moralischer Rigorist von Anfang an, suchte seiner Frau für den Fall, daß er vor ihr sterben würde, den Gedanken einer zweiten Ehe auszureden. Der Witwenstand genoß in der Kirche schon früh besonderes Ansehen. Für *Klemens von Alexandrien* († ca. 215) rangierte die Witwe sogar über der Jungfrau, weil sie genau wisse, worauf sie verzichte. Der Mönch und Kirchenvater ·*Hieronymus* († 419) teilte in einem Brief mit, Wiederverheiratete dürften von der Kirche keine materielle Hilfe mehr erwarten: „Wer sich zum zweiten Mal verheiratet, wird nicht nur vom priesterlichen Amt ausgeschlossen, sondern auch vom Almosen der Kirche, und ebenso wird die Witwe, die eine zweite Ehe eingegangen ist, der Unterstützung nicht für wert erachtet."[1] Mehrere Synoden bestraften die Zweitheirat mit einjähriger Buße.

Anders verhielt es sich mit *Frauen* im kirchlichen Dienst. Von ihnen erwartete man schon im 2. Jahrhundert Ehelosigkeit als etwas Selbstverständliches. Entsprechend den Apostolischen Konstitutionen (5. Jahrh.) konnte nur eine Jungfrau oder Witwe zur Diakonin geweiht werden. Falls sie ihr vor der Weihe gegebenes Versprechen der Jungfräulichkeit brach, traf sie, und auch ihren Partner, gemäß dem Codex Iustianus (Nov. 6, 6) die Todesstrafe.

24

Zweierlei Recht also, je nachdem, ob es sich um einen Mann oder eine Frau handelte.

Obwohl Bischöfe und Presbyter als Künder und Hüter des wahren Glaubens die Ehelosigkeit als eine besondere Art des christlichen Lebens priesen und nicht selten für sich selbst wählten, blieben sie im allgemeinen doch darauf bedacht, daß der Ehestand nicht abgewertet oder gar als sündhaft hingestellt wurde. Die *Synode von Gangra* (340/341) verurteilte den ägyptischen Mönch *Eustathios*, der als Bischof von Sebaste (Armenien) sein streng asketisches Leben beibehielt, mitsamt seinen Anhängern – gewöhnlich Enkratiten (d. h. Enthaltsame) genannt –, wegen extrem leib- und ehefeindlicher Ansichten. Wenn in diesen Gruppen die Meinung herrschte, Eheleute hätten keine Aussicht auf das ewige Heil und Gläubige dürften die Sakramente nicht aus den Händen verheirateter Priester empfangen, dann sahen die Autoritäten der Kirche sich verpflichtet, solche evangeliumswidrigen Lehren zurückzuweisen.

Das *asketisch-mönchische Leben,* vor allem in Syrien und Ägypten weit verbreitet, wirkte als eine dauernde Provokation für die Kleriker, zumal da sie sich als „heilige" Priesterschaft fühlten. Mußte man nicht gerade von ihnen ein enthaltsames Leben erwarten? Natürlich konnten Priester, die erst als Witwer in den kirchlichen Dienst traten – es scheint in den ersten Jahrhunderten häufig der Fall gewesen zu sein –, dieser Erwartung am ehesten entsprechen. Was aber sollte mit den vielen anderen Geistlichen geschehen, die schon vor der Weihe geheiratet hatten und gewöhnlich auch Kinder besaßen?

Die ersten förmlichen Schritte zu einer Gesetzgebung, welche das Leben der Priester regeln sollte, erfolgten nicht in Spanien, wie man bis heute allgemein annimmt. Diese falsche Annahme stützt sich auf einen Kanon, den die Synode von Elvira (nahe dem heutigen Granada) zu Beginn des 4. Jahrhunderts verabschiedet haben soll; in Wirklichkeit aber gehört der berühmt gewordene Kanon 33 zu Synodalkanones, die in einer Sammlung vom Ende des 4. Jahrhunderts mit denen von Elvira verbunden wurden.

Es war aber doch ein spanischer Bischof, *Himerius von Tarragona,* der einen Katalog von 15 Fragen an den Papst in Rom schickte, darunter die konkrete Frage, wie es mit der Enthaltsamkeit der Kleriker zu halten sei. Dem Schreiben aus Spanien war zu entnehmen, daß „sehr viele Priester Christi und Leviten (Diakone) lange Zeit nach der Weihe mit ihren Ehefrauen und durch sonstigen schändlichen Geschlechtsverkehr Kinder gezeugt haben". Selbst Mönche und Nonnen hätten heimlich Unzucht getrieben und Nachkommen in die Welt gesetzt. Die Antwort des römischen Bischofs *Siricius* (384–399) war deutlich: Diese schamlosen Personen müssen aus Kloster und Kirche entfernt und in ein Gefängnis gesteckt werden. Die Kommunion dürfen sie erst am Ende ihres Lebens wieder empfangen. Daß die betroffenen Priester ihr Leben mit Hinweisen auf das Alte Testament zu rechtfertigen suchten, läßt Siricius nicht gelten. Weil sie mit „dem Heiligen des Heiligen" betraut seien, sollten sie stets der Mahnung eingedenk bleiben: „Seid heilig, weil auch ich, der Herr, euer Gott, heilig bin" (Lev 20,7). Aus diesem Grund hätten schon die Priester im Alten Bund während ihres Tempeldienstes nicht bei ihren Frauen wohnen dürfen. Und außerhalb dieser Zeit sei ihnen der geschlechtliche Verkehr nur zur Zeugung eines Kindes erlaubt gewesen. „Und da fragst du mich noch, ob der Priester des wahren Gottes, der geistliche Opfer darzubringen hat, im Stand dauernder Reinheit sein muß oder ob er, ganz befangen im Fleisch, tun darf, was das Fleisch begehrt?" Für die Priester des Neuen Bundes kann es nach Überzeugung dieses Papstes nur einen Weg geben: „Wir alle, Priester und Leviten, sind durch ein unauflösliches Gesetz dieser Vorschrift verpflichtet, vom Weihetag an rein und keusch an Leib und Seele zu leben, um so beim täglichen Opfer Gott in jeder Hinsicht zu gefallen."[2] Die Forderung, daß auch verheiratete Priester und Diakone völlig enthaltsam leben, begründete Siricius vorrangig mit der täglichen Eucharistie (vgl. S. 66 f., 85).

Der fälschlich der *Synode von Elvira* zugeschriebene Kanon 33 lautet: „Bischöfe, Presbyter, Diakone und andere Personen, die im kirchlichen Dienst stehen, dürfen mit ihren Ehefrauen nicht (geschlechtlich) verkehren und keine Kinder zeugen."[3] Wer dagegen verstoße, müsse den Klerus für immer verlassen. Dieselbe Strafe sollte jeden treffen, der sich des Ehebruchs schuldig gemacht hat. Und in dem ebenfalls nicht von Elvira stammenden Kanon 27 wird verordnet, daß Kleriker nur nahe verwandte Frauen bei sich im Haus haben dürften. Es trifft freilich zu, daß auch spanische Synoden, vom Ende des 4. Jahrhunderts an, höhere Kleriker zu dauernder Enthaltsamkeit verpflichteten. Wenn die Tochter eines höheren Klerikers, die Jungfräulichkeit gelobt hatte, trotzdem heiratete, blieb sie nach Kanon 19 der Synode von Toledo (400) von der Kommunion ausgeschlossen. Die Synode von Gerona (517) meinte Verstöße wirkungsvoll vermeiden zu können dadurch, daß sie für das Haus des verheirateten Priesters sozusagen eine Aufsichtsperson vorschrieb. Spätere Versammlungen spanischer Bischöfe verlangten von den Kandidaten für die Priesterweihe und, falls sie verheiratet waren, auch von ihren Ehefrauen das Versprechen beständiger Enthaltsamkeit. Die 4. Synode von Toledo (633) gestattete Bischöfen sogar den Verkauf der Klerikerkonkubinen (can 43). Geistliche, die kein enthaltsames Leben führten, sollten nach dem Willen der 8. Synode von Toledo (653) mit lebenslänglichem Klosteraufenthalt bestraft werden (can 5).

Die zuerst in Rom, dann in einzelnen Provinzen Spaniens und in Nordafrika beschlossenen Vorschriften über das priesterliche Leben wurden mit der Zeit in der ganzen abendländischen Kirche bekanntgemacht und in Kraft gesetzt. Die *Synode von Karthago (390)* berief sich bei der Enthaltsamkeitsforderung an die Majoristen als die Inhaber der höheren Weihestufen (Bischof, Priester und Diakon) auf die Apostel und die frühe Tradition der Kirche. Die einzelnen Verordnungen wurden in erster Linie mit dem Altardienst und einer leichteren Erhörung der Gebete begründet. Die *Synode von Agde (506)* fügte den Kanones über die Lebensführung der höheren Kleriker den Wortlaut eines Briefes von Papst Innocenz I. an Bischof Exuperius von Toulouse an. Wenn verheiratete Männer die Weihe empfangen sollten, verlangte sie von ihnen und auch ihren Frauen das Versprechen der Enthaltsamkeit und getrennte Schlafzimmer.

Mit diesen Beschlüssen ist freilich nicht auch schon gesagt, daß sie auch immer und überall befolgt worden wären. Von *Synesios* († 413), Verfasser literarischer und theologischer Werke, wissen wir, daß er mehrere Monate lang zögerte, die Wahl zum Erzbischof von Kyrene anzunehmen. Man erwartete nämlich, daß er sich von seiner Frau, einer Christin, die er in Alexandrien geheiratet hatte, trennen würde. Erst nachdem es ihm gestattet worden war, mit seiner Frau auch weiterhin zusammenzuleben, erklärte er sich zur Übernahme des Bischofsamtes bereit. Im Widerspruch dazu steht es, wenn Bischof *Cyrill von Jerusalem* († 387) in einer Katechese für Täuflinge die Enthaltsamkeit als einen Hauptzug im Priesterleben hervorhob. Wer dem Dienst des Herrn ergeben sei, meinte der Bischof lapidar, habe sich seiner Frau zu enthalten.

Papst *Leo I.* (440–461) sprach in einem Brief an Bischof Rusticus von Narbonne von einem „Gesetz der Enthaltsamkeit" (lex continentiae) und erklärt dies so, „daß aus der fleischlichen Ehe eine geistliche wird" und „daß sie ihre Ehefrauen so haben, als hätten sie sie nicht".[4] Doch an eine Trennung der Priester von ihren Ehefrauen dachte er nicht.

Daß die enthaltsame Priesterehe in vielen, vielleicht sogar in den meisten Fällen eine fromme Wunschvorstellung kirchlicher Vorgesetzter geblieben ist, beweisen die ungezählten Mahnungen, Verbote und Strafen deutlich genug. Für die Teilnehmer der *Synode von Tours (567)* war es kein Geheimnis, daß vor allen anderen die Priester auf dem Land mit ihren Frauen ein normales Eheleben führten. Um diesen Übelstand zu beseitigen, sollte jedem Priester, wie es schon die *Synode von Gerona (517)* vorgesehen hat, ein Lektor oder ein anderer niederer Kleriker als ständiger Aufseher, selbst noch im Schlafzimmer, zugeteilt werden. Wenn ein Geistlicher diese Schutzmaßnahme nicht akzeptieren wollte, wurde er für 30 Jahre exkommuniziert und obendrein mit einer schweren Buße belegt. Die fränkischen Bischöfe verfolgten denselben Kurs. Was die *Synode von Worms (868)* in Kanon 9 monierte, finden wir auch bei anderen Versammlungen: „Wir beschlossen, daß Bischöfe, Presbyter, Diakone und Subdiakone sich ihrer Ehefrauen enthalten und keine Kinder zeugen. Wenn sie dieses Dekret verletzen, sollen sie die Ehre eines Klerikers verlieren."[5]

Natürlich kam es zuerst auf den jeweiligen Bischof an, ob das Privatleben der Priester auch kontrolliert wurde. Von Bischof *Ulrich von Augsburg* († 973) ist bekannt, daß er die Geistlichen seiner Diözese regelmäßig visitierte. Ein Fragenkatalog, der bei einem strengen Verhör beantwortet werden mußte, enthielt stets auch die Frage, ob der Priester sich eine Frau zugelegt habe. Ebenso besorgt um einen tadellosen Klerus zeigte sich im folgenden Jahrhundert Erzbischof *Adalbert von Hamburg* († 1072). In seiner Bischofsgeschichte der Hamburger Kirche berichtet Adam von Bremen, der „fromme Erzbischof Adalbert" habe seine Priester mit folgenden Worten zur Beachtung der Enthaltsamkeit gemahnt: „Ich warne, verlange und befehle: Macht euch frei von heillosen Bindungen an Frauen; wenn ihr euch aber nicht zwingen laßt, weil das Vollkommenheit voraussetzt, dann respektiert wenigstens in ehrfürchtiger Scheu das Band der Ehe; heißt es doch: Wenn schon nicht keusch, dann doch wenigstens vorsichtig!" [6] Dieses von Adalbert zitierte Sprichwort „Si non caste, tamen caute" wurde später propagandistisch in sein Gegenteil verkehrt, als ob der Hamburger Erzbischof seine Kleriker zu hemmungsloser Libertinage ermuntert hätte. In Wirklichkeit aber forderte er von ihnen mit Nachdruck Keuschheit. Wer sich jedoch aus menschlicher Schwäche dazu nicht imstande fühlte, durfte, wenn er verheiratet war, nur mit seiner legitimen Ehefrau geschlechtlich verkehren, und wenn er ledig war, keinen Ehebruch begehen. So suchte ein Bischof dem wirklichen Leben gerecht zu werden.

In den *Ostkirchen* verlief die Entwicklung anders. Dort verlangten die Synoden sexuelle Enthaltsamkeit zunächst nur von den Priestern, die als Unverheiratete geweiht worden waren, und erst später auch von den verheirateten Priestern, allerdings immer nur für die Zeit ihres Kirchendienstes. Eine einmalige Ausnahme machte die *Synode von Ankyra (ca. 314)*; sie gestattete nämlich die Heirat auch noch nach der Weihe, wenn der Weihekandidat einen Vorbehalt angezeigt hatte, d. h. zu erkennen gegeben hatte, daß er erst später heiraten wolle, weil ihm ein enthaltsames Leben nicht möglich sei. Sonst aber galt generell das Dekret der *Synode von Neokaisareia (ca. 320)*, daß ein Priester, der erst nach der Weihe heiratete, den Klerus verlassen mußte. Nach den *Apostolischen Kanones (um 400)* blieb die höhere Weihe jedem verwehrt, der sich kastriert, ein zweites Mal geheiratet oder in erster Ehe eine Witwe oder eine Dirne zur Frau genommen hatte. Außerdem war es dem verheirateten Priester nicht gestattet, seine Ehefrau aus wirklich oder vermeintlichen religiösen Gründen zu entlassen.

Ein erster vermutlich vom Westen ausgehender Versuch, die Enthaltsamkeit der Priester, ob verheiratet oder ledig, grundsätzlich und für immer vorzuschreiben, erfolgte beim *1. Ökumenischen Konzil von Nikaia (325)*. Die Teilnehmer dieser von Kaiser Konstantin I. einberufenen und unter seinem Vorsitz abgehaltenen Kirchenversammlung befaßten sich hauptsächlich mit der fundamentalen Frage, ob Jesus bloß Mensch oder mit Gott-Vater als dessen Sohn wesensgleich sei. Angesichts der Tragweite dieses Problems mußte das wahrscheinlich von dem spanischen Bischof Ossius aus Cordoba, der zu der römischen Delegation gehörte, in die Debatte geworfene Anliegen, ob die Priester verheiratet sein dürften oder in jedem Fall ledig bleiben und enthaltsam leben müßten, völlig nebensächlich erscheinen. Das Konzil verabschiedete 20 Kanones, von denen sich sechs auf die Würde des Klerus beziehen. Eunuchen, d. h. wirkliche Kastraten, blieben vom Klerus ausgeschlossen (can 1). Dies ist übrigens ein Beweis dafür, daß das berühmte Jesus-Wort von den „Eunuchen um des Himmelreiches willen" (Mt 19, 12) nicht wörtlich interpretiert wurde. Doch der Priester *Leontius* aus Antiochien hatte sich in der Tat kurz zuvor, wie schon früher der geniale Theologe *Origenes* von Alexandrien, entmannt, um Verdächtigungen wegen seines Zusammenlebens mit einer jungen Frau jeden Grund zu entziehen. Wenn das Konzil, wie schon die spanische Synode von Elvira, im Haus des Priesters nur nahe verwandte Frauen (Mutter, Schwester, Tante) und sonstige unverdächtige Personen duldete (can 3), waren in erster Linie jene ledigen Priester betroffen, die mit einer anderen Frau (mulier subintroducta) zusammenwohnten. Beschlüsse über das Leben der verheirateten Bischöfe, Priester und Diakone wurden nicht verabschiedet. Die Tatsache der Ehe selbst bedeutete keine Schwierigkeit für den Priesterdienst. Damit ist der von dem Kirchenhistoriker Sokrates so ergreifend geschilderte Auftritt eines Martyrerbischofs *Paphnutius* bereits als Legende erwiesen. Dieser Mönch und Bischof, dessen Name aber in der Liste der Konzilsteilnehmer nicht aufgeführt ist, soll das Ansinnen, auch verheiratete Priester zu einem enthaltsamen Leben zu verpflichten, ganz entschieden zurückgewiesen haben, weil er der Meinung gewesen sei, das eheliche Leben selbst bedeute keine Verletzung der Keuschheit. Gegen die Ehe der Priester aber hatte das Konzil nichts einzuwenden, vorausgesetzt, daß sie vor dem Empfang der Weihe geschlossen worden war. Es bezog damit eine klare Gegenposition zur lateinischen Kirche, in der sich die Neigung verstärkte, auch verheirateten Priestern völlige Enthaltsamkeit abzuverlangen. Eine Heirat nach der Weihe war im Osten ebensowenig gestattet wie im Westen; sie besaß aber Gültigkeit, wenn sie auch den Ausschluß des Priesters vom Klerus zur Folge hatte.

Der in Judäa geborene *Epiphanius* († 403), ein glänzender theologischer Schriftsteller, jahrzehntelang Abt des von ihm in seiner Heimat gegründeten Klosters und seit 376 Bischof von Salamis, fand sogar lobende Worte für die Priesterehe. Dies hinderte ihn freilich andererseits wieder nicht, die Ehelosigkeit als „das kirchliche Gesetz (Kanon) des Priestertums"[7] hinzustellen. Vermutlich war Ehelosigkeit hier nicht ganz wörtlich gemeint, sondern als enthaltsame Ehe, wie sie Priestern und Laien gleichermaßen als erstrebenswertes Ideal vor Augen stand. In diesem Sinn hielt es z. B. auch Bischof *Eusebius von Cäsarea* († 339) für unziemlich, daß ein Priester mit seiner Ehefrau geschlechtlich verkehrte.

Ehelose Bewerber für das Priesteramt genossen gegenüber verheirateten noch mehr den Vorzug, seit gegen Ende des 4. Jahrhunderts der frühere Presbyter einen priesterlichen Status wie im Alten Testament erlangte. Und da die tägliche Meßfeier zu dieser Zeit im Abendland zur Regel wurde, ergab sich als notwendige Konsequenz, daß auch der verheiratete Priester nicht mehr nur während seines Wochendienstes, sondern immer enthaltsam leben mußte.

Mit einem Dekret Kaiser *Iustinians I. (527–565)* kam eine neue Überlegung hinzu. In diesem Dekret heißt es, daß ein Priester, der verheiratet ist und Kinder hat, nicht mehr zum Bischof geweiht werden dürfe. Die Sorge für eigene Kinder, heißt es, lenke den Priestervater leicht von seinen Verpflichtungen gegenüber Gott und der Kirche ab; außerdem sei er versucht, seinen Kindern kirchliches Vermögen zu verschaffen. Der Codex Iustinianus stellt in seiner 6. Novelle von 535 dem gesamten Klerus Enthaltsamkeit als Grundlage jeder Tugend vor Augen, läßt aber trotzdem außer jedem Zweifel, daß der sexuelle Umgang in der Ehe mit dem Priestertum rechtlich vereinbar sei.

Einen völlig neuen Weg schlug das *Konzil von Konstantinopel (691)* ein, als es von jedem verheirateten Priester, der sich um ein Bischofsamt bewarb, die Trennung von seiner Ehefrau und deren Eintritt in ein Kloster verlangte (can 12). Damit wollte man wohl den Erwartungen jener Gläubigen entsprechen, die am Eheleben eines Bischofs Anstoß nahmen. Das neue Gesetz führte allerdings dazu, daß die Bischöfe fast nur noch aus den Reihen der Mönche gewählt wurden. So ist es in den Ostkirchen heute noch, wenngleich seit einigen Jahren Bestrebungen im Gange sind, auch verheirateten Priestern den Zugang zum Bischofsamt zu eröffnen. Für die Weihe zum Diakon oder Priester sah das Konzil in der Ehe keinerlei Hindernis. Jedenfalls dachte niemand daran, vom verheirateten Priester dauernde Enthaltsamkeit zu verlangen, wie es in der abendländischen Kirche – das Konzil zitiert hier die einschlägige Bestimmung einer Synode von Karthago – schon seit Jahrhunderten geschah, oder ihm gar entgegen den Apostolischen Kanones die Trennung von seiner Ehefrau zuzumuten (can 13). Verboten blieben aber auch dem ledigen Priester im Osten das Zusammenleben mit einer sogenannten Hausfrau und die Eheschließung erst nach der Weihe.

Spätestens seit diesem Konzil von Konstantinopel, dem die Ostkirchen ökumenische Bedeutung zumessen, gehen die Kirchen im Osten und Westen, was die Frage des Zölibats für Priester betrifft, getrennte Wege. Im Abendland verging jetzt kaum ein Synode, ohne daß die legitim verheirateten Priester gemahnt worden wären, mit ihren Frauen nicht geschlechtlich zu verkehren. Bekannt gewordene Verstöße, wie sie z. B. bei der Geburt eines Kindes nicht mehr zu bestreiten waren, wurden mit schweren Strafen geahndet: Entzug des Benefiziums, lange Bußzeit, Enthebung vom Amt, Exkommunikation. Trotzdem bestand die Praxis, daß verheiratete Männer zu Priestern geweiht wurden, bis in das 12. Jahrhundert hinein weiter. Es gab dazwischen Zeiten, in denen die verheirateten Priester ihre ledigen Amtsbrüder zahlenmäßig sogar übertrafen.

Eine neue Phase der Gesetzgebung begann mit den römischen Synoden unter den Päpsten *Leo IX.* (1049–1054) und *Nikolaus II.* (1058–1061), denen sittenstrenge Mönche wie Humbert von Silva Candida, Petrus Damiani und Hildebrand, der spätere Papst Gregor VII., unerschrocken zur Seite standen. Diese aus dem Mönchtum kommenden oder dem Mönchtum nahestehenden Päpste versuchten mit allen Mitteln, nicht bloß dem Klerus, sondern der ganzen Kirche ein monastisches Gepräge zu geben. Dazu gehörte wesentlich die Ehelosigkeit, die man, wie von den Mönchen und Nonnen, so jetzt auch von den Weltklerikern vornehmlich aus asketischen Motiven erwartete, ja, mit Strenge forderte.

Seit Jahrhunderten bahnte sich das bis heute andauernde Schisma zwischen der auf den römischen Bischof als Primas konzentrierten abendländischen Kirche und den als autonome Patriarchate existierenden morgenländischen Kirchen an. Bei den Unionsgesprächen zwischen der römischen und der byzantinischen Kirche in Konstantinopel durfte das Thema Priesterehe nicht fehlen. Die dreiköpfige Gesandtschaft des Papstes, angeführt von dem rücksichtslosen Kardinal *Humbert von Silva Candida,* konnte freilich die östliche Seite mit ihren Argumenten für die Enthaltsamkeit des Priesters nicht überzeugen. Ausgerechnet ein Mönch war es, *Niketas* vom Studiu-Kloster in Konstantinopel, der für die verheirateten Priester in den Ostkirchen eine Lanze brach und sich dafür von Humbert beleidigende Worte gefallen lassen mußte. In der Exkommunikationsbulle, die Kardinal Humbert am 16. Juli 1054 auf dem Altar der Hagia Sophia in Konstantinopel niederlegte, findet sich unter zehn Anklagen auch diese: „Wie die Nikolaiten erlauben und verteidigen sie für die Diener des heiligen Altares die fleischliche Hochzeit."[8] Mit Nikolaiten meinte man nach Apk 2,6 und 2,15 Christen, die in einigen kleinasiatischen Christengemeinden sexuelle Ausschweifung propagierten und praktizierten. Obwohl sich ein Nikolaos historisch nicht nachweisen läßt – Humbert sprach von einem Diakon Nikolaus, „einem Epikuräer aus einer Schweineherde" –, wurden

Ablehnung und Übertretung des Zölibatsgesetzes das ganze Mittelalter hindurch nicht selten als nikolaitische Häresie bezeichnet. Patriarch *Petros von Antiochien*, ein Kirchenmann mit versöhnlichem Charakter, bemerkte in einem Schreiben an den Patriarchen Kerullarios von Konstantinopel zu der im Westen immer unerbittlicher geforderten Enthaltsamkeit der Priester voller Ironie, die Lateiner hätten wohl die echten Urkunden des Konzils von Nikaia bei der Okkupation der Stadt Rom durch die Vandalen verloren.

Unter den Reformpäpsten ragt *Gregor VII.* (1073–1085), der frühere Mönch Hildebrand im burgundischen Kloster Cluny, durch Mut und Kompromißlosigkeit hervor. Zu seinen Hauptzielen gehörte es, die verheirateten Bischöfe und Priester von ihren Frauen zu trennen (nicht zu scheiden!) und künftig nur noch zölibatäre Kandidaten für die höheren Weihen anzunehmen. Schon bei der ersten Fastensynode in Rom (März 1074) trat er als entschiedener Gegner der Priesterehe auf. Die Synode drohte allen Bischöfen, die das unsittliche Leben ihrer Kleriker duldeten, vielleicht gar gegen Geldzahlung, mit Amtsenthebung. Sie hielt die Gläubigen dazu an, den Messen konkubinarischer Priester fernzubleiben. Um diesen Boykott abzuwehren, verfaßte der Mönch *Sigebert von Gembloux* eine „Apologie gegen die, welche die Messen verheirateter Priester schmähen". Er bezeichnet es darin als einen Irrtum, daß der Papst, ein neuer Sittenreformator, die von verheirateten Priestern gefeierten „hochheiligen Mysterien" für unrein erklärte. Bei weiteren Synoden in Rom, in zahlreichen Briefen an Bischöfe und mit Kirchenvisitationen, die päpstliche Legaten und Ortsbischöfe in verschiedenen Ländern durchführen mußten, führte Gregor VII. einen regelrechten Feldzug gegen die verheirateten Priester, aber auch gegen deren Frauen und Kinder. Hart betroffen waren vor allem die Söhne von Priestern, wenn sie selber wieder Priester werden wollten. Sie konnten zwar in ein Kloster oder Stift eintreten, durften aber nicht mehr in den Klerus aufgenommen werden. Bei der Durchführung der Klerusreform fand der Papst auch bei weltlichen Regenten tatkräftige Unterstützung. Unter seinem Pontifikat bildete sich ein neues Rechtsbewußtsein von der Unvereinbarkeit der Ehe mit dem Priesteramt. Der Weg zu einem entsprechenden Gesetz war nicht mehr weit.

Papst *Calixt II.* (1119–1124), zuvor als Mönch Guido im Kloster Cluny und seit 1088 Erzbischof von Vienne, veranstaltete 1119 in Reims eine Synode, an der König Ludwig von Frankreich und mehr als 200 Bischöfe aus mehreren Ländern teilnahmen. Über die Priesterehe heißt es in Kanon 4: „Wir verbieten den Priestern, Diakonen und Subdiakonen jeden Umgang mit Konkubinen und Ehefrauen. Jeder davon Betroffene soll Kirchenamt und Kirchenpfründe verlieren. Wenn er seine Unreinheit nicht aufgibt, ist er aus der Gemeinschaft der Christen auszuschließen."[9] Wenige Jahre später untersagte das *1. Laterankonzil (1123),* das erste päpstliche Generalkonzil nach dem Kirchenschisma, unter fälschlicher Berufung auf das 1. Konzil von Nikaia (325) das Zusammenleben der Priester mit ihren legitimen Ehefrauen. Die Ungültigkeit der Priesterehe stand anscheinend nicht zur Debatte. Noch suchte man nach einer Lösung, wie man die so oft schon geforderte und noch häufiger verletzte Enthaltsamkeit der kirchlichen Amtsträger am besten gewährleisten könnte.

B. Vom 2. Laterankonzil (1139) bis zur Gegenwart

Ein neuer Abschnitt in der Geschichte des Priesterzölibats begann mit dem 2. Laterankonzil im Jahre 1139. Diese Kirchenversammlung kann freilich nur mit Einschränkung als ökumenisch gelten, da die Verbindung zwischen der Papst-Kirche im Abendland und den Patriarchatskirchen im Osten faktisch unterbrochen war. Während bisher verheiratete und unverheiratete Priester gleichermaßen enthaltsam leben sollten, war von jetzt an das Leben des Priesters in einer legitimen Ehe nicht mehr möglich. Wenige Jahre zuvor schon hatten die *Synoden von Clermont (1130)* und *Pisa (1135)* unter dem Vorsitz des Papstes *Innocenz II. (1130–1143)* alle bestehenden Priesterehen für nichtig erklärt, weil sie gegen das kirchliche Gesetz – gemeint war das Versprechen sexueller Enthaltsamkeit – geschlossen worden seien. Zu dem für die Gesamtkirche weitaus bedeutenderen 2. Laterankonzil waren 1139 mindestens 500 Bischöfe aus mehreren Ländern auf Einladung von Papst Innocenz II. nach Rom gekommen. Dieses Konzil bestimmt in Kanon 6: „Höhere Kleriker [ab Subdiakon], die geheiratet haben oder eine Konkubine halten, verlieren Amt und Benefizium." Gesetzliche Bestimmungen weisen meist keine Begründung auf, doch hier wird sie ausdrücklich formuliert: „Da sie nämlich Tempel Gottes, Gefäße des Herrn und Heiligtum des Heiligen Geistes sind und auch so genannt werden müssen, ist es unwürdig, daß sie dem Ehebett und der Unreinheit dienen."[10] Unter Berufung auf die Päpste Gregor VII., Urban II. und Paschalis II. heißt es weiter in Kanon 7, daß die Messen von Priestern, die eine Ehefrau oder Konkubine haben, nicht mehr „gehört" werden dürften. Um das Gesetz der Enthaltsamkeit (lex continentiae) und die Gott wohlgefällige Reinheit (munditia) durchzusetzen, seien die Ehen, die Majoristen sowie nach einer Regel lebende Kanoniker und Mönche in Übertretung ihres „heiligen Versprechens" (propositum) und einer „kirchlichen Verordnung" (regula) geschlossen haben, ungültig. Sie müßten deshalb aufgelöst werden. Die Schuldigen hätten zusätzlich noch eine angemessene Buße auf sich zu nehmen. Schließlich wird in Kanon 21 den Söhnen von Priestern die Ausübung des Priesteramtes verwehrt, es sei denn, daß sie Kanoniker oder Mönche sind.

Seit diesem Zeitpunkt stellt die höhere Weihe ein trennendes Ehehindernis dar, bis heute. Wenn ein Priester trotzdem eine Ehe zu schließen „versucht", ist diese Eheschließung ohne Dispens vom Zölibatsgesetz nach Kanon 1087 des Codex Iuris Canonici von 1983 kirchlich ungültig. Die Kirchenrechtslehrer antworten heute noch verschieden auf die Frage, was der eigentliche Grund für die Ungültigkeit der von einem Priester geschlossenen Ehe sei. Schon der gelehrte Mönch *Gratian* († um 1150), Haupt der angesehenen Kanonistenschule in Bologna, vertrat in dem nach ihm benannten „Decretum Gratiani", welches die rechtlichen Bestimmungen früherer Jahrhunderte vereinigt, die These, daß das vor der Weihe abgelegte Keuschheitsversprechen ein feierliches Votum darstelle und deshalb jede danach folgende Eheschließung keine Gültigkeit besitze. Bemerkenswert ist allerdings, daß selbst einer der fanatischsten Kämpfer gegen die Priesterehe, der Mönch *Petrus Damiani*, mit keiner Silbe von einem Keuschheitsgelübde des Priesters sprach. Er unterschied sogar ausdrücklich zwischen Priester-Mönchen, die ein „votum continentiae" ablegen, und Priestern, die durch kein Gelübde gebunden sind. Daß Gratian dafür eintrat, ungültig verheiratete Priester aus dem Amt zu vertreiben – dazu rechnete er auch jene Priester, die zwar gültig verheiratet waren, ihr Enthaltsamkeitsversprechen aber gebrochen hatten –, ergab sich aus seiner ganz dem Alten Testament verhafteten Auffassung von Heiligkeit. Gültig verheiratete Priester hingegen, die ihrem Versprechen treu bleiben, konnten nach Gratians Meinung im Amt verbleiben. Diese Einstellung entsprach ganz dem Rechtsstandpunkt vor dem 2. Laterankonzil.

Nach dem 2. Laterankonzil betrachteten es die zahlreichen auf Diözesan-, Provinz- oder Landesebene veranstalteten Synoden als eine ihrer wichtigsten Pflichten, das 1139 gesamtkirchlich beschlossene Zölibatsgesetz überall bekanntzumachen und auf seine Verwirklichung zu dringen. Doch kaum ein anderes Gesetz mußte so oft und so nachdrücklich in Erinnerung gerufen und mit den verschiedensten Strafen eingeschärft werden wie diese Forderung des Zölibats. Die einzelnen Beschlüsse lauteten meist so, wie wir sie beispielsweise von der in Gegenwart Papst *Eugens III.* abgehaltenen *Synode von Reims (1148)* kennen: Höhere Kleriker, die nach der Weihe geheiratet haben – also nicht auch jene Geistlichen, die vor ihrer Weihe eine Ehe geschlossen hatten –, verlieren Amt und Benefizium (can 3). Außerdem müssen sie sich, wie es das Lateranum II Jahre zuvor verfügt hat, von ihren Frauen trennen, „denn eine Verbindung, von der feststeht, daß sie gegen die kirchliche Lehre zustande gekommen ist, kann nicht als gültige Ehe angesehen werden" (can 7). [11] Legitim verheiratete Priester dagegen brauchten ihre Frauen nicht zu verlassen, sie mußten allerdings in ihrer Ehe enthaltsam leben.

Da also eine legitime Priesterehe nicht mehr in Betracht kam, war das unerlaubte Zusammenleben des Priesters mit einer Frau (Konkubinat) fortan eine häufige Folge. Das *3. Laterankonzil (1179)* sah sich gezwungen, den weit verbreiteten Konkubinat der Kleriker scharf zu verurteilen: „Kleriker der verschiedenen Weihegrade, die aus Unenthaltsamkeit Frauen in ihren Häusern halten, sollen entweder diese verjagen und enthaltsam leben oder aus dem kirchlichen Amt und der Pfründe entfernt werden" (can 11). Dieselbe Strafe traf einen Kleriker, wenn er „ohne ersichtlichen und zwingenden Grund häufig Frauenklöster" besuchte. Erstmals hören wir von einem Beschluß über Sodomie: Wenn von einem Kleriker bekannt ist, „daß er der Unzucht wider die Natur verfallen ist, um derentwillen Gottes Zorn über die Kinder des Ungehorsams kommt (Eph 5,6) und der Herr Feuer herabließ und fünf Städte vernichtete (Gen 19,24 f), der soll, wenn er Kleriker ist, aus dem Klerus ausgestoßen und in ein Kloster verbannt werden, um dort Buße zu tun."[12] Einem Laien, der sich in dieser Hinsicht versündigte, drohte sogar der Ausschluß von den Sakramenten und von der Gemeinschaft der Gläubigen.

Auch das *4. Laterankonzil (1215)* ließ sich wie seine drei Vorgänger das keusche Leben der höheren Kleriker angelegen sein. Um die Verhältnisse zu bessern, bedurfte es nach Meinung der Konzilsväter noch härterer Strafen, „damit jene, die sich nicht durch die Furcht Gottes vom Bösen abbringen lassen, wenigstens durch die zeitliche Strafe von der Sünde zurückgehalten werden". Wer trotz Suspension das heilige Opfer dargebracht habe, verliere das Priesteramt für immer. Dieselbe Strafe drohte jenen Oberen, welche die Missetäter unter dem Klerus vielleicht sogar „um Geldes oder eines anderen zeitlichen Vorteils willen" gewähren ließen (can 14). Schließlich verbot das Konzil noch, daß die Söhne von Priestern in den Kirchen ihrer Väter angestellt würden (can 31).[13]

Die zwischen den Allgemeinen Konzilien – sie werden im Unterschied zu den Ökumenischen Konzilien des 1. Jahrtausends zutreffender Papstkonzilien genannt, da Einberufung, Leitung und Bestätigung allein in Händen des Papstes liegen – veranstalteten Diözesan- oder Provinzialsynoden erließen fast alle ein Dekret „De vita et honestate clericorum". Darin werden Verstöße von Priestern gegen die Enthaltsamkeit offen genannt und Verbote wegen Zusammenlebens mit suspekten Frauen eingeschärft. Als Muster sei ein Beschluß der *Wiener Synode im Jahre 1267* zitiert: „Mit Billigung des jetzigen Konzils schreiben wir vor, daß Kleriker bemüht sein sollen, enthaltsam und keusch zu leben, damit sie

Gott in ihrem kirchlichen Amt mit reinem Herzen und Körper dienen können. Wenn aber erwiesen ist, daß sie Konkubinen bei sich haben, und wenn sie sich nicht innerhalb eines Monats von ihnen getrennt haben, und zwar so, daß sie weder in ihren eigenen noch in irgendwelchen anderen Häusern mit ihnen zusammenleben, dann verlieren sie ihre kirchliche Pfründe an würdige Personen."[14]

Mit ungewöhnlich großer Härte stellte sich Kardinal *Guido* in den Dienst der Klerusreform. Als Legat Papst Clemens' IV., der sich erst nach dem Tod seiner Ehefrau für die klerikale Laufbahn entschieden hatte, führte er den Vorsitz bei zahlreichen Synoden im Deutschen Reich, im Königreich Ungarn und in Skandinavien. Sein Reformprogramm spiegelt sich in den Statuten wider, die er bei der *Synode von Bremen (1266)* verabschieden ließ. Darin heißt es zum Zölibatsproblem: „Die Subdiakone und höheren Kleriker, die eine Hure (fornicaria) – wenn auch nur unter dem Anschein einer Ehefrau – tatsächlich geheiratet haben, verlieren alle kirchlichen Ämter für immer. Die Kinder aus solchen unerlaubten Beziehungen haben keinerlei Anspruch auf das Eigentum ihrer Väter. Was diese bei ihrem Tod hinterlassen, muß zwischen Bischof und Stadt aufgeteilt werden. Die Klerikerkinder sind für ihr ganzes Leben ehrlos (infam)." Mit Exkommunikation bestraft werden alle, gleichgültig, ob Bischof, Priester oder Laie, die Konkubinarier unter dem Klerus tolerieren oder gar protegieren und der Durchführung dieses Statuts irgendwie im Wege stehen. Der Zutritt zur Kirche bleibt jenen Klerikern und Laien verwehrt, die „ihre Töchter oder Schwestern an Kleriker der höheren Weihen vergeben, sei es zu einer vermeintlichen Ehe oder sei es zum Konkubinat". Schließlich folgt eine ernste Warnung an alle widerspenstigen Geistlichen: „Wenn aber einige Kleriker so wahnsinnig sein sollten, daß sie gegen ihre Prälaten oder andere, denen die Durchführung dieses heilsamen Statuts übertragen ist, aufzustehen wagen oder sich in ihrer Unverschämtheit mit Hilfe der weltlichen Macht verteidigen, wie es einige bereits getan haben sollen, dann verlieren sie auf der Stelle Amt und Pfründe und können nur mit Dispens des Apostolischen Stuhls zurückkehren."[15] Diese Statuten mußten auf Anordnung des Legaten alljährlich bei den Diözesan- und Provinzialsynoden vorgelesen werden. Keiner sollte sich mit Unwissenheit entschuldigen können.

Trotz ungezählter Mahnungen und Warnungen, Verbote und Strafen änderten sich die skandalösen Zustände im Klerus wenig oder gar nicht. Die *Synode von Olmütz (1342)* hielt es sogar für notwendig, Priestern die Teilnahme an der Hochzeitfeier ihrer eigenen Kinder, „die ihnen eher zur Schande als zur Ehre gereichen", ausdrücklich zu verbieten, weil sie dadurch ohne Zweifel „großes Ärgernis" gäben. Wer sich nicht daran halte, müsse dem Bischof und Archidiakon ein Strafgeld zahlen und darüber hinaus „einen ganzen Monat hindurch in der Olmützer Domkirche mit einer schwarzen Soutane (oder Kappe) stehen".[16]

Nennenswerte Unterschiede lassen die einzelnen Synoden nur in der Verhängung des Strafmaßes erkennen. Weil es keine gültig verheirateten Priester mehr gab – verheiratete Männer wurden nicht mehr geweiht und geweihte Priester konnten nicht mehr heiraten –, wurden Priester, die unter Verletzung ihres Zölibatsversprechens mit Frauen zusammenlebten, als Konkubinarier eingestuft und dementsprechend behandelt. Während der Priester mit leichter oder schwerer Buße, Geldzahlung (für illegitime Kinder), Suspension vom Amt, Verlust der Pfründe und Exkommunikation rechnen mußte, drohten der Frau (concubina, muliercula, focaria oder fornicaria genannt) ausgesuchte Strafen, u. a. öffentliches Abscheren der Haare, Einkerkerung, Ausschluß von den Sakramenten, Verweigerung des Begräbnisses, Kirchenbann. Ob die von „ihren" Priester-Männern im Stich gelassenen Frauen und die eventuell vorhandenen Kinder ihren Lebensunterhalt bestreiten konnten, interessierte die kirchlichen Amtsträger unbegreiflicherweise anscheinend gar nicht.

Wie wenig die einzelnen Maßnahmen und Verordnungen nutzten, beweist das *Allgemeine Konzil von Basel (1431–1437)*. Es veröffentlichte ein umfangreiches Dekret über den Konkubinat der Priester, das viele späteren Synoden fast wörtlich kopierten. Mit einer Reihe von Sanktionen (Entzug der Pfründe, Enthebung vom Amt, gewaltsame Trennung von Frau und Kindern, Einweisung in ein Kloster, Exkommunikation) wollte man den schier unausrottbaren Konkubinat entweder ganz aus der Welt schaffen oder zumindest einschränken. Bestrafung traf Vorgesetzte jetzt auch, wenn sie mit konkubinarischen Geistlichen gegen Geldzahlung nachsichtig verfuhren. Am Ende des Mittelalters muß die Lage der Geistlichen, was die Enthaltsamkeit betraf, zumindest in Italien so schlimm gewesen sein, daß der Benediktinermönch und berühmte Kanonist *Nikolaus Tudeschi* († 1445), seit 1435 Erzbischof von Palermo, keinen anderen Ausweg mehr sah, als für die Aufhebung des Zölibatsgesetzes und damit für die legitime Ehe der Priester einzutreten.

Wenige Jahre vor Martin Luthers öffentlichem Protest gegen Mißbräuche im Frömmigkeitsleben und gegen Übertreibungen in der Theologie befaßte sich *1512* in *Regensburg* eine *Synode* wieder einmal mit der Erneuerung des Priesterlebens. Überaus streng sollte künftig mit Konkubinariern verfahren werden. Reumütige Sünder hatten sich einer Buße von zehn Jahren zu unterziehen. Dies bedeutete konkret, daß der schuldige Priester in den ersten drei Monaten bei Wasser und Brot fasten mußte. Um den Gläubigen kein Ärgernis zu bereiten, durfte er danach nicht öffentlich auftreten; eine weitere eineinhalbjährige Fastenzeit, Sonn- und Feiertage ausgenommen, schloß sich an. Während dieser Zeit durfte er zwar zur Kommunion gehen, aber nicht den Altarraum betreten. Am Ende folgte nochmals eine Fastenzeit von sieben Jahren, und erst danach wurde der Priester vom Bischof wieder in sein Amt eingesetzt. Es ist kaum vorstellbar, daß sich viele „Sünder" einem derart rigorosen Verfahren unterzogen haben. Zahlreiche Priester und Mönche, die mit dem Zölibatsgesetz in Konflikt gekommen waren und vielleicht schon heimlich geheiratet hatten, erblickten schon bald in Martin Luthers Rat, das Zölibatsgesetz und die Ordensgelübde bedenkenlos zu ignorieren, eine willkommene Lösung ihres Konflikts.

Bei der großen *Kirchenversammlung in Trient (1545–1563)* fand das Thema Zölibat keine spezielle Erörterung, obwohl eine solche Diskussion schon bei der 1. Tagungsperiode in Bologna stattfinden sollte. Ganz unterdrücken ließ sich diese Problematik jedoch nicht. Schon bei den Beratungen über Bibel und Tradition kamen die Kelchkommunion für Laien und die Ehe für Priester, beides Hauptforderungen der Reformatoren, zur Sprache. Sogleich erhob sich Widerspruch. Der Dominikaner *Pietro Bertano*, Bischof von Fano, lehnte in einem Brief an den Herzog von Ferrara eine Anpassung an die Tradition der Ostkirchen ab. Wenn die Deutschen immer nach Beweisen aus der Bibel verlangten, meinte der Pater, könne die Antwort nur lauten, Christus und der Hl. Geist hätten zwar vieles gelehrt, es gebe aber noch andere Dinge, die nicht in der Bibel stünden und trotzdem akzeptiert werden müßten. Damit stellte er die Tradition auf eine Stufe mit der Bibel. *Tommaso Campeggio*, Bischof von Feltre, äußerte in einer Partikularsitzung die Ansicht, die von den Deutschen gestellten Forderungen (Laienkelch und Priesterehe) beruhten auf einer falschen Interpretation biblischer Texte.

Als das Konzil von Trient fast zwanzig Jahre später bei der letzten Tagungsperiode (1561–1563) über das Sakrament der Ehe debattierte, ließen sich einige Redner nicht abhalten, das inzwischen noch dringlicher gewordene Zölibatsproblem aufzugreifen. Unter den Theologen und Bischöfen bestand jedoch keine Einigkeit darüber, welchen Weg die Kirche in dieser Frage beschreiten sollte. Wenn es am Ende zur Fortschreibung der Tradition kam, geschah dies hauptsächlich aus ängstlicher Reaktion auf die lutherische Reformation, die nicht nur die Sakramentalität der Ehe, sondern auch den Zwangszölibat der Priester ganz entschieden ablehnte. Die zwei den Zölibat betreffenden Kanones stehen nicht im Dekret über das Sakrament der Priesterweihe, sondern im Beschluß über das Ehesakrament, der gegen Ende des Konzils angenommen wurde. Kanon 9 dieses Dekrets lautet: „Wer sagt, Kleriker, welche die heiligen Weihen empfangen haben, oder Ordensleute mit dem feierlichen Gelübde der Keuschheit könnten eine Ehe schließen, und der Ehebund sei ungeachtet des entgegenstehenden kirchlichen Gesetzes und des Gelübdes gültig, ... der sei ausgeschlossen."[17] Kanon 10 enthält die bis heute umstrittene Aussage, daß die Ehelosigkeit besser und heiliger sei als das Leben in der Ehe. Wer diese Aussage nicht annehme, verfalle ebenfalls der Exkommunikation.

Der Konkubinat der Geistlichen ist im allgemeinen Reformdekret, das bei der Schlußsitzung des Konzils gebilligt wurde, ausführlich verurteilt: „Die Heilige Synode verbietet allen Klerikern, daß sie Konkubinen oder andere Frauen, bei denen irgendwelcher Verdacht besteht, im eigenen Haus oder außerhalb des Hauses haben oder mit ihnen irgendwelchen Umgang (Vertraulichkeit) pflegen."[18] Dieser „schmutzige Konkubinat", heißt es, sei ein Ärgernis für die Gläubigen und eine Schande für den Stand des Klerus. Abgeschafft werden solle auch der für die Lage bezeichnende Umstand, daß Söhne von Priestern an den Kirchen ihrer Väter Pfründe und Amt innehaben. Auf diese Weise werde nämlich die Erinnerung an die Unkeuschheit des Vaters gerade an den gottgeweihten Orten, für die sich Reinheit und Heiligkeit besonders ziemten, wachgehalten. Diese Verbote mitsamt den Strafen – neben Pfründenentzug, Amtsenthebung und Exkommunikation werden noch körperliche Züchtigung und Kerkerhaft aufgeführt – waren gewiß nichts Neues. Sie gehörten zum Maßnahmenkatalog gegen Kleriker schon seit dem 4. Jahrhundert. Doch anstatt über Sinn und Notwendigkeit des seit dem 12. Jahrhundert geltenden Zölibatsgesetzes offen zu beraten, stellten die Konzilsväter, wiederum als Antwort an die Reformatoren, die Sakramentalität der Priesterweihe und den Opfercharakter der Messe heraus. Allerdings hofften sie mit der Errichtung von Priesterseminaren, in denen eine pastoral-praktische Ausbildung ebenso wie eine spirituelle Unterweisung erfolgen sollten, die Voraussetzung dafür zu schaffen, daß in Zukunft fähige und würdige Seelsorger zur Verfügung stehen, die ihrem Namen wirklich Ehre machen und den Beruf des Priesters nicht deshalb wählen, weil er größeres Ansehen und eine bessere Versorgung verspricht.

Der als strenger Großinquisitor und als nicht minder rigoroser Papst bekannte *Pius V.* verhängte in der Bulle „Horrendum illud scelus" vom 30. August 1568 über Priester und Mönche, die sich der „sodomia perfecta" (Homosexualität) schuldig machten, schwere Strafen. Die Geistlichen sollten, wie es schon das 3. Laterankonzil (1179) vorgesehen hatte, nicht bloß Amt und Benefizium verlieren, sondern zur Buße auch noch in ein Kloster eingewiesen und obendrein von der weltlichen Obrigkeit verurteilt werden. Bei der Beichte sei die Bußauflage davon abhängig, ob es sich um ein Vergehen von zwei Erwachsenen oder eines Erwachsenen mit einem Jugendlichen handelt.

Bei den Synoden und Visitationen der folgenden Jahrhunderte behielt man den Lebenswandel der Geistlichen stets im Auge. Eine spürbare Verbesserung der Zustände erhofften sich die Bischöfe von gewissenhaften Kontrollen und harten Strafen. Den schuldigen Priestern drohte Absetzung, den Frauen gewaltsame Trennung und den Kindern Mittellosigkeit, weil die Priesterväter ihren Kindern nichts vererben durften.

Die Verletzungen des Zölibatsgesetzes gaben auch in außereuropäischen Ländern Anlaß zu Klagen. Wie die spanischen Bischöfe im Mutterland, so mußten auch ihre Amtskollegen in den neuen Missionsländern die bekannten Bestimmungen über den Umgang der Kleriker mit Frauen ständig erneuern, da viele Priester im Konkubinat lebten. Besonders schwer geahndet wurden Ehebruch und sexuelle Kontakte mit Sklavinnen. Als Beispiel greifen wir die Verordnungen des 3. *Provinzialkonzils von Mexiko (1585)* heraus. Unter Berufung auf das Trienter Konzil suchte man das konkubinarische Leben und Treiben der Priester einzuschränken. Aufschlußreich ist allein schon, daß Geistlichen die Teilnahme an der Taufe, Trauung und Beerdigung ihrer eigenen Kinder untersagt werden mußte. Die Strafen reichten vom einstweiligen oder dauernden Verlust des Benefiziums bis zur zeitweisen oder lebenslangen Suspension vom Priesteramt und zum Ausschluß von den Sakramenten. Den einzelnen Bischöfen sollte es überlassen bleiben, ob sie weitere Maßnahmen, z. B. Gefängnishaft, für nötig hielten. Und um in Zukunft geeignetere Priester zu bekommen, mußte in jedem Bistum, wiederum einer Weisung des Konzils von Trient folgend, ein Seminar errichtet werden.

Die von der europäischen Aufklärung im 17. und 18. Jahrhundert ausgehenden Herausforderungen führten innerhalb der Kirche zu keinem Umdenken. Deshalb erwuchsen als schlimme Folgen, daß die kirchliche Institution ins Abseits geriet, die Theologie einem Traditionalismus huldigte und der Stand des Klerus an Ansehen verlor. „Die Aufklärung wollte eine sittliche Welt. Ergänzend zu der Feststellung, daß der Zölibat der Geistlichen unvernünftig, naturwidrig und unmenschlich sei, sahen sich vor allem die theologisch orientierten Kritiker veranlaßt, ihn auch für unmoralisch zu erklären, nicht unbedingt in sich, wohl aber in seinen Konsequenzen."[19] Daß die Kirchenobrigkeit am Zölibatsgesetz festhalten konnte, hatte sie auch der Interesselosigkeit weltlicher Regenten in diesem Punkt zu verdanken. Allen voran zu nennen sind der deutsche Kaiser Joseph II. und Kaiser Napoleon I. von Frankreich. Beide erwiesen sich damit ungewollt als starke Stützen einer umstrittenen kanonischen Tradition.

Daß das Zölibatsgesetz im Laufe der Jahrhunderte nicht bloß Segen stiftete, sondern auch böse Früchte hervorbrachte, zeigt sich an einem besonders heiklen Punkt. Die *Inquisistionskongregation* mußte sich im Jahr 1661 mit der peinlichen Frage befassen: „Ist in Rücksicht auf die Unbedeutendheit der Materie ein Beichtvater, der (zur Sünde gegen die Keuschheit) verführt, anzuzeigen?" Die Antwort ist in doppelter Hinsicht aufschlußreich: „Da es in geschlechtlichen Dingen keine Unbedeutendheit der Materie gibt und, wenn es sie gäbe, es sie im vorliegenden Fall nicht gibt, waren sie der Ansicht, daß Anzeige zu erstatten sei und die gegenteilige Meinung nicht wahrscheinlich sei."[20] Papst *Benedikt XIV.* machte sich später in der Konstitution über das Bußsakrament vom 1. Juni 1741 diese Entscheidung zu eigen und dehnte die Anzeigepflicht weiter aus. Der *Codex Iuris Canonici vom Jahr 1918* verpflichtete schließlich ein „Beichtkind" beiderlei Geschlechts, das im Zusammenhang mit der Beichte zu einer schweren Sünde gegen das 6. Gebot verführt wurde, zur Anzeige des Beichtvaters beim Bischof oder beim Hl. Offizium in Rom (can 904). Einen Straftatbestand stellte ferner die Absolution eines Mitschuldigen von einer gemeinsam begangenen schweren Sünde gegen das 6. Gebot dar. In diesem Fall besaß der Priester überhaupt keine Vollmacht zur Lossprechung. Frauen durften übrigens nur in Notfällen („mit den nötigen Vorsichtsmaßregeln", wie der Kanonist Anton Retzbach bemerkt) außerhalb des Beichtstuhles beichten. Nach dem revidierten Kirchenrecht von 1983 sind die Strafen für dieses Vergehen der Verführung (sollicitatio) noch verschärft; sie reichen von Exkommunikation bis zu Entlassung aus dem geistlichen Stand.

Das 19. Jahrhundert kennt zwei Päpste, deren Pontifikate zusammen ein halbes Jahrhundert dauerten: Gregor XVI. (1831–1846) und Pius IX. (1846–1878); beide jedem Fortschritt in der Theologie abgeneigt und entschiedene Anhänger der Neu-scholastik, beide bemüht, die angefochtene Zölibatspflicht unter allen Umständen aufrechtzuerhalten. In seiner bis heute Anstoß erregenden Enzyklika „Mirari vos" vom 15. August 1832 verurteilte *Gregor XVI.* alle modernen Errungenschaften. Selbst die Gewissensfreiheit erschien diesem Papst als ein Wahnsinn. „Die Verschwörung gegen den Zölibat der Priester, die von Tag zu Tag größer wird", bezeichnete er als „höchst verabscheuungswürdig". Geistliche, die ihre Aufgabe vernachlässigten und den Verlockungen böser Lust frönten, heißt es, verlangten im Geist verdorbener Philosophen – dabei dachte der Papst wohl in erster Linie an die französischen Enzyklopädisten – die Abschaffung dieser heiligen Disziplin. Gregor XVI. appellierte an die Bischöfe in aller Welt, das Begehren der Wüstlinge mit aller Kraft zurückzuweisen. Zölibatsverächtliche Publikationen (Mersy, Kopp, Theiner) kamen auf den Index der verbotenen Bücher.

Pius IX. führte die Kirchenregierung im Stil seines konservativ eingestellten Vorgängers weiter. Auch er verdammte bereits in seinem ersten Rundschreiben „Qui pluribus" vom 9. November 1846 „die überaus schändliche Verschwörung gegen den heiligen Zölibat der Kleriker, die von einigen Leuten, darunter leider auch Geistlichen, ausgeht, die, ihre eigentliche Würde schändlich vergessend, den Verlockungen der bösen Lust erlegen sind."[21] Wenige Jahre späte bekräftigte er in einem Schreiben die vom Trienter Konzil aufgestellte Doktrin, daß der Stand der Jungfräulichkeit über dem Eheleben stehe. Im „Syllabus errorum" (1864) ist die gegenteilige Ansicht als Irrtum verzeichnet.

Kurz vor dem *1. Vatikanischen Konzil (1869–1870)* wandten sich vier lutherische Pastoren über den Paderborner Bischof Martin an den Papst, um ihn zu bitten, die Verpflichtung des Priesters zur Ehelosigkeit und das Verbot der Kelchkommunion für Laien als die beiden Haupthindernisse für eine Wiedervereinigung der Kirchen aus der Welt zu schaffen. Doch selbst um dieses hohen Zieles willen war der Papst nicht zu bewegen, das jahrhundertelange Zölibatsgesetz aufzuheben. Beim Ökumenischen Konzil selbst, das in der Basilika von St. Peter in Rom stattfand, wurde der Zölibat im Zusammenhang mit der Vorlage über das Leben des Klerus erörtert. Mit welchem Unbehagen manche Bischöfe dieses Thema angingen, verrät schon der Rat des italienischen Bischofs *Gastaldi*, man solle das Wort Konkubinat ganz vermeiden und stattdessen allgemein sagen: „Wenn ein Priester in eine schwere Sünde fällt."[22] Stimmen für eine Lockerung oder Aufhebung des Gesetzes ließen sich nicht vernehmen, doch verlangten viele Redner, das Übel des Konkubinats mit aller Entschiedenheit auszumerzen. Weil sich die Versammlung aber bald mit dem Rechtsprimat und der Unfehlbarkeit des Papstes beschäftigen mußte und schließlich wegen des bevorstehenden Deutsch-Französischen Krieges auf unbestimmte Zeit vertagt wurde, kam das geplante Disziplinardekret für den Klerus nicht zustande.

Die aus Protest gegen die beiden Dogmen über das päpstliche Lehramt entstandene *Alt-Katholische Kirche* hielt anfangs auch noch am Zölibatsgesetz für Priester fest, erlaubte jedoch wenige Jahre später (1878) die Priesterehe. Diese Möglichkeit erklärt übrigens den Umstand, daß der altkatholische Klerus in Deutschland sich bis heute überwiegend aus ehemals katholischen Priestern rekrutiert.

Zu Beginn unseres Jahrhunderts, als Vertreter des sogenannten Modernismus, einer allgemeinen Reformbewegung vornehmlich französischer, englischer und deutscher Theologen, die Notwendigkeit des Zölibatsgesetzes verneinten, erblickte der persönlich fromme Papst *Pius X.* (1903–1914) die allgemeine Hochschätzung des priesterlichen Standes überhaupt gefährdet. In der gegen die „Modernisten" gerichteten Enzyklika „Pascendi dominici gregis" vom 8. September 1907 warnte er vor jenen „verderblichen Stimmen, die bedauerlicherweise wünschen, daß selbst der heilige Zölibat des Priesters aufgehoben wird"[23], und ließ an der uneingeschränkten Fortdauer dieser Verpflichtung nicht den mindesten Zweifel aufkommen. Die Feier seines 50jährigen Priesterjubiläums (1908) gab ihm einen willkommenen Anlaß, um in einer ausführlichen „Exhortatio" an den Klerus in der ganzen Welt die Würde und Heiligkeit des Priesterberufes erneut vor Augen zu stellen. Darin mahnt er mit heiligem Ernst zu gewissenhafter Bewahrung der vollkommenen Keuschheit, wie sie vom Zölibatsgesetz gefordert wird: „Haltet also die Keuschheit, diese auserlesene

Zierde unseres Standes, hoch in Ehren und bewahrt sie zeitlebens unversehrt!" Ein ganzes Bündel von Motiven für diese Keuschheit enthalten die folgenden Sätze: „Ihr Glanz macht den Priester den Engeln ähnlich, sichert ihm die Hochachtung der Gläubigen und verleiht seinem Wirken übernatürliche Segenskraft." Die Enthaltsamkeit gewährt nach Überzeugung des Papstes „Kraft, Stärke und Erfolg des priesterlichen Amtes."[24]

Im Jahre 1918, unter dem Pontifikat *Benedikts XV.* (1914–1922), trat zum ersten Mal in der Geschichte der katholischen Kirche ein allgemein gültiges Rechtsbuch, der *Codex Iuris Canonici*, in Kraft. Das Gesetz der Ehelosigkeit für den Klerus lautet: „Kleriker der höheren Weihen dürfen nicht heiraten und sind zur vollkommenen Keuschheit verpflichtet. Mit jeder Sünde dagegen machen sie sich eines Sakrilegs schuldig" (can. 132 § 1). Eine Begründung für diese Verpflichtung fehlt. Wenn von Sakrileg die Rede ist, will dies bedeuten, daß der Priester durch die Weihe eine geheiligte Person geworden ist, auf die Gott allein Anspruch hat. Das mündliche Versprechen der Ehelosigkeit, d. h. der dauernden Enthaltsamkeit, muß vor dem Empfang der Subdiakonatsweihe gegeben werden. Erst im Jahre 1930 bestimmte die Kongregation für den Klerus, daß dieses Zölibatsversprechen mündlich und schriftlich abgelegt werden muß. Mit der Weihe zum Subdiakon, auf die dann Diakonats- und Priesterweihe folgen, entsteht ein Ehehindernis, das jede versuchte Eheschließung ungültig macht (can 1072). Wer dennoch eine Ehe eingeht („versucht"), verliert sein kirchliches Amt (can 188 § 5) und verfällt der Exkommunikation (can 2388 § 1). Für die Befreiung (Dispens) vom Ehehindernis der höheren Weihe ist allein der Papst zuständig (can 1040). Die Kinder aus bloßen Zivilehen gelten als illegitim (can 1114). Unehelich Geborene, die Priester werden wollen, sind grundsätzlich irregulär und bedürfen deshalb gemäß Kanon 984 einer Dispens wegen dieses „Geburtsdefekts" (defectus natalium). Das Rechtsbuch enthält dann noch Anordnungen, welche das Zölibatsversprechen sichern sollen: „Die Kleriker mögen sich hüten, Frauen, derentwegen Verdacht gegeben sein könnte, bei sich im Haus zu haben oder zu besuchen. Erlaubt ist nur das Zusammenwohnen mit solchen Frauen, bei denen kein böser Verdacht entstehen kann, zum Beispiel mit der Mutter, Schwester, Tante und ähnlichen Verwandten, oder bei denen angesichts ihres tugendhaften Wandels und ihres vorgerückten Alters kein Argwohn entstehen kann" (can 133 § 1–4). Dies blieb die Rechtsgrundlage bis zur Revision des kirchlichen Rechtsbuches im Jahre 1983.

Papst *Pius XI.* (1922–1939) führte die Traditionslinie Pius' X. weiter, als er in der Enzyklika „Ad catholici sacerdotii" vom 20. Dezember 1935 den hohen Wert der priesterlichen Ehelosigkeit unterstrich und diese neben der Frömmigkeit als „den anderen leuchtenden Edelstein des katholischen Priestertums" rühmte. Der christliche Priester, betont der Papst im Anschluß an Worte von Kirchenvätern, müsse sich zu größerer Reinheit aufgerufen fühlen als die Priester des Alten Testaments. Als unerreichbares Vorbild stehe Jesus Christus selbst vor Augen. Pius XI. trägt hier keinerlei Bedenken, das priesterliche Amt in den Himmel zu erheben: „Wenn jemand ein Amt hat, das in gewisser Hinsicht selbst jenes der reinsten Geister überragt, die vor dem Herrn stehen, ist es dann wohl nicht das Richtige, daß er auch möglichst wie ein reiner Geist leben muß?" Und ohne die anders geartete Praxis der Ostkirchen verurteilen zu wollen, stellt er den Zölibat der lateinischen Priester doch als etwas Höheres hin, weil er „den Wünschen und Absichten des heiligsten Herzens Jesu in bezug auf die Seelen der Priester besser zu entsprechen scheint."[25]

Pius XII. (1939–1958), unmittelbarer Nachfolger Pius' XI., ließ am Zölibatsgesetz ebenfalls nicht rütteln. Schon in seiner an den gesamten Klerus gerichteten Adhortatio vom 23. September 1950 fällt sein kultischer Reinheitsbegriff auf. Der Papst hält es für gut, wenn der Priester in der Welt ein Fremdling bleibt: „Selbst die Kleidung, die ihr tragt, erinnert euch daran, daß ihr nicht der Welt, sondern Gott lebt."[26] Wenn Geistliche mit Frauenverbänden oder Frauenvereinen zu tun haben, sollten sie „alle Vertraulichkeit" meiden und ihre Tätigkeit auf rein priesterliche Aufgaben beschränken. In seinem Rundschreiben „Sacra virginitas" vom 25. März 1954 gab Pius XII. den Vorrang der Jungfräulichkeit und des Zölibats vor der Ehe als eine von Jesus Christus selbst verkündete Lehre aus. Das eucharistische Opfer ist nach seiner Ansicht das Fundament für die Lehre der Kirche, „daß die heilige Jungfräulichkeit durch ihren hohen Wert die Ehe überragt".[27]

Groß war das Erstaunen, als bekannt wurde, Pius XII. habe die Weihe des von der evangelischen zur katholischen Kirche konvertierten Pastors *Rudolf Goethe* (Frankfurt) zum Priester gestattet, ohne daß dieser sich von seiner Frau und seinen Kindern trennen müsse. Seitdem bedeutet die Ehe evangelischer Geistlicher kein Hindernis mehr für den Empfang der Priesterweihe. Das heißt aber auch, daß es selbst innerhalb der abendländischen katholischen Kirche legitim verheiratete Priester gibt, die die Eucharistie feiern und die übrigen Sakramente spenden dürfen.

Auch wenn Papst *Johannes XXIII.* (1958–1963) den Priesterzölibat als einen „Edelstein der Kirche" bezeichnete und ihn für notwendig hielt, damit die Kirche als frei, rein und katholisch erscheine, quälten ihn doch auch Zweifel, ob das Zölibatsgesetz unbedingt festgehalten werden müsse. In einem Gespräch mit dem französischen Philosophen Etienne Gilson gestand er, welch große Schmerzen ihm der Gedanke an jene Priester bereitete, die unter der Last des Zölibats stöhnen. Ebenso freimütig erklärte der Papst: „Der Zölibat ist kein Dogma. Die Heilige Schrift schreibt ihn nicht vor. Es ist also leicht: Wir nehmen einen Federhalter, unterschreiben eine Akte und morgen schon können die Priester, die es wünschen, heiraten." Doch er brachte diesen Federstrich nicht übers Herz: „Wir können es nicht."[28] Die hohe Würde des Priesters und das schwere Gewicht der Tradition stellten auch für ihn ein unüberwindliches Hindernis dar. Trotzdem erhielten Priester, denen die Last des Zölibats unerträglich schien, die Dispens vom Zölibatsgesetz und damit die Möglichkeit der kirchlichen Heirat (vgl. Kap. VI).

Dem *2. Vatikanischen Konzil (1962–1965),* das der betagte Johannes XXIII. einberief und sein Nachfolger Paul VI. beendete, gingen energische Versuche voraus, das alte Gesetz des Zölibats zu Fall zu bringen. Außerdem stieg die Zahl der Priester, die wegen Heirat ihr Amt aufgeben mußten, von Jahr zu Jahr beträchtlich. Den Bischöfen lagen vor allem von französischen und südamerikanischen Theologen zusammengestellte Erhebungen über den Rückgang der Priesterzahlen und Statistiken der wegen

Heirat ausgeschiedenen Priester vor, dazu noch exegetische und theologische Abhandlungen über das Zölibatsgesetz und praktische Vorschläge zur Lösung dieses akuten Problems. Doch wie schon die Konzilsväter von Trient und des Vaticanum I durften auch die Teilnehmer des Vaticanum II keine Zölibatsdebatte führen. Als dennoch einige Bischöfe bei verwandten Themen auf diese drängende Frage zu sprechen kamen, griff Papst *Paul VI.* in das Konzilsgeschehen ein. Mit einem an Kardinaldekan Tisserant, einen der vier Konzilspräsidenten, gerichteten Brief, den Erzbischof Pericle Felici, der Generalsekretär des Konzils, in der Generalkongregation vom 11. Oktober 1965 verlas, erteilte der Papst diese Weisung: „Eine öffentliche Diskussion über dieses Thema, das höchste Klugheit erfordert und von so großer Wichtigkeit ist, ist in keiner Weise opportun. Ja, es ist unsere Absicht, dieses alte, geheiligte und providentielle Gesetz nicht nur mit allen Kräften zu bewahren, sondern seine Beachtung erneut zu bekräftigen, indem wir den Priestern der Lateinischen Kirche die Ursachen und Gründe ins Bewußtsein rufen, die heute in besonderer Weise dafür sprechen, dieses Gesetz als außergewöhnlich zweckmäßig zu betrachten." [29] Nur schriftliche Eingaben zu diesem Thema blieben gestattet. Tags darauf verlas Felici die Antwort Tisserants an den Papst. Die Konzilsväter hätten den Brief des Papstes mit Applaus begrüßt, schrieb Kardinaldekan Tisserant, sie seien stets bereit, dem Willen des Papstes zu folgen und seinen Befehlen zu gehorchen, und sie bäten um seinen Segen.

Der melchitische Patriarch *Maximos IV. Saigh* verteidigte in einer schriftlichen Stellungnahme die Ehen der Priester in den mit Rom verbundenen Ostkirchen: „Wenn man jedoch die Schönheit des zölibatären Priestertums hervorhebt, soll man nicht die parallele und gleichfalls apostolische Tradition eines Priestertums zerstören oder mißachten, das die Bande der heiligen Ehe auf sich genommen hat." Und im Blick auf den Zölibatsstreit innerhalb der römisch-katholischen Kirche konstatiert der Patriarch: „Das Priestertum ist eher eine Funktion als ein Lebensstand. Es ist nicht an die persönliche Vervollkommnung gebunden, wie der Zölibat für Gott, sondern an den Nutzen der Kirche. Im Bedarfsfall muß nicht das Priestertum dem Zölibat, sondern der Zölibat dem Priestertum geopfert werden." Gleichzeitig ließ er dem Papst einen persönlichen Brief zugehen, in dem auf die Dringlichkeit des Problems hingewiesen ist: „Dieses Problem besteht und wird von Tag zu Tag schwieriger. Es erfordert eine Lösung. Es dient zu nichts, vor diesem Problem die Augen zu verschließen oder daraus ein Tabu zu machen. Eure Heiligkeit weiß sehr wohl, daß Wahrheiten, die man verschweigt, zu Gift werden."[30] Vor allem dem Jesuiten und Kardinal *Augustin Bea* ist es zu verdanken, daß im Dekret über den Dienst und das Leben der Priester die Tradition der Ostkirchen anerkannt ist, in denen es neben zölibatären Priestern und Bischöfen „auch hochverdiente Priester im Ehestand" gibt. –

Bischof *Koop* von Lins (Brasilien), ein gebürtiger Niederländer, hatte kurz vor dem päpstlichen Diskussionsverbot in einer schriftlichen Intervention, die er in der Aula des Konzils allerdings nicht vortragen durfte, zur Frage des Priestermangels einen interessanten Vorschlag gemacht: „Es soll den nationalen Bischofskonferenzen mit der Billigung des Papstes zustehen, zu entscheiden, ob man zum Wohle der Seelen mit der Zustimmung des römischen Pontifex das Priestertum Männern von reifem Alter übertragen soll, die schon wenigstens seit fünf Jahren im Ehestand leben nach den Regeln, die der Apostel Paulus in den Briefen an Titus und Timotheus aufgestellt hat."[31] Diese Möglichkeit, bewährte Ehemänner (viri probati) zu Priestern zu weihen, besteht bis heute nicht.

Das Thema des Priesterzölibats ließ sich auch bei der Beratung der Vorlage über das Leben der Priester nicht ganz ausklammern. Ein Teil der Bischöfe wollte indes jede konkrete Aussage vermeiden, die als eine Aufhebung oder Modifizierung des bestehenden Gesetzes gedeutet werden konnte. Im Priesterdekret (Presbyterorum ordinis) finden wir die Meinung des Konzils über Priester und Zölibat am besten ausgesprochen. Zunächst ist klargestellt, daß der Zölibat „nicht vom Wesen des Priestertums selbst gefordert" ist, „ wie die Praxis der frühesten Kirche und die Tradition der Ostkirchen zeigen", er „ist jedoch in vielfacher Hinsicht dem Priestertum angemessen" (Nr. 16). Diese Affinitätsthese genügte dem Konzil zu der Aussage: „Diese Heilige Synode billigt und bekräftigt von neuem das Gesetz für jene, die zum Priestertum ausersehen sind, wobei ihr der Geist das Vertrauen gibt, daß der Vater die Berufung zum ehelosen Leben, das ja dem neutestamentlichen Priestertum so angemessen ist, großzügig geben wird, wenn nur diejenigen, die durch das Sakrament der Weihe am Priestertum Christi teilhaben, zusammen mit der ganzen Kirche demütig und inständig darum bitten."[32] Man darf als sicher annehmen, daß der gesamte Text zum Zölibat verändert worden wäre, wenn eine ausführliche Diskussion, wie bei anderen Themen auch, hätte stattfinden dürfen.

Eine wichtige Neuerung erfolgte doch durch das Konzil. Während nämlich die Zölibatsverpflichtung bisher schon für die Diakone galt, dürfen jetzt auch verheiratete Männer, die aber mindestens 35 Jahre alt sein müssen, die Diakonatsweihe empfangen. Damit wurde die kultische Motivation ignoriert, mit der man früher die Ehelosigkeit der höheren Kleriker vornehmlich begründete. Der Kölner Weihbischof *Augustinus Frotz* weihte am 30. April 1968 erstmals in Europa fünf verheiratete Männer zu Diakonen und knüpfte damit an eine Tradition an, die seit 1139 in der römisch-katholischen Kirche lange Zeit unterbrochen war.

Die Erwartung des Konzils, daß in Zukunft genügend zölibatäre Priester zur Verfügung stehen würden, erfüllte sich in den folgenden Jahren noch weniger als zuvor. Wie auf der einen Seite die Zahl der Anwärter auf das Priesteramt sank, so stieg auf der anderen die Zahl der Priesterheiraten. Allein von 1963 bis 1970 mußten ungefähr 25 000 Priester hauptsächlich der Heirat wegen ihren Beruf wechseln, – ein Aderlaß, der sich in den Jahren danach noch verstärkt fortsetzen sollte.

Paul VI. bereitete mit der Enzyklika „Sacri caelibatus" vom 24. Juni 1967 – das erste Rundschreiben eines Papstes zum Thema Zölibat! – allen Wünschen und Hoffnungen auf eine Aufhebung oder zumindest Erleichterung der allgemeinen Zölibatsverpflichtung ein bitteres Ende. Erstaunlich ist, daß der Papst selbst die wichtigsten Einwände, die gegen den Zölibat vorgebracht werden, beim Namen nennt (vgl. S. 143 f.). Anschließend behandelt er die nach seiner Überzeugung für eine Beibehaltung des Gesetzes sprechenden Argumente in aller Ausführlichkeit. Letztlich siegte auch bei ihm die seit Jahrhunderten bestehende Tradition: „Die abendländische Kirche kann nicht wanken in der Treue zu ihrer alten Überlieferung; und es ist undenkbar, daß sie durch so viele Jahrhunderte einem Weg gefolgt wäre, auf dem sie irgendwie die größere Heiligkeit und Tugend der einzelnen Seelen und des Volkes Gottes eher beeinträchtigt als gefördert hätte, oder daß sie durch übertriebene und allzu strenge Gesetze die freie Entfaltung der verborgenen Güter der Natur und Gnade gehemmt hätte."[33] Dies klingt gewiß mehr nach Rechtfertigung der Tradition als nach ehrlichem Suchen eines zeitgemäßen Weges, auf dem wenigstens die gegenwärtigen Engpässe in der praktischen Seelsorge überwunden werden könnten.

Auch bei der im Jahre *1967* veranstalteten *Vollversammlung der Bischofssynode* zum Thema Priestertum durfte das Thema Zölibat nicht speziell diskutiert werden. Solche Tabuisierung mußte natürlich die Unzufriedenheit mancher Bischöfe, vieler Priester und ganzer Solidaritätsgruppen von Priestern und Laien steigern. Namentlich in Holland kam es zu Protesten und Aufständen gegen die römische Kirchenpolitik in diesem den Klerus und das Volk gleichermaßen betreffenden Problem.

Es hörte sich wie ein Notschrei an, als der bereits erwähnte Bischof *Koop* aus Brasilien, der sich schon während des Konzils an die Zölibatsfrage herangewagt hatte, wenige Jahre nach dem 2. Vatikanischen Konzil freimütig bekannte: „Die Bischöfe dürfen sich nicht selbst betrügen. Das Schicksal der Kirche Lateinamerikas steht auf dem Spiel. Wir stehen vor der dringlichen Entscheidung: entweder sofort die Zahl der Priester, seien sie verheiratet oder ledig, zu vervielfachen, oder wir können dem traurigen Untergang der Kirche Lateinamerikas assistieren."[34] Doch im Vatikan blieb dieser Hilferuf anscheinend ungehört. Bei einer Marienpredigt in der Basilika S. Maria Maggiore am 25. Oktober 1969 mahnte Papst *Paul VI.* die Geistlichen in aller Welt zu einem enthaltsamen Leben und wandte sich dabei vertrauensvoll an die Gottesmutter Maria: „Lehre uns das, was wir schon kennen und demütig und gläubig bekennen: rein zu sein, wie du bist; keusch zu sein, das heißt treu zu dieser gewaltigen und erhabenen Pflicht, die unser heiliger (kirchlicher) Zölibat ist; heute, wo der Zölibat von so vielen diskutiert und von einigen nicht mehr verstanden wird."

Überzeugt von dem unvergleichlich hohen Wert priesterlicher Ehelosigkeit, rief der Papst aus: „Wir wissen, was der Zölibat ist; er ist mehr noch als ein Stand (der Ehelosigkeit; das statische Element des Zölibats); eine übernatürliche Tugend, und deshalb muß er notwendigerweise eine übernatürliche Hilfe besitzen."[35] Heroismus, Schönheit, Freude und Stärke gehören nach Paul VI. zu den schönen Früchten des Zölibats.

Inzwischen stieg die Zahl der Priester, die heirateten und deshalb ihr priesterliches Amt aufgeben mußten, Jahr für Jahr um Tausende. Allein im Jahr 1971 zählte man über 4000 Priester, die offiziell aus dem Amt schieden, nicht mitgerechnet all jene, die sich mit der standesamtlichen Trauung begnügten und bei den kirchlichen Behörden sozusagen in der Versenkung verschwanden.

Paul VI. empfand diese herben Verluste, wie er in seiner traditionellen Weihnachtsansprache vor den Kardinälen und Prälaten der Römischen Kurie am 15. Dezember 1969 betrübt bekannte, als seine Dornenkrone. Und bei der Predigt am Gründonnerstag des Jahres 1971 spielte er angesichts „der Flucht zahlreicher Mitbrüder im Priesteramt aus unserem Abendmahlssaal" auf Jesu Verräter Judas Iskariot an und nannte diese Priester „Unglückliche oder Deserteure". Doch als habe er zu hart geurteilt, fügte er sogleich entschuldigend hinzu: „Ich weiß, ich weiß, man muß unterscheiden von Fall zu Fall, man muß verstehen, man muß verzeihen, man muß mitleiden und vielleicht muß man wieder warten und immer muß man lieben."[36] Einige Monate später, in einer Ansprache am 4. August 1971, griff der mehr an der Kirche leidende als die Kirche leitende Papst doch wieder zu einer starken Verurteilung: „Wer sein Priesteramt aufgibt, verzichtet nicht nur auf seine Sendung, sein Versprechen. Er gibt auch die Armen auf, er gibt die auf, die er lehren müßte, er gibt die auf, die nach den Sakramenten verlangen. Er verläßt den Posten, den er in den ersten Reihen der Kirche einnimmt."[37]

1971 beschäftigt sich die *Vollversammlung der Bischofssynode* speziell mit dem Thema Priesteramt. Wieder war das Zölibatsthema nicht zu umgehen. Auch wenn das bisherige Gesetz unangetastet blieb, kam es doch zu einer aufschlußreichen Abstimmung über folgende Formel: „Dem Papst allein steht es zu, in Sonderfällen, aus pastoralen Gründen, unter Berücksichtigung des Wohls der Gesamtkirche, die Priesterweihe verheirateter Männer zu gestatten, die jedoch in reifem Alter stehen und von unbescholtenem Lebenswandel sein sollen."[38] Daß von den 202 Stimmberechtigten 87 mit Ja stimmten (außerdem 2 Enthaltungen und 2 ungültigen Stimmen), bedeutete eine nicht geringe Überraschung.

Unter den Päpsten unseres Jahrhunderts erinnert Papst *Johannes Paul II.* mit seiner kompromißlosen Haltung bei der Verteidigung des gesetzlichen Priesterzölibats stark an seinen früheren Vorgänger Gregor VII. († 1085). Und doch hat er einst als Weihbischof Wojtyla von Krakau bei der Vorbereitung des 2. Vatikanischen Konzils viel Verständnis für jene Priester gezeigt, die wegen des Zölibatsgesetzes in Schwierigkeiten geraten, und beim Konzil selbst um Barmherzigkeit gegenüber diesen Priestern geworben (vgl. S. 170). Seit Beginn seines Pontifikats im Jahre 1978 aber steuert er in der Zölibatsfrage einen äußerst restriktiven und repressiven Kurs, wie u. a. die Verwaltungspraxis bei der sogenannten Laisierung heiratswilliger oder bereits zivil verheirateter Priester beweist (vgl. S. 174 ff.).

Bereits in seinem ersten Schreiben an die Priester zum Gründonnerstag des Jahres 1979 bekräftigte Johannes Paul II., gestützt auf ein traditionelles Priesterbild, das Zölibatsgesetz. Es sind vor allem zwei Argumente, die er für die Fortdauer des jetzt mehr als früher umstrittenen Gesetzes vorbringt: Die Ehelosigkeit des Priesters ist als eschatologisches Freiheitszeichen ein unentbehrliches Gnadengeschenk für den Dienst am Volk Gottes und ein spezifisch katholisches Charakteristikum, das die katholische Kirche von den Traditionen anderer Kirchen unterscheidet, aber nicht trennt. In einer Ansprache bei der Generalaudienz am 10. März 1982 unterstrich Johannes Paul II. wieder den eschatologischen Charakter des Priesterzölibats. Da die Menschen nach der Auferstehung von den Toten nicht mehr heiraten (Mk 12, 25), solle der Priester mit seinem Verzicht auf Heirat jetzt schon jenes künftige Leben vorwegnehmen. Zwei Wochen später, am 25. März 1982, schrieb der Papst zum Gründonnerstag, wie jedes Jahr, einen Brief an alle Priester der Kirche. Darin richtete er an Jesus in Gebetsform die Frage: „Darf man bezweifeln, daß du in den Menschen, besonders den jungen, das Charisma des priesterlichen Dienstes, so wie es in der Tradition der Kirche angenommen und verwirklicht wurde, wecken kannst und willst? Daß du in ihnen mit der Bereitschaft zum Priesteramt auch die Bereitschaft zur Gabe der Ehelosigkeit um des Himmelreiches willen wecken kannst und willst, wie es ganze Generationen von Priestern in der katholischen Kirche bewiesen haben und noch heute beweisen? Ist es angebracht, entgegen der Stimme des jüngsten Ökumenischen Konzils und der Bischofssynode weiterhin zu fordern, die Kirche müsse auf diese Tradition und dieses Erbe verzichten?"[39]

In dem Apostolischen Schreiben „Pastores dabo vobis" über die Priesterbildung vom 25. März 1992 bekundete Johannes Paul II. erneut sein unbeirrtes Festhalten am Zölibatsgesetz. Dabei stützt er sich auf einen von der Vollversammlung der Bischofssynode vom Jahr 1990 verabschiedeten Text: „Die Synode will bei niemandem den geringsten Zweifel an der festen Entschlossenheit der Kirche aufkommen lassen, an dem Gesetz festzuhalten, das den zur Priesterweihe nach dem lateinischen Ritus ausersehenen Kandidaten den frei gewählten, ständigen Zölibat auferlegt."[40] Das Hauptargument des Papstes für die Aufrechterhaltung des Gesetzes lautet unverändert: Der Zölibat ist ein Geschenk von Gott zu innigerer Verbindung mit Christus und zu totalem Einsatz für das Reich Gottes. Diese Worte wie auch die Ausführungen des Papstes lassen freilich nichts ahnen von den kontroversen Diskussionen, die bei dieser Synode (wie auch schon beim 2. Vatikanischen Konzil) gerade im Blick auf die Verpflichtung der Priester zur Ehelosigkeit geführt wurden. Unverständlich wie das Gesetz empfinden viele Priester auch die theologische Diktion des Papstes: Christus als Bräutigam der Kirche, und die Kirche als Braut Christi.

Während die Kirchenobrigkeit an der Fortdauer des Zölibatsgesetzes unentwegt festhält, mehren sich nicht nur im Kirchenvolk, sondern auch unter dem Klerus die Stimmen jener, die für eine Aufhebung dieser gesetzlichen Verpflichtung plädieren. Letzteres dürfte die zuständige Kongregation im Vatikan 1970 veranlaßt haben, daß alle Priester ihr Versprechen des Zölibats einmal im Jahr öffentlich erneuern. Diese „Erneuerung der Bereitschaftserklärung zum priesterlichen Dienst", wie es etwas vage heißt, soll jeder Bischof in der sog. Chrisam-Messe vor dem Gründonnerstag in der Kathedralkirche vornehmen. Im Anschluß an die Homilie fragt der Bischof die anwesenden Priester – eigentlich soll der Gesamtklerus seines Bistums versammelt sein –, ob sie gewillt seien, ihr Versprechen der Ehelosigkeit zu erneuern. An Protesten einzelner Priester und ganzer Priestergruppen fehlte es auch jetzt nicht. Der Tübinger Theologe *Hans Küng* machte sich zum Sprecher vieler, indem er erklärte: „Wer bisher der Kirche die Treue gehalten hat, kann eine erzwungene Treueerklärung unter diesen Umständen nur als Ausdruck eines ungerechtfertigten Mißtrauens deuten."[41] Dieser liturgische Akt ist heute, über zwanzig Jahre später, nur noch eine leere Zeremonie, bei der auch nur ein geringer Prozentsatz des Klerus zugegen ist.

Nach jahrelangen Vorbereitungen erlangte *1983* der neue *Codex Iuris Canonici* Gesetzeskraft. An der allgemeinen Verpflichtung des Priesters zur Ehelosigkeit, genauer zu dauernder Enthaltsamkeit hat sich nichts geändert. Neu ist immerhin, daß jetzt ein Grund für die Ehelosigkeit angegeben wird: „Die Geistlichen sind zur vollkommenen und dauernden Enthaltsamkeit um des Himmelreiches willen verpflichtet. Sie sind zum Zölibat, der ein besonderes Geschenk Gottes ist, verpflichtet, damit sie als geweihte Diener Christus mit ungeteiltem Herzen umso leichter anhängen können und dem Dienst Gottes an den Menschen sich umso freier hinzugeben vermögen" (can 277). Falls der Verkehr mit bestimmten Personen die Verpflichtung zur Enthaltsamkeit in Mißkredit bringt oder Gläubigen Anlaß zum Ärgernis gibt, wird kluges Verhalten empfohlen. Schließlich bleibt es den Ortsbischöfen überlassen, ob sie konkrete Normen aufstellen wollen, welche die Beobachtung des Gesetzes begünstigen. Das Versprechen der Ehelosigkeit muß jetzt, da es keine Subdiakonatsweihe mehr gibt, vor der Weihe zum Diakon abgegeben werden; ausgenommen davon sind jene Kandidaten, die als Verheiratete das Amt eines ständigen Diakons übernehmen (can 1037). Der Kandidat erklärt vor der Weihe schriftlich, daß er sich fest vornehme, das Zölibatsgesetz bis ans Ende seines Lebens unverletzt zu halten. Bei der Weihe selbst fragt der Bischof die künftigen Diakone: „Seid ihr bereit, zum Zeichen eurer Hingabe an Christus, den Herrn, um des Himmelreiches willen den Zölibat auf euch zu nehmen und für immer in dieser Lebensform Gott und den Menschen zu dienen?" Die Weihekandidaten antworten gemeinsam: „Ich bin bereit."[42] Ein Eid oder Gelübde oder auch nur ein feierliches Versprechen liegt dabei nicht vor.

Nach dieser tour d'horizon läßt sich zusammenfassend sagen: Die Verpflichtung des Priesters zur Ehelosigkeit ist nicht göttlichen Rechts, sondern kirchlichen Ursprungs. Wenn die kirchliche Tradition schon im 4. Jahrhundert einen Zusammenhang zwischen Priestertum und Enthaltsamkeit bzw. Ehelosigkeit hergestellt hat, heißt das eben nicht, daß es sich um eine Überlieferung handelt, die auf die Apostel zurückgeführt werden könnte. Damit ist aber auch gesagt, daß die Kirche dieses ihr Gesetz des Zölibats jederzeit wieder fallen lassen kann.

III. Innere und äußere Gründe für das Zölibatsgesetz

Auf dem Hintergrund des Dargelegten ist es nicht möglich, zu behaupten, das Zölibatsgesetz beruhe auf apostolischer Tradition und werde durch die Jahrhunderte hauptsächlich damit begründet, daß die priesterliche Ehelosigkeit als Geschenk Gottes den totalen Einsatz für das Reich Gottes ermögliche. Es gibt vielmehr ein ganzes Bündel von Argumenten und Motiven, die im Laufe der Zeit, nach Zeit und Ort oft sehr verschieden, ins Feld geführt wurden und teilweise heute noch nachwirken.

1. Kultische Reinheit

Heiligkeit und *Reinheit* sind zwei sehr wichtige Schlüsselbegriffe der Religionsgeschichte. Unbestimmte Ängste vor der Wirkkraft des Heiligen (sacrum) und ebenso unbestimmte Hoffnungen auf die Hilfe desselben Heiligen gehören zu den archaischen Phänomenen der Menschheit. Ihnen entspricht andererseits ein tiefes Verlangen des Menschen nach Reinheit, damit er vor dem Heiligen bestehen könne.

Nach der Bibel ist Gott allein heilig. Im *Alten Testament* lesen wir auf vielen Seiten, namentlich beim Propheten Jesaja und in den Psalmen, von der furchterregenden Heiligkeit Jahwes. Daran knüpft sich häufig die Forderung an Israel, es solle als Gottes heiliges Volk selbst heilig sein. Die griechische Übersetzung (Septuaginta) des Alten Testaments erweiterte „heilig" (hebr. kadosch; griech. hagios) um die Begriffe „ rein" (katharos) und „keusch" (hagnos), so daß jetzt einem Menschen, der rein und keusch lebt, ebenfalls Heiligkeit zukommt. Außerdem gelten Personen oder Sachen, die Gott durch eine Weihe besonders verbunden sind, als heilig. Der Heilige oder das Heilige ist Gottes Eigentum und damit für Menschen tabu.

Im *Neuen Testament* begegnet uns ein völlig anderer Sinn von Heiligkeit. Der Apostel Paulus bezeichnet alle Christen als Heilige, weil sie durch Glauben und Taufe zu Christus gehören und damit an Gottes Heiligkeit Anteil haben. Mit den Worten „Es grüßen euch alle Heiligen" (2 Kor 13, 12) beschließt er seinen 2. Brief an die Christen in Korinth, und im Schreiben an die Christengemeinde in Philippi fügt er diesem Gruß hinzu „besonders die aus dem Haus des Kaisers" (Phil 4, 21).

In der Kirche wird das Abendmahl von Anfang an als sacrum mysterium gefeiert. Die geheimnisvolle Eucharistiefeier stellt aber nicht nur selbst etwas Heiliges dar, sie ruft auch die Teilnehmer zu einem heiligen Leben, entsprechend der alttestamentlichen Mahnung Gottes: „Ihr sollt euch heiligen, um heilig zu sein ... Ich bin der Herr, der euch heiligt" (Lev 20, 7 f) und der Devise des Apostels Paulus: „Das ist es, was Gott will: eure Heiligung" (1 Thess 4, 3).

Die moderne Religionspsychologie erklärt mit dem Pastoraltheologen *Josef Goldbrunner*: „Der ‚Heilige' und ‚Reine' wirkt als Archetyp in religiösen Vorstellungen und schafft eine Atmosphäre des Unberührbaren, mit emotionaler Distanz von dieser bösen Welt, vor allem vom Geschlechtlichen. Projiziert wird dieser Archetyp auf Heilige, auf Priester und alle, die religiös hervortreten."[1]

Die kultische Reinheit nimmt im *Alten Testament* einen zentralen Platz ein, weil die Begegnung des Menschen mit dem Göttlichen vornehmlich im öffentlichen Gottesdienst (Kult) stattfindet. Das Sexualleben des Menschen ist dabei am meisten betroffen, da geschlechtliche Aktivitäten den Menschen besonders stark verunreinigen. Folglich gibt es eine Reihe spezieller Reinheitsvorschriften, zum Beispiel diese: „Liegt ein Mann bei einer Frau und erfolgt Samenerguß, so müssen sie sich in Wasser baden; sie sind unrein bis zum Abend" (Lev 15, 18). Ja, die Pollution allein macht schon unrein: „Hat ein Mann einen Samenerguß, so bade er seinen ganzen Leib; er ist unrein bis zum Abend" (Lev 15, 18; vgl. 1 Sam 21, 5). Unreinheit erfaßt die Frau bei der Menstruation oder bei der Entbindung von einem Kind. Hinzu kommen noch andere Umstände, die wenigstens zeitweise kultisch verunreinigen: Aussatz, Berührung einer Leiche, Genuß bestimmter Speisen.

Im Blick auf unser Hauptthema ist die Feststellung wesentlich, daß die kultischen Reinheitsgesetze des Alten Testaments nicht allein für Priester, sondern für das gesamte Volk gelten. Nur wer sich in diesem Sinn heilig und rein fühlt, darf es wagen, in die Nähe des heiligen Gottes zu kommen. Ein Jude, der unrein ist und dennoch die sacra berührt, riskiert sein Leben. Zwei junge Männer, die es tatsächlich gewagt hatten, die Bundeslade anzurühren, als sie vom Ochsenwagen herabzufallen drohte, starben auf der Stelle.

Das *Neue Testament* hingegen kennt kein kultisches Reinheitsdenken und hebt sich dadurch in einem entscheidenden Punkt vom Alten Testament ab. Von den Juden treu gehütete kultische Reinheitsgesetze erscheinen *Jesus* als unwichtig. Das Evangelium des Markus (7, 1–23) berichtet von einer erregten Diskussion zwischen Jesus und einigen jüdischen Schriftgelehrten über das Thema rein und unrein. Als die Pharisäer Jesus den Vorwurf machen, daß einige seiner Jünger Brot essen, ohne vorher die Finger gewaschen zu haben, nimmt Jesus sie in Schutz mit dem Argument, es handele sich hier nicht um ein Gebot Gottes, sondern um eine rein menschliche Satzung. Und sogleich geht er zum Gegenangriff über: „Ihr gebt Gottes Gebot preis und haltet euch an die Überlieferung der Menschen." Allein der Wille Gottes soll also über den Wert des menschlichen Handelns entscheiden. Wenig später kommt Jesus auf die anfängliche Streitfrage zurück, indem er betont, der Unterschied zwischen reinen und unreinen Speisen sei hinfällig, weil es einzig und allein auf die Reinheit des Herzens ankomme. Hier entscheide sich, ob ein Gedanke oder eine Tat als rein oder unrein gelten könne. Reinheit und Unreinheit sind also in den Augen Jesu eine Sache der Herzensgesinnung, sie haben eine sittliche Qualität.

Auch beim Apostel *Paulus*, einem Juden mit römischem Bürgerrecht, der ungefähr 30 Jahre nach Jesus als Märtyrer starb, besitzen die levitischen Reinheitsvorschriften, wie schon erwähnt, keine Bedeutung. Die Juden, seine Stammesgenossen, mußten es als direkt skandalös empfinden, daß er, der einstige Christus- und Christenhasser, das alle Juden männlichen Geschlechts verpflichtende Beschneidungsritual abschaffte.

Wie sehr dem Verfasser des *Jakobusbriefes* rituelle Bezüge fremd sind, beweisen allein diese Worte: „Ein reiner und makelloser Dienst vor Gott, dem Vater, besteht darin: für Waisen und Witwen zu sorgen, wenn sie in Not sind, und sich vor jeder Befleckung durch die Welt zu bewahren" (1, 27). Befleckung meint hier allgemein das Böse. Ursprünglich kultische Ausdrücke wie „ fehlerlos" und „makellos" bekommen eine sittliche Note.

Es dauerte freilich nicht lange, bis in der *Frühen Kirche* die neutestamentlichen Begriffe heilig und rein, eingeengt auf den sexuellen Bereich, fast synonym gebraucht wurden und zu einer Art von „heiliger Reinheit" verschmolzen. Diese Mischung aus Heiligkeit und Reinheit erfolgte freilich nicht ohne Einwirkung des Alten Testaments. „Da schon bald alttestamentliche Reinheitsformen in die kirchliche Praxis eindrangen", konstatiert der Pastoraltheologe Leonhard Maria Weber, „wurde der sittliche Reinheitsbegriff mit dem kultischen vermengt."[2] So kam es zu der verhängnisvollen Ansicht, daß geschlechtliche Betätigung und religiöse Praxis einander ausschließen.

Die alttestamentlich-kultische Mentalität der *Synode von Tours (461)* schlug sich im Kanon 1 nieder: „Wenn nämlich alle Gläubigen gemäß apostolischer Lehre die Keuschheit hüten müssen, so daß die, welche Frauen haben, so leben, als ob sie keine hätten, um wieviel mehr (quanto magis) müssen es die Priester Gottes sowie die für den Dienst an Gottes Altar bestimmten Leviten tun, damit sie, die nicht nur die Reinheit des Herzens, sondern auch die des Körpers wahren, bei ihren Gebeten für das Volk Erhörung durch Gott verdienen? Nach der Autorität des Apostels können jene, die dem Fleisch leben, bei Gott kein Gefallen finden. Ihr aber lebt nicht im Fleisch, sondern im Geist."[3] Und wenn schon den Laien wegen des Gebets (zeitweise) Enthaltsamkeit empfohlen sei, heißt es weiter, um wieviel mehr zieme den Priestern und Leviten dauernde Kontinenz, da sie doch stets im Dienst Gottes (Eucharistie und Taufe) stünden. Bei Verfehlungen, deren Zahl anscheinend nicht gering war, wollten die Teilnehmer der Synode die bisher übliche Bestrafung, nämlich Exkommunikation, nicht beibehalten; sie begnügten sich mit der Suspension vom Priesterdienst. Um aber dem Teufel keine Gelegenheit zur Verführung zu geben, wurde den Priestern das Zusammenwohnen mit nicht nahe genug verwandten Frauen untersagt.

Der Gedanke von der kultischen Reinheit entfaltete bald eine ungewöhnlich große Wirkung. An wen hätten sich die Appelle zu kultischer Integrität jetzt richten sollen, wenn nicht zuerst an den Sacerdos, den Verwalter und Spender der heiligen Geheimnisse? Damit sind wir auch schon auf die Hauptwurzel der seit dem 3. Jahrhundert vom Priester allmählich als selbstverständlich erwarteten oder unnachgiebig geforderten Enthaltsamkeit gestoßen: kultische Notwendigkeit, wie schon im Alten Testament.

Während die Presbyter-Bischöfe der ersten Jahrhunderte in der Regel verheiratet waren, dürften die charismatischen Wanderprediger um ihrer apostolischen Tätigkeit willen unverheiratet geblieben sein. Neben diesen gab es aber noch viele andere Christen, die auf die Ehe verzichteten und ein Leben in völliger Enthaltsamkeit wählten, weil sie darin eine bessere Weise des Christseins erblickten. Sie neigten allerdings oft dazu, alles Geschlechtliche, speziell das Leben in der Ehe, geringzuschätzen und, wenn auch seltener, verheirateten Christen wegen ihrer Ehe die Möglichkeit zur Erlangung des ewigen Heils abzusprechen. Solche leib- und ehefeindlichen Tendenzen verstärkten sich im 3. und 4. Jahrhundert.

Um keine falsche Wertskala aufkommen zu lassen, sah sich bereits Bischof *Ignatius von Antiochien* († ca. 110) in einem kurzen Brief, den er von Troas aus an seinen Amtskollegen Polykarp in Smyrna schrieb, zu folgender Klarstellung gezwungen: „Wenn jemand zur Ehre des Fleisches des Herrn in der Keuschheit zu bleiben vermag, bleibe er es ohne Selbstruhm. Rühmt er sich, so ist er verloren, und wird er für mehr angesehen als der Bischof, so ist er dem Verderben verfallen."[4] Diese Worte sollten gewiß auch als Plädoyer für die verheirateten Amtsträger (incl. Bischöfe) verstanden werden; sie bedeuteten aber vielleicht noch mehr eine deutliche Absage an jedes falsche Konkurrenzdenken zwischen zwei verschiedenen christlichen Lebensformen.

Was die Ehelosigkeit als eine allen Christen angeratene Weise zu leben betrifft, läßt sich die Lehre der Kirche zu dieser Zeit in die Formel fassen: Die Ehe ist gut, die Ehelosigkeit aber besser! Deshalb konnte *Eusebius von Cäsarea* († 339), Hofbischof in Konstantinopel unter Kaiser Konstantin, in aller Selbstverständlichkeit feststellen: „Es ziemt sich, daß diejenigen, die geweiht sind und dem Gottesdienst hingegeben leben, sich des Umgangs mit einer Frau enthalten."[5] Ein Jahrhundert später wollte der Schriftsteller und Bischof *Epiphanius von Salamis* die kirchliche Tradition in diesem Punkt bis zum Anfang der Kirche zurückführen: „Die Kirche hat es immer für geziemend erachtet, daß diejenigen, welche sich dem heiligen Dienst weihen, davon möglichst wenig abgelenkt sind und ihre geistlichen Funktionen mit einem ruhigen und freudigen Gewissen erfüllen ... Denn wenn der Apostel selbst den Gläubigen empfiehlt, von Zeit zu Zeit sich für das Gebet zu enthalten, wieviel mehr macht er es dem Priester zur Pflicht, sich von alldem zu befreien, was ihn ablenken oder bei Ausübung seines hl. Dienstes zerstreuen könnte". In diesem Sinn betrachtete er den Zölibat als ein „kirchliches Gesetz (Kanon) des Priestertums."[6]

Einen Höhepunkt erreichten solche Vorstellungen im Abendland bei dem mächtigen Mailänder Bischof *Ambrosius.* Zur Wahrung der kultischen Reinheit wandte er sich in seiner Abhandlung „De officiis" besonders an die Inhaber höherer Weihen: „Ihr, die ihr in leiblicher Unversehrtheit, in unverletzter Reinheit, selbst in ehelicher Enthaltsamkeit das Gnadenamt eures heiligen Dienstes empfangen habt, begreift wohl, daß dieser Dienst sonder Tadel und Makel geleistet werden muß." Die vielen Priester, die zu seinem großen Schmerz nicht enthaltsam leben und sogar Kinder zeugen, sucht er ins Unrecht zu setzen: „Sie wollen dies gleichsam mit einem alten Herkommen beschönigen aus der Zeit, da man nach tagelangen Unterbrechungen das Opfer darbrachte. Und doch beobachtete, wie wir im Alten Testament lesen, das gewöhnliche Volk, um rein zum Opfer zu treten, durch zwei und drei Tage hindurch keusche Enthaltsamkeit und wusch sich die Kleider." Gestützt auf diesen Brauch (Ex 19, 10) redet Ambrosius den Klerikern ernst ins Gewissen: „Wenn schon im vorbildlichen

Kulte so strenge Observanz herrschte, wie streng muß sie im wahren sein! Verstehe, Priester und Levite, was es bedeutet: ,deine Kleider waschen'. Du sollst einen reinen Leib zur Feier der Geheimnisse mitbringen! Wenn es dem Volke verboten war, ohne Reinwaschung seiner Kleider zum Opfer hinzutreten: du wolltest es wagen, unreinen Geistes und Leibes zugleich für andere zu beten, für andere des Dienstes zu walten?"[7] Bei kaum einem anderen Theologen oder Bischof finden wir diese innige Beziehung zwischen priesterlichen Funktionen und enthaltsamem Leben so deutlich ausgesprochen wie bei Ambrosius.

In den Ostkirchen vollendete *Johannes Chrysostomus* die Sakralisierung des Klerikerstandes mit seiner Schrift „Über das Priestertum". Dabei spielte die kultische Aufgabe des Priesters wieder die Hauptrolle: „Wenn er gar den Hl. Geist herabruft, das schauererregendste Opfer vollbringt, und den Herrn, das Gemeingut aller, beständig berührt, auf welche Rangstufe, sage mir, setzen wir ihn da erst? Welch peinliche Reinheit und welch ausnehmende Gewissenhaftigkeit müssen wir da von ihm fordern? Bedenke doch, wie beschaffen die Hände sein müssen, die solchen Dienst verrichten, wie beschaffen die Zunge, die solche Worte ausspricht, wie die Seele, die solchen Geist in sich aufnimmt, reiner und heiliger sein muß als die jedes anderen. Zu dieser Zeit umringen selbst Engel den Priester; das gesamte Heiligtum und der Raum um den Altar ist angefüllt mit himmlischen Heerscharen, dem zu Ehren, der auf dem Altare liegt. Es ist das an und für sich schon genügend glaubwürdig bei Berücksichtigung alles dessen, was in dem genannten Zeitpunkt auf dem Altar vor sich geht."[8] Bei dieser Sicht des Priesters als Kultpriester ist die Enthaltsamkeitsforderung eigentlich selbstverständlich.

Überaus bezeichnend ist es, daß die Forderung der kultisch motivierten Enthaltsamkeit an die Adresse der sacerdotes und levitae sich in der Kirche genau zu der Zeit, nämlich in der 2. Hälfte des 4. Jahrhunderts, durchsetzte, als in Rom, Mailand, Nordafrika und Spanien die Feier der Eucharistie zu einer täglichen Regel wurde. Die Synode von Toledo (400) bezeugt ausdrücklich die tägliche Opferfeier.

Als einen der ersten Hauptzeugen für die Meinung, daß sich für den Priester dauernde Enthaltsamkeit gezieme, haben wir schon den römischen Bischof *Siricius* (384–399) kennengelernt (vgl. S. 26). In einem Dekretale teilte er den Bischöfen einiger Provinzen die Beschlüsse der römischen Synode vom Jahr 386 zur Priesterfrage mit. Mit Nachdruck erinnert der Papst darin alle Priester und Leviten, auch die verheirateten, an die strenge Pflicht zu völliger Enthaltsamkeit, damit sie „die täglichen Pflichten ihres Dienstes" ungehindert erfüllen könnten. Wenn man Kontinenz des Gebetes wegen schon von den Laien erwarte, mit wieviel mehr Recht – immer wieder dieses „wieviel mehr" – werde sie von den Priestern gefordert, die doch stets zum Gebet (Feier der Eucharistie und Spendung der Taufe) bereit sein müßten. „Was will er aber machen, wenn er durch körperliche Begierde schmutzig geworden ist?"[9] Hier kommt klar zum Ausdruck, daß Geschlechtsverkehr nicht ohne Sünde zu denken sei. Folglich blieb nur Enthaltsamkeit als unerläßliche Voraussetzung für die würdige Feier der Eucharistie übrig.

Wer meinen möchte, solche Gedanken seien nur bei Theologen der ersten Jahrhunderte anzutreffen, wird von Zeugnissen späterer Jahrhunderte anders belehrt. Daß das Zeremonialgesetz des Alten Testaments der kirchliche Morallehre noch im Mittelalter seinen Stempel aufprägen konnte, verwundert heute noch. In ungezählten Papst- und Bischofsschreiben sowie in vielen Synodendekreten ist die Pflicht des Priesters zur Enthaltsamkeit vorrangig kultisch begründet. Als Beispiel sei nur Kanon 11 der *Synode von Augsburg im Jahre 952* zitiert: „Bischof, Presbyter, Diakon und Subdiakon sollen sich, wie bei vielen Konzilien festgesetzt worden ist, ihrer Ehefrauen enthalten, weil sie göttliche Dienste (divina ministeria) vornehmen."[10] Hier haben wir gleichzeitig einen Beweis dafür, daß Kleriker bis hinauf zum Bischof noch im 10. Jahrhundert verheiratet sein konnten und in der Regel wohl auch verheiratet waren. Weil sie aber eine enthaltsame Ehe führen mußten, ging die Tendenz der Obrigkeit immer mehr zu zölibatären Priestern.

Die um die Jahrtausendwende entstehende Kanonistik unterstützte die kultische Motivierung. Bischof *Ivo von Chartres* († 1116), der, wie später Gratian, wegen seiner Kirchenrechtssammlungen das ganze Mittelalter hindurch einer der einflußreichsten Gewährsmänner war, begründete die „lex continentiae" schon für die Subdiakone mit dem Dienst am Altar. Unter Berufung auf des Propheten Jesaja (Jes 52, 11) Appell: „Reinigt euch, ihr, die ihr die Gefäße des Herrn tragt!", mahnte er die Kleriker, „jede fleischliche Unreinheit zu fliehen," weil sie die Gefäße für den Leib des Herrn Jesus zum Altar bringen und vom Altar wieder wegtragen.[11]

Mit geradezu beißender Ironie urteilte der römische Kardinal *Humbert von Silva Candida* († 1061), dem wir schon als päpstlichem Legaten in Konstantinopel begegnet sind, in dem fingierten Dialog zwischen einem Römer und einem Konstantinopolitaner über die legitim verheirateten Priester der Ostkirchen: „So also sieht das Größere und Vollkommenere aus, daß der junge Ehemann, soeben von fleischlicher Lust erschöpft, am Altar Christus dient und mit seinen vom unbefleckten Leib geheiligten Händen sogleich wieder seine Frau umarmt ... Das ist nicht das Zeichen wahren Glaubens, sondern eine Erfindung des Satans."[12] Mit voller Absicht machte Humbert aus einer rein disziplinären Angelegenheit eine entscheidende Frage des Glaubens. Tatsächlich spielten die unterschiedlichen Standpunkte hinsichtlich des priesterlichen Zölibats bei den Kontroversen zwischen lateinischer und griechischer Kirche im 11. Jahrhundert und auch noch später eine wichtige Rolle.

Als überaus kämpferischer Verfechter des Klerikerzölibats ist der bereits erwähnte Mönch *Petrus Damiani* († 1072) in die Geschichte der Kirche eingegangen. Seine Ideen drangen über die Klosterzelle hinaus. Päpste mitsamt ihren Beratern und ganze Klöster hörten auf die Stimme dieses weltfremden Ordensmannes in der Einsiedelei Fonte Avellana. Nikolaus II. beförderte den Eiferer sogar zum Kardinal und erhöhte damit dessen gesamtkirchlichen Einfluß. Für sein strenges Vorgehen „gegen zügellose Kleriker" – so der Titel einer seiner Brandschriften – stützte Petrus sich geschickt auf Verordnungen des Papstes Leo IX. (1049–1054). In einer Vielfalt von Predigten, Briefen und Kampfschriften zog er gegen Simonie und Priesterehe zu Felde. Vom Priester als Kultdiener erwartete der Mönch aus dem Kamaldulenserorden eine Heiligkeit, deren innerster Kern sexuelle Enthaltsamkeit hieß.

„Warum, o Priester, der du Heiliges geben, d. h. Gott ein Opfer darbringen sollst", lesen wir in einem seiner Briefe, „scheust du dich nicht, vorher dem bösen Geist ein Opfer zu bringen? Wenn du nämlich Unzucht treibst, schneidest du dich von den Gliedern Christi ab und machst dich zum Leib der Hure, wie der Apostel (Paulus)‹ bezeugt: ‚Wer sich an eine Dirne bindet, ist ein Leib mit ihr' (1 Kor 6, 16)."[13] Die Ehen der Priester standen für den Eremitenmönch auf einer und derselben Stufe wie das Dirnenwesen. Im Anschluß an das Bibelwort: „Gebt das Heilige nicht den Hunden preis" (Mt 7, 6) fragt Petrus in seiner Schrift über den Zölibat der Priester einen der „Unzucht" hingegebenen Kleriker: „Welches Urteil wird dir bestimmt sein, der du deinen in der Weihe geheiligten Leib nicht den Hunden, sondern im Bordell hingegeben hast? Du besudelst alle heiligen Weihen … über die du beim strengen Gericht Gottes Rechenschaft ablegen mußt". Und nicht ohne Schadenfreude fährt er fort: „Ich habe mich neulich mit einigen Bischöfen unterhalten. Dabei wollte ich ihren heiligen Oberschenkeln einen Riegel vorschieben. Ich versuchte, den Genitalien der Priester sozusagen Keuschheitsschnallen anzupassen."[14] Da nicht wenige Priester erst nach der Weihe geheiratet haben, belehrte sie der Mönch, ihre Ehen seien ungültig und ihre Ehefrauen deshalb nichts als Konkubinen oder Huren. Für solche Priester und ihre Frauen hat Petrus nur Abscheu und Verachtung übrig: „Was für ein Vergehen! Die Hände, die dazu bestellt sind, die Speise der Engel zu bereiten, schrecken vor obszönen und schmutzigen Berührungen von Frauen nicht zurück … wie unreine Schweine versinken sie in kotiger, wurmiger und schmutziger Geilheit."[15] Sein maßloser Haß auf Priesterfrauen mutet freilich makaber an, wenn man weiß, daß er sein Leben ausgerechnet einer solchen Frau zu verdanken hatte. Als nämlich seine Mutter ihn, vermutlich einen ungewollten „Nachzügler", verhungern lassen wollte, gelang es der Frau eines Priesters, sie von diesem bösen Entschluß abzubringen. Und so blieb der kleine Petrus am Leben.

Damianis päpstlicher Gesinnungs- und Kampfgenosse *Gregor VII.* wollte die Weltpriester und Ordensleute von der Frauenwelt gänzlich isolieren. Nach seiner Auffassung sollte der Priester allein für Gott reserviert und zum Dienst für die Menschen bestellt sein. Da er täglich das heilige Opfer der Eucharistie darbringen mußte, galt es als selbstverständlich, daß er sich durch ein heiliges, das heißt ein reines und das wieder heißt ein sexuell-enthaltsames Leben auszeichnete. Der Papst betrachtete es sogar als eine Gotteslästerung, wenn der Priester den Leib einer Frau (und sei es auch die eigene Ehefrau!) und den Leib Christi zugleich berührte.

Auf der Höhe des Mittelalters setzte Papst *Innocenz III.* (1198–1216) vor allem die Eucharistie als Argument ein, um Priestersöhne vom Erben des väterlichen Benefiziums auszuschließen. Es sei ungehörig, so begründet der Papst diese Maßnahme, daß ein illegitimer Sohn seinem unsittlichen Vater am Altar diene, auf dem sich der eingeborene Gottessohn seinem ewigen Vater zum Opfer darbringe.

Da man den Geschlechtsverkehr der Priester mit ihren Frauen für Unkeuschheit hielt, erhob sich gelegentlich die Frage, ob die von einem unkeuschen Priester gefeierte Messe überhaupt als gültig angesehen werden könne. Die Meinungen der Theologen gingen in diesem Punkt auseinander. Der große Theologe *Thomas von Aquino* († 1275) antwortete auf die Frage, ob die Messe eines schlechten Priesters weniger wert sei als die eines guten, prinzipiell: „Im Hinblick auf das Sakrament hat die Messe eines schlechten Priesters nicht weniger Wert als die eines guten, weil auf beiden Seiten dasselbe Sakrament vollzogen wird."[16] Die scholastische Theologie beseitigte alle Unsicherheit mit der Lehre, daß man zwischen dem offiziellen Handeln des Priesters (opus operantis) und der vom persönlichen Zustand des Priesters unabhängigen Wirksamkeit der Sakramente (opus operatum) unterscheiden müsse. Dank dieser Erkenntnis konnte Papst *Lucius III.* (1181–1185), einst Mitglied des Zisterzienserordens, zweifelnde Gläubige beruhigen: „Nehmt ohne Angst von jedem Priester die mysteria Christi, da alles durch den Glauben an Christus gereinigt wird."[17]

Lehramtliche Entscheidungen zur Sakramentenlehre, z. B. die verbindliche Festlegung der Siebenzahl der Sakramente, gab es erst im Hochmittelalter. Zu den sieben Sakramenten zählte nun auch die Priesterweihe (ordo). Die Tatsache, daß den Inhabern des Weihesakramentes völlige Enthaltsamkeit abverlangt wurde, entsprach zwar, wie wir gesehen haben, einer alten Erwartung, erhielt aber jetzt aufgrund des Weihecharakters eine besondere Dringlichkeit. Als eine weitere Folge ergab sich, daß der Klerikerstand (status clericalis) selbst als heilig galt, und zwar hauptsächlich wieder wegen der von seinen Mitgliedern geforderten Keuschheit. Dies betonte vor allem der von Papst Innocenz III. zum Kardinal der Römischen Kirche und später zum Erzbischof von Canterbury ernannte Theologe *Stephan Langton* († 1228). Und der nicht weniger berühmte Theologe und Kirchenpolitiker *Jean (Charlier) Gerson* († 1429), einer der maßgebenden Köpfe beim Konzil von Konstanz, hob in seinem Dialog über den Zölibat der Priester wieder den kultischen Aspekt hervor: „Weil unsere Priester beständig mit den heiligen Mysterien beschäftigt sind, was wäre da vortrefflicher, als daß sie durch dauernde Keuschheit stark sind."[18]

Im 13. Jahrhundert reiste Kardinal *Guido* als päpstlicher Legat durch deutsche Lande, um die Reform des Klerus auch mit rigorosen Mitteln voranzutreiben. In den Statuten der Synode von Bremen (1266) werden alle Priester eindringlich ermahnt, ein enthaltsames Leben zu führen, „damit sie mit einem reinen Herzen und einem reinen Körper dem Herrn beim kirchlichen Opfer dienen können."[19] Doch viele Geistliche reagierten mit sichtlichem Unwillen; sie sträubten sich in aller Öffentlichkeit gegen die nach ihrer Meinung unerhörte Forderung und die harten Strafen, welche den Konkubinariern drohten.

Dieselben Ideen verbreitete der Franziskaner *Bernardin von Siena* († 1444), wenn er als aufrüttelnder Volksprediger durch Italien zog. Unerschrocken redete er den sündigen Klerikern ins Gewissen: „Was hast du mit Frauen zu tun? Was fabelst du am Altar Gottes? Sag, Priester, sag, Kleriker, wie küßt du mit denselben Lippen den Sohn der Jungfrau (Maria), nachdem du kurz zuvor die Lippen einer Hure geküßt hast? O Judas, mit einem Kuß verrätst du den Menschensohn?"[20] Drastischer läßt sich die Verbindung von Eucharistiefeier und Zölibatspflicht wohl nicht mehr zum Ausdruck bringen.

Pius IV. (1559–1565), den kirchliche und weltliche Autoritäten zur Aufhebung des Zölibatsgesetzes drängten, verwies in einer Instruktion für die Verhandlungen bei der 3. Tagungsperiode des Trienter Konzils besonders auf die Meßfeier, die Spendung der Sakramente und das vorbildliche, vom Volk abgetrennte Leben des Klerus, derentwegen die Verpflichtung des Priesters zur Ehelosigkeit aufrechterhalten werden müsse. Eine Konzession hinsichtlich der fleischlichen Begierden, bemerkte der Papst grundsätzlich, mache den Priester nur noch unfähiger für sein geistliches Wirken.

Dieselbe Spiritualität erfüllte Papst *Gregor XIII.* (1573–1585), der mit 37 Jahren in den Klerus eingetreten war – seinen viel später mit einer ledigen Frau gezeugten Sohn Giacomo legitimierte er zu Beginn seines Pontifikats – und erst im Alter von 60 Jahren die Priesterweihe empfangen hatte. Was die Erfüllung der Zölibatspflicht betrifft, wollte er sich nicht allein auf die Bischöfe verlassen, zumal da er wußte, daß mancher von ihnen in dieser Hinsicht sich selbst schuldig machte, sondern er suchte auch noch die Unterstützung durch weltliche Regenten. In einem ausführlichen Schreiben vom 19. September 1575 an Erzherzog Karl II. von Innerösterreich und Tirol bringt Papst Gregor XIII. seine Auffassung von der priesterlichen Ehelosigkeit klar zum Ausdruck. Er hält es für eine Schande, daß Priester, die Gott geweiht sind und deshalb ganz Gott gehören, dennoch der Göttin Venus und ihren Freunden dienen. Als Spender der Sakramente müßten sie den Engeln ähnlich sein, was durch ein keusches Leben am besten bewiesen werde. Zur Begründung zitiert der Papst das bekannte Wort des Apostels Paulus: „Wißt ihr nicht, daß eure Leiber Glieder Christi sind?" (1 Kor 6, 15). Der konkubinarische Geistliche aber entziehe seine Glieder Christus und liefere sie einer Hure und damit dem Satan aus. Für Gregor XIII. gibt es nichts Schlimmeres, als daß ein Priester mit unreinem Körper und „mit einem Herzen, in dem das Feuer der Hölle brennt", zur Feier der Eucharistie an den Altar tritt.[21] Einige Jahre später suchte *Germanico Malaspina,* 1580–1584 Nuntius am Hof des Erzherzogs Karl II., in Zusammenarbeit mit Laien den weit verbreiteten Konkubinat der Priester aus der Welt zu schaffen. Als er bei Visitationen darauf hinwies, die Ehen der Priester seien illegitim und die Priester selbst exkommuniziert, wollten sich viele Gläubige, wie er selbst berichtet, die Sakramente nicht mehr von exkommunizierten Priestern spenden lassen.

Der schwedische König Johann III., seit 1578 katholisch, bat im Interesse der Kirche, daß man Priestern die Heirat gestatte. Doch auch er stieß in Rom auf taube Ohren. Papst Gregors XIII. Staatssekretär Kardinal *Tolomeo Gallio* zerstreute alle Hoffnungen schon im Keim. „Wer möchte bezweifeln", fragt er in einem Schreiben an Possevino, den in Schweden für die Rekatholisierung tätigen Jesuiten, „daß die von unreinen Priestern dargebrachten Opfer im Angesicht des Herrn eher zum Ärgernis und zur Schande als zur Sühne und Heiligung gereichen?" Keinen Zweifel an seinem alttestamentlichen Reinheitsbegriff lassen die folgenden Worte: „Auch ist nicht zu erwarten, daß die Vorsichtsmaßnahmen, die man etwa dabei vorschlagen wollte, daß sie sich nämlich drei Tage vor dem hl. Meßopfer (des sexuellen Umgangs) enthalten, beobachtet werden; es steht vielmehr zu befürchten, daß sie im selben Augenblick vom Beischlaf zum Altar gehen."[22]

Machen wir einen Sprung in das 18. Jahrhundert, um zu sehen, ob die kultische Begründung immer noch als ein tragendes Motiv für das zölibatäre Leben dienen konnte. Gewiß trat mancher aufklärerische Theologe und auch Bischof dafür ein, den Priester seines sakralen Charakters zu berauben und ihn sowie seine Funktionen zu „verweltlichen". Doch mächtiger erwiesen sich auf der Gegenseite die scholastisch eingestellten Theologen und die Mehrzahl der theologisch meist nicht besonders gebildeten Bischöfe, die alle zusammen einem traditionell-geistlichen Priesterverständnis anhingen. Es überrascht daher nicht, daß Prälaten wie der Mainzer Kurfürst und Erzbischof *Friedrich Karl Joseph von Erthal* († 1802) den Zölibat hauptsächlich wegen der gottesdienstlichen Funktionen der Priester verlangen zu müssen meinten: „damit ihr vor dem Angesicht des allmächtigen Gottes mit reinem Herzen und reinen Händen das unblutige Opfer und Gebet im Namen und als würdige Diener der Kirche bringen, und den Opfernden, so wie es sich gebühret, dienen und beistehen könnt."[23]

In diesem Tenor sind fast alle Bischofsworte dieser Zeit gehalten. Wie hätten da die gläubigen Laien, die Gelehrten unter ihnen eingeschlossen, anders denken können?

Der Rechtshistoriker und Kanonist *George Phillips* († 1872), seit 1828 Katholik, 1834–1850 Professor in München, danach in Innsbruck und Wien, erinnert in einem Lexikonartikel über den Zölibat an die jüdischen und heidnischen Priester, die zur Zeit ihres liturgischen Dienstes Enthaltsamkeit üben mußten, und zieht daraus für die Priester der Kirche den seit alters bekannten Schluß: „Um so mehr muß sich die jungfräuliche Reinheit bei dem christlichen Priestertum von selbst verstehen, da dieses täglich ... Christum als unblutiges Opfer darbringt."[24] Dieselbe Auffassung spricht aus einem anonymen Beitrag im Bamberger Pastoralblatt von 1886. Schon der Titel „Die priesterliche Enthaltsamkeit in ihrer Beziehung zum heiligen Meßopfer" enthüllt das kultische Anliegen des Verfassers. Nach einem knappen geschichtlichen Rückblick resümiert der Autor, „daß die Darbringung des heiligen Opfers von seiten des Priesters Enthaltsamkeit fordert." Für ihn liegt „der erste und tiefste Grund" des Zölibatsgesetzes „in der Vorzüglichkeit des jungfräulichen Standes", „der durch das Beispiel unseres Heilandes, des Hauptes der Kirche geheiligt ist."[25]

Die *Salzburger Provinzialsynode im Jahre 1906* verabschiedete nach mehrtägigen Beratungen umfangreiche Konstitutionen. Zu den kirchlichen Einrichtungen, die mit Hohn und Spott übergossen würden, heißt es im Kapitel über Leben und Ansehen des Klerus, zähle auch die Ehelosigkeit der Kleriker. Diese stehe aber in vollem Einklang mit den Absichten Jesu Christi, „der, selbst jungfräulich, seine jungfräuliche Mutter seinem jungfräulichen Schüler" – gleich dreimal das Wort jungfräulich! – anvertraut habe und „der seine Apostel und deren Nachfolger von der Begierlichkeit des Fleisches (1 Joh 2, 16) befreien und zu engelgleicher Vollkommenheit führen wollte." Sie entspreche ferner „der himmlischen Würde der Sakramente und vor allem des makellosen eucharistischen Opfers, dessen Diener keusch und rein an Seele und Leib sein sollen."[26] Genauso konnte man es zu dieser Zeit in Verlautbarungen Pius' X. (1903–1914) lesen, der wegen der Einführung der

Kinderkommunion auch der „Papst der Eucharistie" genannt wird.

Der Münchener Erzbischof *Michael Faulhaber*, einst Professor für Altes Testament, verteidigte in einer eindrucksvollen Rede bei der 58. Generalversammlung der Katholiken Deutschlands in Mainz am 7. August 1911 den wieder einmal heftig angefeindeten Priesterzölibat. Auch er macht für die Pflicht zum ehelosen Leben der höheren Kleriker kultische Motive geltend: „Die Hand, die den Leib des Herrn in Brotsgestalt täglich auf die Patene legt und den Gläubigen reicht, soll etwas von jenen Engelhänden haben, die den Leib des Herrn in Kindesgestalt in die Wiege legten." Und ganz in der Sprache eines Mystikers fährt der wortgewaltige Kirchenfürst weiter: „Eine reine Johannesseele, so ruhe der Priester in ewiger Kommunion an der Brust des Meisters von dem Tage an, da ihm Kelch und Hostie in der Priesterweihe überreicht werden, bis zu der Stunde, da man ihm Kelch und Hostie auf den Grabstein meißelt. Im Herzen der Kirche ist der Zölibat in erster Linie das hochzeitliche Kleid für den Dienst am Altar. Ohne die katholische Auffassung von der Eucharistie wird der Zölibat auch beim besten Willen nicht verstanden werden."[27]

Wenn auch Angriffe gegen das Zölibatsgesetz zu keiner Zeit ausblieben, so nahmen sie doch in unserem Jahrhundert an Heftigkeit zu. Die Autoritäten der Kirche, an der Spitze die Päpste, dachten nicht an Nachgeben. Bei ihrer Argumentation standen kultische Reinheitsgedanken weiterhin im Mittelpunkt. *Pius XI.* ließ in seiner Enzyklika vom 20. Dezember 1935 neuplatonische Gedanken anklingen: „Da Gott Geist ist, scheint es angebracht, daß ein jeder, der sich seinem Dienst widmet und weiht, sich auch in gewisser Weise ‚von seinem Leib freimacht'. Schon die alten Römer hatten das Geziemende eines solchen Verhaltens erkannt." Zum Beweis zitiert er Cicero: „Man muß keusch vor die Götter treten." Als unumgängliche Konsequenz fordert der Papst vom Priester ein Höchstmaß an Reinheit. Schließlich habe auch der Apostel Paulus „die unschätzbaren Vorzüge der Jungfräulichkeit" gerühmt.[28]

Pius XII. schätzte die Reinheit des Priesters über alles. Wie sehr die Eucharistiefeier den Priester zu einer Reinheit der Seele und des Körpers verpflichtet, offenbart seine „Exhortatio" vom 23. September 1950 an die Priester: „Wachet und betet und vergeßt nie, daß eure Hände das Heiligste berühren; vergeßt auch nie, daß ihr Gott geweiht seid und nur ihm allein dienen dürft ... Bemüht euch daher mit aller Kraft und allem Eifer, daß ihr täglich unter dem mütterlichen Schutz der jungfräulichen Gottesmutter rein, unbefleckt und keusch seid, wie es Dienern Christi und Spendern der göttlichen Geheimnisse ziemt."[29] Noch deutlicher spricht sein kultisches Verständnis des Zölibatsversprechens aus der Enzyklika „Sacra virginitas" vom 25. März 1954: „Die Verwalter der heiligen Geheimnisse enthalten sich nicht nur deshalb ganz der Ehe, weil sie ein apostolisches Amt versehen, sondern ebenso, weil sie dem Altar dienen." Dann folgt der schon von Kirchenvätern her bekannte Vergleich zwischen Altem und Neuem Testament: „Wenn schon die Priester des Alten Testaments, während sie den Tempeldienst versahen, vom Gebrauch der Ehe abstanden, damit sie nicht wie die übrigen Menschen vom Gesetz als unrein erklärt würden (Lev 15, 16–17; 22, 4; 1 Sam 21, 5–7), um wieviel mehr geziemt es sich, daß die Diener Jesu Christi, die täglich das eucharistische Opfer darbringen, in ständiger Keuschheit leben."[30]

Wenn von hoher päpstlicher Warte solche Töne zu vernehmen waren, ist es nicht verwunderlich, daß auch Priester und Theologen ähnliche Gedanken unter dem Kirchenvolk verbreiteten. Der Bamberger Domkapitular *Alphons Maria Rathgeber* verlangt in seinem 1964 erschienenen „Ratgeber" für das christliche Volk von den „Priestern, die das Opfer des Neuen Bundes darbringen, das alle anderen an Reinheit und Größe weit übertrifft, eine ganz besondere Reinheit". Von diesem alttestamentlich gefärbten Reinheitsbegriff aus gelangt er zu einer engen Verbindung von Eucharistie und Ehelosigkeit: „Vor allem läßt die Beziehung des Priesters zum eucharistischen Opfer die Beobachtung des Zölibats als angemessen erscheinen."[31]

Zur selben Zeit aber erklärte das *2. Vatikanische Konzil*, der Zölibat sei dem Priester wegen seiner ganzen Hingabe an Jesus Christus und seines ungeteilten Einsatzes für das Reich Gottes angemessen. Von einem kultischen Motiv ist in den Konzilsdokumenten nichts mehr zu finden. Dies hinderte freilich den bekannten Münsteraner Philosophen *Josef Pieper* noch Jahre nach dem Konzil nicht, in seiner Apologie für die Fortdauer des Zölibatsgesetzes den kultischen Aspekt als ein Hauptmotiv hervorzukehren, und dies sogar unter namentlicher Berufung auf dieses Konzil: „Wer allerdings – in Übereinstimmung mit der großen Theologie und den lehramtlichen Äußerungen der Kirche, auch des Zweiten Vatikanischen Konzils – im Priester vor allem den durch das Weihesakrament zum konsekratorischen Vollzug der göttlichen Mysterien Bevollmächtigten und Berufenen sieht, der in persona Christi für die ganze Kirche das eucharistische Opfer darzubringen hat, der wird die Verknüpfung des priesterlichen Amtes mit einer besonderen priesterlichen Lebensform, einschließlich Ehelosigkeit, als etwas zum mindesten tief Sinngemäßes und innerlich Angemessenes begreifen."[32]

Es ist gewiß eine bedauerliche Entgleisung, wenn der tiefsinnige Theologe *Hans Urs von Balthasar* in einem Kommentar zum Schreiben Papst Johannes Pauls II. an die Priester (Gründonnerstag 1979) jeden Mitbruder, der „wie gebannt auf das Kapitel über den Zölibat starrt", als Sexualneurotiker hinstellt. Außerdem leistet er hier dem Papst bei der Verteidigung des Zölibatsgesetzes und der Theologie, speziell der Mariologie, einen fragwürdigen Dienst, wenn er argumentiert: „Wäre je eine Eucharistie möglich gewesen, wenn das fleischgewordene Wort einen von der Jungfrau erhaltenen und selbst jungfräulichen Leib mit einer Frau geteilt, mit ihr ‚ein Fleisch' geworden wäre?"[33] Dabei sind doch schon mehrere Jahrhunderte vergangen, seit der erwähnte Mönch und Kardinal Petrus Damiani zum Ruhm der ehelosen und gleichzeitig zur Schande der verheirateten Priester, deren Zahl damals noch sehr groß gewesen ist, polemisch theologisierte: Jesus, von einer reinen Jungfrau geboren, kann nur von einem keuschen Priester in der Eucharistie wiedergeboren werden.

Daß eine solche geistliche Mentalität heute immer noch nicht ausgestorben ist, bewies kürzlich der Dominikaner *Basilius Streithofen* (Kloster Walberberg), als er, mit deutlichem Seitenhieb auf die reformatorischen Kirchen, einen engen Zusammenhang zwischen dem Meßopfer und dem Zölibatsgesetz konstruierte: „Luther hat den Zölibat aufgehoben. Davon nicht zu trennen ist die Preisgabe des Opferpriestertums. Mit der kultischen Dimension des Amtes steht und fällt der Zölibat in der gesamten Tradition bis Luther. Folgerichtig bricht er nicht nur mit der Dimension des Opferkults, sondern wird ihm dann auch der Zölibat unvertretbar." Soll die kultische Idee tatsächlich als der Dreh- und Angelpunkt für die Forderung priesterlicher Ehelosigkeit angesehen werden? Der streitbare Pater läßt da keinerlei Zweifel aufkommen: „Mit der Aufhebung des Zölibats wäre das kultische Moment sofort verschwunden."[34]

Keinen Deut anders erklärte der Bamberger Erzbischof *Elmar Maria Kredel* in seiner Predigt am Gründonnerstag des Jahres 1992, die Kirche halte es „für angemessen, daß derjenige, der das Amt Christi, des Hauptes der Kirche, vor allem in der Feier der Eucharistie, aber auch in der Feier der übrigen Sakramente übernimmt, wie dieser Jesus Christus vollkommen frei ist für den Dienst am Heil des Volkes Gottes."[35] Die alte Verbindung von Opferpriester und „Zölibatsopfer" feiert also fröhliche Urständ.

Die kultische Motivierung fand jahrhundertelang bei der Feier der Eucharistie selbst einen sprechenden Ausdruck. In liturgischen Anweisungen (Rubriken) war vorgeschrieben, der Priester müsse bei der Messe Zeigefinger und Daumen beider Hände von der Wandlung bis zum Abwaschen derselben Finger nach der Kommunion aneinandergepreßt halten. Auf diese Weise sollte die Profanierung auch noch so kleiner Teilchen der konsekrierten Hostie vermieden werden. Als dann den Gläubigen nach dem 2. Vatikanischen Konzil gestattet war, die Kommunion mit der Hand anstatt wie bisher auf die Zunge zu empfangen, verspürten viele zunächst unüberwindliche Hemmungen. Zusätzliche Schwierigkeiten empfanden meist ältere Gläubige, weil jetzt auch (ungeweihte) Laien die geweihte Hostie beim Gottesdienst austeilen durften.

Von einer kultischen Begründung der Zölibatsvorschrift ist heute in offiziellen Verlautbarungen nichts mehr zu lesen. Die *Kongregation für das katholische Unterrichtswesen* weist in den am 11. April 1974 publizierten „Leitgedanken für die Erziehung zum priesterlichen Zölibat" derartige Begründungen für die Verpflichtung zur Ehelosigkeit des Priesters sogar ausdrücklich zurück: „Nicht zu ihren Gründen gehören die Idee der ‚rituellen Reinheit' oder der Gedanke, man könne nur auf dem Wege des Zölibats zur Selbstheiligung gelangen."[36] Damit wurde ein seit Anfang der Kirche zugunsten der priesterlichen Enthaltsamkeit und Ehelosigkeit häufig vorgebrachtes Hauptmotiv erstmals offiziell ausdrücklich fallengelassen.

2. Asketische Reinheit

Die Ethik der *griechischen und römischen Antike* folgte einem dualistischen System, das Geist und Körper als gegensätzliche Kräfte von höchst unterschiedlichem Wert ausgab. Der Geist stand weit über allem Materiellen. Unterdrückung des Körpers galt darum als ein wesentliches Merkmal asketischer Disziplin. Pythagoräern schien es selbstverständlich, daß der Mensch weltlichen Zerstreuungen aus dem Weg geht und sich mit kärglicher Ernährung begnügt, um die Seele für die Begegnung mit dem Göttlichen bereitzuhalten. „Um sexuelle Enthaltsamkeit, wenn nicht gar wirklichen Zölibat üben zu können", konstatiert der Kirchenhistoriker Henry Chadwick, „verlangten die Pythagoräer Loslösung von den Zerstreuungen der Welt und eine sparsame Ernährung". Im Vordergrund stand häufig der kultische Gedanke, daß Enthaltsamkeit für bestimmte religiöse Funktionen unerläßlich sei. „Wichtige religiöse Zeremonien konnte im Altertum korrekt nur jemand vollziehen, der durch vollkommene Enthaltsamkeit dafür qualifiziert war (der Zölibat des Priesters ist eine der ältesten und tiefeingewurzelten Forderungen der Menschheit)."

Der Philosoph *Sokrates* († 399) sah in der Beherrschung der sinnlichen Leidenschaften die Grundlage jeder Tugend und Religion. Derselben Einschätzung begegnen wir bei seinen Schülern *Platon* und *Aristoteles,* und in noch stärkerem Maß bei den Anhängern der Stoa, einer philosophischen Richtung, die besonders in der Epoche des Hellenismus und zur Zeit des jungen Christentums eine ungewöhnlich große Anziehungskraft ausübte. Selbstbeherrschung war ein Schlüsselbegriff für das gesamte sittliche

Leben, das unter der Devise stand: Nichts um der Lust willen! Der Geist sollte stets über den Körper siegen.

Der Neupythagoräer *Apollonios von Tyana* (1. Jahrh. n. Chr.) lebte völlig vegetarisch, verschmähte Woll- und Lederkleidung, trank keinen Wein und blieb unverheiratet. Im 3. und 4. nachchristlichen Jahrhundert steigerte das dualistische System des Neuplatonismus, angeführt von *Porphyrios,* die Unterdrückung des Körpers durch Askese, weil man auf diesem Weg die Freiheit des Geistes und die Einigung der Seele mit dem Göttlichen am ehesten zu erreichen hoffte.

Zwei Prinzipien waren es also nach Meinung des genannten Henry Chadwick, welche das Leben der Menschen im außerchristlichen Raum maßgebend bestimmten und schon frühzeitig auf die Mentalität christlich-asketischer Schriftsteller einwirkten: „1. Wer die Liebe eines Gottes genießt, muß auf die Liebe von Sterblichen verzichten; 2. Geschlechtsverkehr befleckt, und Befleckung bedeutet die Gegenwart böser Geister."[1]

Derlei dualistische Einschätzungen der Welt und des Menschen sind dem Judentum und dem Christentum als solchem fremd. „Fleisch" (hebr. basar) bezeichnet im Semitischen stets den ganzen Menschen. Auch im Neuen Testament meint das Wort „Fleisch" (griech. sarx) meist den ganzen Menschen mit Leib und Seele. Mag auch der Akzent häufig auf der Leiblichkeit und damit auf der Gebrechlichkeit des Menschen liegen, so gewinnt doch nirgends ein anthropologischer Dualismus die Oberhand. Schließlich wurde *Jesus Christus,* das göttliche Wort, selbst Fleisch (Joh 1, 14). Moralische Askese spielte für *Jesus,* im Gegensatz zu *Johannes dem Täufer,* dessen eschatologischer Bußgeist schon in seinem äußeren Auftreten sichtbar wurde, keine wesentliche Rolle. Weil Jesus festliche Mahlzeiten liebte, meinten ihn seine Gegner als „Fresser und Weinsäufer" beschimpfen zu können. Auch sein Umgang mit Frauen verriet keine Spur von asketischer Befangenheit. Jesu ganze Ethik blieb frei von asketischen Zügen. Bei ihm stand die religiöse Gesinnung und Entscheidung weit über allen anderen Beziehungen und Rücksichten. Dieser religiöse Radikalismus ist freilich nicht zu verwechseln mit einem asketischen Rigorismus.

„Fleisch" kann in der Bibel aber auch die Widersprüchlichkeit und den Ungehorsam des Menschen gegenüber Gott zum Ausdruck bringen. *Paulus* unterschied zwischen dem guten Leib (soma) und dem sündigen Fleisch (sarx); beide liegen miteinander im Streit. Er wandte sich jedoch „gegen gnostisierende Tendenzen in den Gemeinden, die auf eine Abwertung des Materiellen und Leiblichen, vor allem des Geschlechtlichen, zugunsten des Pneumatischen hinauslaufen und darum Enthaltung von bestimmten Speisen und vom geschlechtlichen Gebrauch der Ehe fordern, wenn nicht die Ehe überhaupt verwerfen."[2] Dem gegen Gott aufbegehrenden „Fleisch" wies Paulus nicht nur sogenannte Fleischessünden zu, sondern auch Sünden des Geistes, z. B. Zauberei, Feindschaft, Streit, Eifersucht, Neid und Mißgunst (Gal 5, 19). Er wußte aus eigener Erfahrung einerseits schmerzlich, daß der Christ ein Sünder ist, wenn er dem fleischlichen Verlangen gehorcht; andererseits war er beglückt darüber, daß derselbe Christ ein Heiliger ist, weil der Heilige Geist in ihm wohnt. Diese scheinbar paradoxe Verbindung in ein und demselben Menschen hinderte den Apostel allerdings nicht an der Feststellung, daß der menschliche Leib ein „Tempel des Heiligen Geistes" (1 Kor 6, 19) ist. In seinem Brief an die Römer steht: „Ihr gründet euer Dasein nicht auf das Fleisch (sarx), sondern auf den Geist (pneuma)" (Röm 8, 8). Auch wenn Paulus in diesem Sinn für Askese plädierte und deshalb Selbstdisziplin schätzte, bewahrte ihn doch der biblische Glaube, daß die ganze Schöpfung von Gott stammt und deshalb gut ist, vor einer dualistischen Leibfeindschaft. Freilich sah und beurteilte er die Ehe „in dem asketischen Lichte fleischlicher Schwachheit, eschatologischer Unzweckmäßigkeit und religiöser Unerwünschtheit."[3]

In einigen späteren Schriften des Neuen Testaments wird sarx durchgängig negativ gesehen. Der unbekannte Verfasser der *Geheimen Offenbarung (Apokalypse)*, der bis zum Abschluß des Bibelkanons umstrittensten Schrift des Neuen Testaments, erwies dem ehelos-jungfräulichen Leben besondere Reverenz. Den Christen, die während der Verfolgung dem Lamm Christus treu geblieben sind, spendete er hohes Lob: „Sie sind es, die sich nicht mit Weibern befleckt haben; denn sie sind jungfräulich. Sie folgen dem Lamm, wohin es geht" (Apk 14,4). Solche Hymnen erklangen in späteren Jahrhunderten immer wieder. Da jedoch der Begriff „Fleisch" unter dem Einfluß stoischer und gnostischer Ideen bald nur noch negativ für sexuelle Begierde verwendet wurde, geriet der umfassende paulinische Gedanke von der leib-geistigen Bosheit des Menschen in Vergessenheit. Als Folge davon mußte das „jungfräuliche" Leben als höchstes Ideal aufscheinen.

Da Askese also verschieden motiviert sein kann, ist auch bei christlichen Autoren jeweils zu prüfen, ob dem Verzicht eine welt- und leibverachtende Haltung zugrundeliegt oder ob es sich um einen Verzicht auf Dinge handelt, die an sich gut sind. Daß „heidnische" Philosophie und Gesellschaft das Denken und Leben der Christen im Altertum beeinflußt haben, ist unbestritten. Vor allem eine stoische Ethik, welche den Sinn der Sexualität allein in der Zeugung von Nachkommen sah und sexuelle Lust als böse einschätzte, wirkte in der Kirche bis in unsere Zeit fort. Nicht so sehr hebräisch-alttestamentliche Vorstellungen von der Zusammengehörigkeit von Leib und Seele wiesen also der kirchlichen Morallehre den Weg, sondern bei weitem mehr ein von Platon grundgelegter Dualismus zwischen Körper und Geist. Wie der Neuplatoniker *Plotin*, so schämten sich auch viele Christen ihres Leibes und meinten, ihn radikal unterdrücken zu müssen.

Das Eheverbot der Gnostiker entsprang einer grundsätzlichen Abscheu vor der materiellen Welt. In der christlichen Lehre dagegen galt die ganze Schöpfung als Werk Gottes. Ehe und Ehelosigkeit durften also nicht gegeneinander ausgespielt werden. Doch schon der *1. Timotheus-Brief* warnt vor Christen in der Gemeinde von Ephesus, die sich von heuchlerischen Lügnern täuschen ließen: „Sie verbieten die Heirat und fordern den Verzicht auf bestimmte Speisen, die Gott doch dazu geschaffen hat, daß die, die zum Glauben und zur Erkenntnis der Wahrheit gelangt sind, sie mit Danksagung zu sich nehmen" (1 Tim 4,3). Noch deutlicher kommt ihre negative Einstellung im sogenannten *2. Clemens-Brief* (um das Jahr 150) – mehr eine Predigt als ein Brief – zum Ausdruck, wenn es heißt, daß nur „die dem Fleische nach Reinen" zum Leib Christi, d. h. zur Kirche gehören (2 Clem 14,3–5). *Tatian*, einer der ersten christlichen Asketen, verbot die Ehe ebenso wie den Genuß von Fleisch und Wein. Anhänger gewann er vor allem in der syrischen Kirche, die sich schon bald und für längere Zeit als ein schützender Hort christlicher Enkratiten erwies. Solche häretischen Tendenzen, ungewöhnlich stark in Syrien und Mesopotamien wirksam, erhielten mächtigen Auftrieb durch die Ansicht, daß Taufe und Ehe im Grunde unvereinbar seien und nur die ganz Enthaltsamen als die wahre Kirche Christi gelten könnten. Es gab Kirchengemeinden, in denen die Enthaltsamkeit eine Hauptbedingung für die Taufe darstellte.

Die von Kleinasien ausgehenden und schnell auch in Nordafrika, in Italien und im Frankenreich Anhänger findenden Montanisten, benannt nach dem Phrygier *Montanus* († ca. 176), dem *Maximilla* und *Prisca* als Prophetinnen ebenbürtig zur Seite standen, beriefen sich für ihre rigorose Askese auf spezielle Offenbarungen des Heiligen Geistes (Parakleten). *Pinytos von Knossos* (Kreta) predigte seiner Gemeinde, ohne Enthaltsamkeit bestehe keine Aussicht auf ewiges Heil. Der Laie und Theologe *Klemens von Alexandrien* stellte unter den Ehemännern jene als bessere Christen hin, die den Geschlechtsverkehr mit ihren Ehefrauen der sinnlichen Lust wegen verschmähten. Allerdings machte er auch deutlich, daß körperliche Askese wertlos sei, wenn sie aus Verachtung des Materiellen hervorgehe. Die Liebe zum Herrn Jesus sollte das treibende Motiv sein. So kam es nicht allein bei ihm zur Diskrepanz zwischen antikem Pessimismus und christlichem Optimismus.

In der Großkirche stießen dualistisch-gnostische Ideen im allgemeinen auf Ablehnung. Schon Bischof *Ignatius von Antiochien* mahnte seinen Amtsbruder in Smyrna, den Martyrerbischof Polykarp von Smyrna, die Christen nicht von der Ehe abzuhalten. Riskant waren freilich Versuche zur Harmonisierung, wie sie z. B. der „einfache" Christ *Sextus* (Ende des 2. Jahrh.) unternahm. Seine neupythagoräische Sicht erlaubte es ihm nämlich nicht, Gebet und sexuellen Umgang miteinander in Einklang zu bringen. Auch war er nicht mehr weit entfernt von einer prinzipiellen Ablehnung alles Sexuellen, wie sie bei nicht wenigen christlichen Schriftstellern dieser Zeit anzutreffen ist.

Der christliche Apologet *Athenagoras* hob in seinem an Kaiser

Mark Aurel gerichteten „Bittgesuch für die Christen" (ca. 177) rühmend hervor: „Man kann unter unseren Glaubensgenossen viele finden, Männer und Frauen, die alt werden, ohne zu heiraten in der Hoffnung auf um so innigeren Verkehr mit Gott. Das Verharren im jungfräulichen Stand und im Stand eines Eunuchen (bringt einen) Gott näher."[4] Demselben Ideal folgte *Tertullian*, der, obwohl selbst verheiratet, dem enthaltsamen Leben den Vorzug gab: „Glücklich wäre, wer Paulus gliche."[5]

Asketen männlichen oder weiblichen Geschlechts, die entweder als Eremiten oder in kleineren Gemeinschaften lebten, waren Vorläufer des Mönchtums, bei dem die Askese eine betont moralische Bedeutung erlangte. Die *Mönche* erstrebten durch sexuelle Enthaltsamkeit, Besitzlosigkeit, Fasten und Ablehnung bestimmter Speisen eine wirkliche Loslösung von der „Welt" und eben dadurch eine noch innigere Verbundenheit mit dem Herrn Jesus. Vor allem das enthaltsame Leben galt als eine Art von geistlichem Martyrium und ließ jetzt den Mönch, wie früher schon den blutigen Martyrer, zum Athleten für Christus oder, in mystischer Sicht, zur „Braut Christi" (Tertullian) aufsteigen. Bischof *Basilius der Große* († 379) wurde mit seinen asketischen Schriften, dem sog. Asketikon, aus dem zwei Mönchsregeln entstanden, zum Vater des ostkirchlichen Mönchtums. Die Forderung eines asketischen Lebens ergab sich bei ihm aus Geringschätzung des Leiblichen.

Mit der Zeit blieb der Ehrentitel „Sponsa Christi" fast nur noch den gottgeweihten Jungfrauen reserviert. Als idealer Christ galt allgemein, wer um Gottes und Jesu willen von einem Leben in der Ehe, ja, von sexueller Betätigung überhaupt nichts wissen wollte. Der Appell zur Enthaltsamkeit sollte in erster Linie von den Klerikern gehört werden. So wollte es vor allem Bischof *Augustinus* von Hippo, dem seit seiner Bekehrung im Sommer 386 das monastische Ideal über alles ging. Für ihn war es selbstverständlich, daß alle Mitglieder seines Klerus, also auch die verheirateten, vornehmlich aus asketischen Motiven zölibatär lebten.

Die radikalen Asketen gewannen im Laufe der Zeit so großen Zulauf, daß die *Synode von Gangra* in Kleinasien um das Jahr 400 gegen Christen einschreiten mußte, die, wie Bischof Eustathios, ein großer Förderer des Mönchtums, die Institution Ehe nahezu ganz ablehnten und sich deshalb weigerten, am Gottesdienst verheirateter Priester teilzunehmen. In den *Apostolischen Kanones*, einer Ende des 4. Jahrhunderts entstandenen Sammlung kirchenrechtlicher Bestimmungen, lautet die Verurteilung so: „Wer sich als Bischof, Priester, Diakon oder anderer Kleriker von Ehe, Fleisch und Wein enthält, und zwar nicht aus Askese, sondern aus Abscheu, weil er vergessen hat, daß alles sehr gut ist und daß Gott den Menschen als Mann und Frau geschaffen hat, und blasphemisch die Schöpfung schlecht macht, der lasse sich eines Besseren belehren oder er ist abzusetzen und aus der Kirche auszuschließen. Ein Laie ebenso."[6] Trotzdem erhielten in den folgenden Jahrhunderten nicht die Künder einer schöpfungsfreundlichen Doktrin die Oberhand, sondern jene Theologen, die Askese in erster Linie unter moralischem Gesichtspunkt predigten. Apologeten der Kirche stellten die von Christen freiwillig gewählte asketische Lebensform gern als Beweis und Gradmesser für das hohe sittliche Niveau des Christentums hin, distanzierten sich jedoch von welt- und leibfeindlichen Bewegungen, wie sie später in den Katharern und Waldensern auftraten.

Eine deutliche Anwendung des asketischen Vollkommenheitsideals auf den Klerus läßt sich erst im 4. Jahrhundert feststellen. Diese Idealisierung steigerte sich allerdings in den Gemeinden so sehr, daß die Kleriker unter den Heiligen, zu denen alle Christen gerechnet wurden, als besonders Geheiligte den höchsten Rang einnahmen.

Papst *Siricius* (384–399), der den Sündenfall der ersten Menschen im Paradies als ein sexuelles Vergehen deutete, betrachtete „Heiligkeit" und „Fleisch" als zwei radikal entgegengesetzte Pole im Menschen und gelangte, was den Priester betrifft, zu dem Schluß: „Wenn die fleischliche (körperliche) Vereinigung eine Beschmutzung bedeutet, so versteht es sich von selbst, daß der Priester sich im Blick auf seine himmlische Aufgabe bereit halten muß, damit er nicht als unwürdig empfunden wird, nämlich dann, wenn er für die Fehler der anderen Fürsprache einlegen muß."[7] Er war der Überzeugung, daß die Heiligkeit des Körpers in den Augen Gottes durch Unreinheit und Unenthaltsamkeit beschmutzt werde. Wer in diesem Sinn unkeusch lebe, stelle sich auf eine und dieselbe Stufe mit den Tieren und verdiene nicht, Priester genannt zu werden.

Das monastische Asketentum setzte sich in Italien und Gallien besonders stark durch. Wie bestimmend die Regel des *Benedikt von Nursia* († 547) wurde, zeigt deutlich das Reformprogramm des *Bonifatius* († 754), der sich zunächst als glühender Missionar und später als glänzender Organisator der Kirchen im östlichen Frankenreich und in Bayern große Verdienste erwarb. Welt- und Selbstverleugnung gehörten bei ihm wesentlich zum Priester, der Christus ganz nachfolgen sollte.

Von diesem asketischen Geist erfüllt, kämpfte im 11. und 12. Jahrhundert wohl die Mehrzahl aller Päpste, Bischöfe und Äbte für eine allgemeine Erneuerung der Kirche. Namentlich Simonie und Priesterehe sollten als die beiden Hauptübel der Zeit ausgerottet werden. Die eifrigen Reformer konnten sich besonders in Oberitalien auf die Hilfe vieler Laien stützen. Wenn diese den Priestern keine Ehefrauen zubilligten, geschah es hauptsächlich deshalb, weil sie überzeugt waren, der geschlechtliche Verkehr beeinträchtige den heiligen Dienst des Priesters über die Maßen. Viele meinten sogar die Ehe selbst wegen der mit ihr verbundenen Sexualität verdammen zu müssen. Die offizielle Kirche machte sich zwar zum Anwalt der Ehe als einer gottgewollten Einrichtung, entging aber nicht immer der Gefahr, die Ehe zu spiritualisieren, d. h. ihrer sexuellen Komponente zu berauben. Bei den Katharern endete die negative Einstellung zur Sexualität in Häresie.

Welche Exzesse das Streben nach Askese annehmen konnte, wird an dem Wanderprediger *Robert von Arbrissel*, Sohn eines Priesters und selbst wieder Priester, ja sogar Eremit, ersichtlich. Er gründete Ende des 11. Jahrhunderts in Fontevraud ein Doppelkloster, in dem Männer, darunter auch Priester, und Frauen unter einem Dach lebten und zur Erprobung ihres Keuschheitsversprechens häufig auch zusammenschliefen.

Während die kirchliche Theologie und Praxis das ganze Mittelalter hindurch der Askese eine hervorragende Stellung einräumte, brach die Reformation im 16. Jahrhundert von Anfang mit dieser

Tradition. *Martin Luther* verkleinerte das verdienstvolle Handeln des Menschen, weil er die Einzigartigkeit des gnadenvollen Handelns Gottes am Menschen unter allen Umständen betonen wollte. Mit der Ablehnung asketischer Leistungen sollte überdies deutlich werden, daß die eigentlichen Sünden nicht nur aus dem leiblichen Sein des Menschen kommen. Gegen den pflichtmäßigen Zölibat der Priester machte man hauptsächlich geltend, daß ihn kein Gebot Gottes fordere, ja, daß es sich bei dieser Forderung vielmehr um einen Verstoß gegen die Schöpfung Gottes handele, da die natürlichen Funktionen durch falsche Askese unterdrückt würden. Deshalb lautet auch das Urteil über die Priesterehe im *Augsburger Bekenntnis von 1530:* „Es liegt nicht in des Menschen Gewalt, ohne eine besondere Gabe die Schöpfung zu ändern. Darum müssen jene, die nicht zum Zölibat geschaffen sind, eine Ehe eingehen. Kein menschliches Gesetz, kein Mönchsgelübde kann die Macht haben, ein Gebot Gottes, eine Ordnung Gottes aufzuheben."[8] Damit war für die Kirchen der Reformation das Zölibatsgesetz gefallen.

Bei den Zölibatsgegnern im 18. und 19. Jahrhundert begegnen wir ähnlichen Gedanken, wenn sie Weltverachtung, Abtötung und Kreuzigung des Fleisches als priesterliche Kennzeichen ablehnen. Dagegen betonen die Befürworter des Gesetzes gerade für den Priester die Notwendigkeit solcher Askese. Der Mainzer Dogmatiker *Johann Baptist Heinrich* († 1891) bezeichnete die Geistlichen gar als „Stellvertreter des inkarnierten Wortes", welche „die Welt und das Fleisch verurteilen und das übernatürliche Leben und die Herrlichkeit des Geistes predigen sollen."[9]

Die Askese nahm im Laufe der Kirchengeschichte viele Gesichter an: von Geringschätzung bis zu Hochschätzung dessen, worauf man verzichten sollte. Tatsache aber ist, „ daß der Begriff der Aszese in der katholischen Theologie wie auch in der geistlichen Literatur der Neuzeit zu einseitig auf den moralischen Bereich eingeschränkt wird und ihm die theologische Tiefe fehlt ... Erst heute wird der theologische Horizont der christlichen Aszese wiedergewonnen."[10]

Der Jesuit *Karl Rahner* († 1984) unterschied eine moralische, kultische und mystische Askese, wollte aber keine von ihnen als spezifisch christlich ausgeben. Askese bedeutete für ihn letztlich, daß der Mensch sich der Gnade Gottes aussetzt. Deshalb sei christliche Askese in erster Linie weder als moralische Anstrengung noch als rituelle Reinigung und auch nicht als mystische Vorbereitung zu verstehen, sondern bedeute Metanoia im Sinn eines beständigen Umdenkens auf Gott hin. Dieser Appell gilt freilich nicht nur für die Mitglieder des Klerus, sondern für alle Christen.

3. Gesellschaftliches Prestige

Meinungen und Lehren über das Leben und das Amt des Priesters waren zu keiner Zeit ausschließlich von bibeltheologischen Vorgaben bestimmt, sie ließen stets auch mehr oder weniger deutlich die Spuren gesellschaftlicher Einflüsse erkennen. Deshalb gibt es auch bei kirchlichen Amtsträgern das, was man Statusgewinn und Statusverlust nennt.

Die Kirche der ersten Jahrhunderte kannte noch keine wesentlichen Unterschiede zwischen den Gläubigen und den im Dienst dieser Gläubigen stehenden Amtsinhabern. Die Gemeinden setzten sich aus gleichberechtigten Mitgliedern (Brüdern und Schwestern) zusammen (vgl. S. 9 ff.). Bei der späteren Aufteilung in zwei Stände wirkten Modelle hellenistisch-römischer Religionen und alttestamentliche Traditionen mit. Die Inhaber heiliger Dienstämter übernahmen immer mehr die Führung, was zur Folge hatte, daß die Vorgesetzten, Hierarchen genannt, und die Untergebenen, Laien geheißen, einander gegenüberstanden. Der Hauptunterschied zwischen beiden Gruppen besteht bis heute darin, daß ausschließlich die Kleriker über geistliche Gewalt verfügen, die vornehmlich bei der Feier der Eucharistie in Erscheinung tritt. Der andere Unterschied bezieht sich, wiederum bis heute, auf die Lebensform: Im Abendland sind die Priester seit Ende des 4. Jahrhunderts zu sexueller Enthaltsamkeit und seit dem 12. Jahrhundert zum Zölibat (Ehelosigkeit) verpflichtet; sie gelten gerade deshalb – heute freilich nicht mehr so selbstverständlich wie früher – als bessere Christen.

Mit dem Zölibat wurde ein entscheidendes Auswahlkriterium für den Zugang zu hierarchischen Ämtern festgelegt. Wer diese Zölibatspflicht nicht übernehmen wollte, versperrte sich selbst den Weg in die gesellschaftlich gehobene Position des Klerus oder fiel, falls er die übernommene Verpflichtung abschüttelte, aus dieser privilegierten Stellung wieder heraus. Viele Kleriker nahmen den Zölibat nur in Kauf, um in den Genuß klerikaler Rechte und Privilegien zu kommen. Darum sollte man ihr privates Leben ebenso wie ihr offizielles Wirken nicht unbedingt mit einem geistlichen Maßstab messen.

Der Klerus repräsentierte im europäischen Mittelalter einen eigenen, mit Besitz und Macht ausgestatteten Stand, der in seinen Spitzenvertretern, dem Papst und den Bischöfen, mit dem Adelsstand oft um den Vorrang kämpfte. Bei diesen Konkurrenzkämpfen mußte der geistliche Auftrag, die Verkündigung des Evangeliums, in den Hintergrund geraten.

Zum Ansehen des Welt- und Ordensklerus im Mittelalter und auch noch in der neueren Zeit trug entscheidend bei, daß seine Mitglieder zur gebildeten Schicht gehörten, auch wenn faktisch nur eine Minderheit von ihnen über eine spezielle theologische und spirituelle Ausbildung verfügte. Doch allein die Tatsache, daß sie als Verwalter des „Heiligen" galten und hauptsächlich deswegen enthaltsam leben mußten, verschaffte ihnen ungewöhnlich großen Respekt im Volk.

Eine nicht gering zu schätzende Bedeutung kam der Standeskleidung zu, durch die sich die Kleriker – wie schon zuvor die Mönche – von den Laien auffällig unterscheiden sollten. Schon Papst *Coelestin I.* (422–432) verurteilte in einem Brief an die Bischöfe der Provinzen Vienne und Narbonne die „modische Torheit", daß Kleriker im Talar (Toga) einhergingen. Seine Kritik lautet: „Wir haben nämlich erfahren, daß einige Priester des Herrn mehr auf abergläubische Beobachtung von Äußerlichkeiten bedacht sind als auf die innere Glaubenshaltung ... Wir haben uns von der Masse und von den Andern" – gemeint sind hier die Mönche – „durch Glaubenswissen, nicht durch Kleidung zu unterscheiden, durch christliches Leben und nicht durch äußeres Gehabe, durch innere Haltung und nicht durch Beachtung von

Äußerlichkeiten."[1] Ob diese klaren Worte eines früheren Papstes bei den heutigen Verfechtern des Priesterkollars und Priestertalars noch Gehör finden?

Daß die oberste Hierarchie trotz massiver Widerstände am Zölibatsgesetz festhielt, geschah nicht selten wegen des allgemeinen Ansehens der Kirche in der Gesellschaft. Als sich Papst *Pius IV.* während der 3. Tagungsperiode des Trienter Konzils (1561–1563) und noch danach von weltlichen Autoritäten gedrängt sah, die Forderung der priesterlichen Ehelosigkeit fallenzulassen, hinderte ihn an diesem Schritt nicht zuletzt die Überlegung, daß dann auch der Unterschied zwischen Priester und Laien dahinschwinden würde. Kaum weniger stark befürchtete er, die Kirche werde ohne dieses Zeichen heroischen Lebens ihrer Geistlichen ganz allgemein an Bewunderung verlieren.

Das *Konzil von Trient* wollte mit der Initiative zur Errichtung von Seminarien die spirituelle und wissenschaftliche Ausbildung der Priesteramtskandidaten fördern und damit wiederum zur Erhöhung des Einflusses und des Ansehens des Klerus bei den Gläubigen beitragen. Andererseits wurden jetzt die Geistlichen selbst aufgrund ihrer höheren Bildung und ihres zölibatären Lebens in ihrem Standes- oder Kastendenken noch bestärkt. Der unter dem Pseudonym *J. Caelebs* schreibende Autor des Buches „Unumstößliche Ungiltigkeit der heimlichen Priesterehe bis zur Aufhebung des Cälibats" (Wien 1787) warnte vor der Freigabe der Priesterehe: „Denn in diesem Falle wäre der Priester wie das Volk; und die Erfahrung lehret, daß jene bei dem Volke nicht in großen Ehren stehen, welche es in der Lebensart wenig, oder beinahe nicht von sich unterschieden sieht."[2] Solche Überlegungen sind bei Befürwortern eines „hochwürdigen" Priesterkonzeptes heute noch anzutreffen.

Das einem klerikalen Standesbewußtsein nachgezeichnete Priesterbild des *Codex Iuris Canonici von 1918* mutete zu seiner Zeit schon anachronistisch an, weil es den Wandel der gesellschaftlichen wie auch der innerkirchlichen Verhältnisse unberücksichtigt ließ. Als Ehrenrechte des Klerus werden genannt: Präzedenz vor den Laien, geistliches Gewand, Sitz im Chorgestühl der Kirche, besonderer Platz auf dem Friedhof. Und als herkömmliche

Standesprivilegien sollen weiterhin gelten: verstärkter strafrechtlicher Schutz gegen Tätlichkeiten, das Vorrecht, nur von einem kirchlichen Gericht belangt zu werden, Befreiung von Diensten, die mit dem Stand des Klerus unvereinbar sind, Sicherung des nötigen Unterhalts bei Pfändungen.

Die Lage hat sich in unserem Jahrhundert grundlegend geändert. Wenn Priester früher zu den am meisten geachteten Berufen gezählt haben, so läßt sich dies in neuerer Zeit nicht mehr generell sagen. „Die schwindenden Nachwuchszahlen sind ein deutlicher Gradmesser dafür, wie stark der Priesterberuf an Attraktivität verloren hat. Selbst in den Reihen des Klerus kursiert die Frage: Wozu noch Priester? So gesellt sich zu dem sozialen Seismograph, der gewiß nicht die letztgültige Aussage über Sinn und Auftrag des Priesters anzugeben vermag, die viel gravierendere Tatsache, daß Priester oft selbst nicht mehr um ihr Sein und ihre Sendung wissen. In der Tat ist der Psychotherapeut heute oft an die Stelle des früheren Beichtvaters getreten. Identitätskrise des geistlichen Berufes nennt man dies modern."[3]

Diese Problematik hängt eng mit der allgemeinen Misere des Christentums und der Kirche zusammen. Ein nur von sakralen Vorstellungen geprägtes und primär auf den Kult ausgerichtetes Priesterbild fasziniert nicht mehr. Gefragt und geschätzt ist dagegen ein Priester, der als Apostel Jesu Christi mit beiden Füßen auf dieser Erde steht und bereit ist, Menschen in ihren körperlichen und seelischen Nöten zu helfen. Sein zölibatäres Leben an sich besitzt kaum noch Aussage- und Überzeugungskraft. Es gilt eher als verschroben, welt- und lebensfremd, wenn er bekennt, er habe um des Himmelreiches willen auf die Ehe verzichtet oder gar verzichten müssen. Erst wenn sichtbar und spürbar wird, daß er die Ehelosigkeit freiwillig gewählt hat und sie auch ganz im Dienst des Evangeliums als einer guten Botschaft für die Menschen lebt, bleibt seinem Zölibat die gebührende Anerkennung nicht versagt.

Johannes Paul II. huldigt einem idealisierten Priesterbild, das bei vielen Priestern auf Ablehnung stößt und auch unter Laien wenig Verständnis findet. Bezeichnend für die Spiritualität des Papstes sind Worte, die er am 7. September 1979 vor römischen Priesterseminaristen gesprochen hat: „Es ist wirklich beeindrukkend zu denken, im Besitz der Wahrheit zu sein. Wie viele Jugendliche besitzen nicht die Wahrheit und schleppen ihre Existenz ohne ein Warum weiter." Und im Blick auf ihr künftiges Priestersein fügt er hinzu: „Eines Tages werdet ihr in der Person Christi handeln müssen. Somit seid ihr nicht wie andere junge Leute, die hauptsächlich nur die normalen Ziele der Karriere, der sozialen Position, der Ehe, der irdischen Befriedigung anstreben, wenn auch mit christlichen und selbst apostolischen Idealen." Dann folgt die entscheidende Aussage: „Ihr seid anders, weil ihr zum Priestertum berufen seid!"[4] Solche Sprüche spiegeln ein Denken und Empfinden früherer Priestergenerationen wider, die vielleicht noch der Überzeugung sein konnten, besser zu sein als ihre Mitmenschen. Doch davon wollen die meisten Anwärter auf das Priesteramt und Priester, eben weil sie ihre Berufung für das Volk Gottes in einem tieferen geistlichen Sinn verstehen, kaum mehr etwas wissen. Trotzdem verfahren kirchliche Behörden weiterhin nach einem antiquierten Stil, wenn sie den Pfarrer mit „Hochwürdiger Herr" und den Bischof mit „Exzellenz" und „Hochwürdigster Herr" titulieren, ganz so, als lebten sie noch im Zeitalter des Barock.

Ein persönliches Dilemma entsteht für den Priester immer dann, wenn er die von der Kirche zugewiesene und in der Gesellschaft eingeräumte Rolle der Ehelosigkeit nicht mehr ehrlich und überzeugend leben kann, sie aber trotzdem äußerlich weiterspielt, weil er z. B. seinen Beruf nicht aufgeben oder seine Angehörigen nicht enttäuschen will. Dies geschah nicht nur in früheren Zeiten, es geschieht auch heute, und zwar nicht bloß ausnahmsweise, wie Bischöfe beschwichtigend meinen, sondern nach Meinung von *Stephan H. Pfürtner* notwendigerweise allgemein: „Das Zölibatsinstitut bringt nämlich alle seine Standesmitglieder in ein öffentliches Image, das sie persönlich in ihrer Lebensrealität nicht zu erfüllen vermögen." Deshalb werde die Zölibatsrolle zu „einem Instrument der öffentlichen Täuschung". Sobald das Defizit in der Verwirklichung der Enthaltsamkeitspflicht öffentlich bekannt wird, ist ein neuer „Skandalfall" geboren, den die Massenmedien ihren Konsumenten mit dicken Schlagzeilen offerieren. Die Reaktion der für das Prestige der Kirche zuerst verantwortlichen Bischöfe besteht gewöhnlich darin, daß sie diesen „Fall" als einen bedauerlichen Einzelfall hinstellen und gleichzeitig voller Eifer die Integrität aller übrigen Geistlichen verteidigen.

Die Hauptschuld an diesen öffentlichen Skandalgeschichten tragen freilich weniger die Priester, die mit dem Zölibatsgesetz in Konflikt geraten und deswegen von der Kirche sowie von der Gesellschaft häufig als Abgefallene oder Abtrünnige gebrandmarkt werden, auch nicht die mitbetroffenen Frauen, für die man Etiketten wie Hexe, Hure oder Werkzeug des Teufels bereithält, sondern ein kirchliches Gesetz, das den Menschen im Priester heute mehr noch als früher überfordert und schuldig werden läßt. „Daß die Verursachung dieser ‚Skandale‘ beim ‚Religionssystem‘ Kirche zu suchen ist, wurde im Katholizismus über Jahrhunderte hinweg verdrängt."[5]

Wie sehr die gesetzliche Forderung des Zölibats von der jeweiligen Kultur und Gesellschaft abhängen kann, ersehen wir zum Beispiel an der katholischen Kirche in China. Die buddhistischen Mönche leben ehelos und stehen hauptsächlich deswegen beim Volk in hohem Ansehen. Ist es da verwunderlich, daß eine Aufhebung des Zölibatsgesetzes den Bischöfen in China als völlig unvorstellbar erscheinen muß. „Selbst wenn Rom für die katholische Kirche den Zölibat freigeben würde, so daß jeder Priester sich entscheiden könnte dafür oder dagegen", meinte ein chinesischer Bischof im Gespräch, „dann würden die chinesischen Bischöfe dennoch den verpflichtenden Zölibat beibehalten mit Rücksicht auf die Buddhisten. Wenn die buddhistischen Mönche und Nonnen den Zölibat halten können, wie es jetzt der Fall ist, dann muß man das auch von katholischen Priestern und Nonnen verlangen können. Wenn die katholische Kirche in China auf den Zölibat verzichten würde, dann würde das chinesische Volk den Buddhismus als die bessere Religion ansehen, und das würde für die Missionstätigkeit der Kirche tragische Folgen haben."[6] Deutlicher könnte man die religiös-kulturelle Abhängigkeit des Zölibatsgesetzes nicht mehr aufzeigen.

Dies gilt freilich auch umgekehrt. So ließe sich – wie Karl Rahner das einmal getan hat – fragen, ob in einer afrikanischen Kultur mit ihrer ganz anderen Mentalität der Zölibat des Priesters noch nützlich, sinnvoll und eine wirklich werbende Repräsentation des Christentums sein kann.

4. Ökonomisches Interesse

Wenn heute die Hauptgründe für das Zölibatsgesetz aufgezählt werden, kommen fast nur theologische Überlegungen zur Sprache. Daß kultische und asketische Motivationen in früheren Jahrhunderten die entscheidende Rolle gespielt haben, ist nicht unbekannt. Überraschung aber stellt sich stets ein, wenn behauptet wird, zu manchen Zeiten hätten vor allem wirtschaftliche Interessen nach dem unverheirateten Kleriker verlangen lassen.

Bereits aus dem 2. Jahrhundert wissen wir, daß das Priester- oder Bischofsamt in einer Großfamilie erblich wurde, wie dies im Alten Testament die Regel war. Bischof *Polykrates* von Ephesus bemerkte in einem Brief an Bischof Viktor von Rom: „Sieben meiner Verwandten waren nämlich Bischöfe, und ich bin der achte."[1]

Nachdem Kaiser Konstantin der Große († 337) der Kirche staatliche Anerkennung gewährt und Kaiser Theodosius († 395) den christlichen Glauben zur alleinigen Religion des Staates erhoben hatte, vermehrte sich das kirchliche Vermögen schnell, zumal da es keiner Besteuerung unterlag. Die Aussicht auf günstige Versorgung ließ immer mehr auch solche Männer in den Kirchendienst eintreten, die nicht dazu berufen waren, sondern in erster Linie danach trachteten, die eigenen Kinder als ihre Nachfolger im kirchlichen Amt unterzubringen.

Gewiß hätte die schon frühzeitig erhobene Enthaltsamkeitsforderung hier Einhalt gebieten können, wenn sie von den höheren Klerikern immer gewissenhaft beobachtet worden wäre. So aber gab es zahlreiche Priesterkinder. Und ganz abgesehen davon, herrschte oft Mangel an ledigen Kandidaten für die Priesterweihe, so daß Bischöfe sich gezwungen sahen, auf Ehemänner zurückzugreifen. Papst *Pelagius I.* (555–560) mußte einen verheirateten Priester sogar als Bischof bestätigen. Nirgends ist zu lesen, daß die Syrakusaner deshalb protestiert hätten. Die einzige Kaution, welche der Papst von dem verheirateten Bischof verlangte, bestand in dem Versprechen, das Kirchengut nicht an seine Frau und Kinder zu verschleudern.

Um den Kirchenbesitz zu wahren, untersagte schon die *2. Synode von Toledo (531)* Klerikern jede testamentarische oder erbrechtliche Verfügung (can. 4). Jahrzehnte später verlangte die *Synode von Sevilla (592)*, das kirchliche Eigentum müsse stets bei der Kirche verbleiben. Um Priesterkinder vom kirchlichen Erbe auszuschließen, erklärte die Synode sie für illegitim und damit für erbunfähig. Derlei Bestimmungen gehörten fortan zum festen Bestand fast aller Synodalkanones in verschiedenen Ländern.

Eine völlig neue Situation ergab sich mit dem germanischen *Eigenkirchenwesen*. Die Grundherren besaßen nicht nur vornehmlich auf dem Land anzutreffende „Eigenkirchen", sie ernannten auch die Pfarrer. Bei der Ernennung ließen sie sich freilich selten von theologischen oder pastoralen Erwägungen leiten, sondern trafen ihre Auswahl nach verwandtschaftlichen Beziehungen oder wirtschaftlichen Interessen. Ehelosigkeit oder gar Enthaltsamkeit als Voraussetzung für die Übertragung (Investitur) eines Kirchenamtes lagen dem Grundherrn im allgemeinen völlig fern. Der Priester war sein Knecht wie die anderen Knechte auch.

Das 910 gegründete Kloster *Cluny* in Burgund wurde zum Ausgangspunkt einer allgemeinen Reformbewegung, die vor allem gegen die Entartung des herrschaftlichen Eigenkirchenwesens und im engen Zusammenhang damit gegen die Priesterehe ankämpfte. Für Kirchen, welche dem Kloster gehörten, kamen jetzt nur noch solche Priester in Betracht, die entweder unverheiratet waren oder als Verheiratete ein keusches Eheleben versprachen, wodurch leibliche Nachkommen ausgeschlossen werden sollten. Am liebsten sah man es, wenn Priester ihren persönlichen Besitz dem Kloster vermachten.

Höchst nachteilig für die eigentliche Aufgabe der Seelsorge mußte sich die Verflechtung von Klerikern in Familienpolitik und Familieninteressen auswirken. Die übliche Mißachtung des Zölibats produzierte „nach dem Modell der Creszentier- und Tuskulanerpäpste Bischofs- und Priestergeschlechter, die nacheinander die kirchlichen Ämter wie eine weltliche Erbschaft übernahmen, die Kirchenstellen nur mehr nach ihrem materiellen Ertrag ansahen und ausnützten und das Kirchengut, das eigentlich den Armen gehörte, für sich und ihre Familien verwandten und verschleuderten."[2] Diese Verhältnisse hielten sich innerhalb der deutschen Reichskirche bis in die Neuzeit hinein. So zwang der bayerische Kurfürst *Maximilian II. Emanuel* († 1726) seine drei Söhne zur geistlichen Laufbahn. Der eine von ihnen, Clemens August, vereinigte fünf Bistümer (Münster, Paderborn, Köln, Hildesheim und Osnabrück) in seiner Hand, und ein anderer, Johann Theodor, stand als Bischof an der Spitze von drei Bistümern (Regensburg, Freising und Lüttich). Während der erstere eine Tochter aus seinem intimen Verhältnis zu einer Harfenistin hatte, wurden dem letzteren zwei Töchter geboren.

Die Landpfarrer im Mittelalter mußten die Kirchenpfründen, von denen sie ihren Lebensunterhalt bestritten, auch verwalten. Wenn sie nun selbst eine Familie hatten, wie dies im ersten Jahrtausend gang und gäbe war, erfuhr das kirchliche Vermögen eine Schmälerung und durch Vererbung eine zusätzliche Dezimierung. Dies erschien auf die Dauer als untragbar. Darüber hinaus oblag den Geistlichen auf dem Land auch die Sorge für Knechte und Mägde. Was lag da näher, als daß sie selbst Frau und Kinder hatten, die ihnen bei den landwirtschaftlichen Arbeiten als beste und billigste Kräfte zur Verfügung standen?

Gegen diese bepfründeten und „beweibten" Kleriker richtete sich im 11. und 12. Jahrhundert der rücksichtslose Kampf der Kirchenreformer, meist angeführt von den aus dem Mönchtum stammenden Päpsten, welche die Geistlichen aus der Abhängigkeit von ihren Grundherren und aus der Verbindung mit ihren Ehefrauen ganz zu lösen suchten. Den größten Erfolg versprach man sich wieder davon, wenn Priestersöhnen die Erbschaft aus Kirchengut verwehrt wurde.

Papst *Benedikt VIII.* (1012–1024) klagte bei der Eröffnung der Synode von Pavia am 1. August 1022, die Kirche sei durch die Schuld der Priester, namentlich jener Kleriker, die aus dem Hörigenstand der Kirche stammen und mit freien Frauen Kinder gezeugt hätten, arm geworden. „Weil sie sonst nichts haben, bringen diese üblen Väter für ihre ebenso üblen Kinder immer mehr Güter, immer mehr Patrimonien und alles, was sie vom Kirchenbesitz an sich reißen können, auf die Seite." Und die schlimme Folge? „So wurde die Kirche, einst unerhört reich, durch Leichtsinn und schlechten Willen ihrer Leiter und unerlaubte Verwegenheit der Kleriker zur Ärmsten der Armen in unseren Tagen gemacht. So schwindet die Kirche dahin, so geht sie betteln." Am meisten tadelt der Papst in seiner programmatischen Rede, daß so viele Unfreie sich in das Priesteramt eingedrängt hätten, „nicht etwa um Gott zu dienen. O nein, sie wollen in Unzucht mit freien Weibern Kinder zeugen, und diese Kinder sollen dann die Dienstbarkeit in der Kirche, ausgestattet mit allen möglichen geraubten Gütern der Kirche, verlassen, als ob sie frei wären!" Um diesen Übelstand aus der Welt zu schaffen, gibt es für Benedikt VIII. nur einen Weg: Trennung der Priester von ihren Frauen und Degradierung der Priesterkinder – ausgenommen die von einem freien Priester mit einer freien Frau gezeugten Nachkommen – zu Sklaven der Kirche. „Klerikerkinder sind von Rechts wegen gar nichts, denn sie haben weder Vater noch Mutter ... Weil Klerikerkinder dieser beiden Dinge bar sind, sind sie nicht da, und sie haben kein Recht und keinen Namen." Eine seltsame Todeserklärung! Doch auch ihre „schamlosen Väter und Mütter" sollten nicht ungestraft bleiben. Die schuldigen Priester verlieren ihr Amt und werden zu niederen Knechten degradiert; die betroffene Mutter wird ausgepeitscht und danach verbannt, „aber nicht über das Meer; außer Sicht-, Hör- und Reichweite aller Geistlichen soll sie der Kirche abbüßen, was sie durch den Einbruch der rasenden Frau verloren hat." Eine letzte Verordnung des Papstes will die Erhaltung des Kirchengutes garantieren: „Damit nicht diese freien Dirnen, von denen Kleriker, Diakone oder gar Priester Söhne haben, mit dem erworbenen Besitz sich aus dem Staube machen können, sollen sie alles, was sie bekommen haben, beweglichen und unbeweglichen Besitz, der Kirche, der alles das widerrechtlich entzogen, geraubt und abgelistet ist, mit ihren Söhnen und Töchtern richtig wiedererstatten; die Kirche soll all ihren Besitz zurückerhalten, was auch ein falsches Urteil falscher Richter in die Hand oder auf den Namen irgendeiner Freien übertragen hat."[3] Die Synode von Pavia hatte damit einen Weg eingeschlagen, auf dem künftige Synoden konsequent weiterschreiten sollten.

Im *Investiturstreit* ging es nicht zuletzt darum, die Vergabe von Kirchenämtern und der damit verbundenen Pfründen durch weltliche Herrschaften zu verhindern. Erst wenn dies allein der kirchlichen Autorität zustand, konnte sie auch bestimmen, welche Kandidaten für die einzelnen Stellen in Frage kamen. Auf diese Weise war es dann auch möglich, die Forderung der Enthaltsamkeit bzw. der Ehelosigkeit als Bedingung für die Übertragung eines kirchlichen Amtes durchzusetzen.

Das *2. Laterankonzil (1139)* erklärte ausdrücklich, daß „die Kirche weder Erben auf Grund des Erbrechtes noch Nachfolger dem Fleische nach" berücksichtigen werde (can. 16). Mit dieser Bestimmung wollte man vermeiden, daß Kirchenämter auf dem Weg des Erbrechts vergeben wurden. Und das *3. Laterankonzil (1179)* verwehrte Klerikern, um „die Kirche vor Schaden zu bewahren", jede, auch testamentarische Veräußerung kirchlicher Güter (can. 15). Papst *Innocenz III.* (1198–1216) begründete das Verbot des Benefiziumserbes an einen Priestersohn mit der Eucharistie. Mit dieser theologischen Motivation meinte er am ehesten verhindern zu können, daß Priestersöhne dem Vater im Kirchenamt nachfolgten. Der Soziologe *Max Weber* sah also richtig, wenn er neben dem asketischen Aspekt in „der Vermeidung des faktischen Erblichwerdens der Pfründe" ein wesentliches Element für den Priesterzölibat erkannte.[4]

Wirtschaftliche Zweckmäßigkeitsgründe waren auch in späteren Zeiten nie ganz unwirksam. Im 13. Jahrhundert wies sogar der Franziskanertheologe *Bonaventura* auf die Gefahr hin, die von Seiten jener Priester drohe, die für ihre Familien Kirchengut zu erwerben suchten.

Von dem erhabenen Priesterbild, das in vielen theologischen Traktaten aufscheint, war die Wirklichkeit oft weit entfernt. „Man kann mit gutem Grund bezweifeln, ob das von der mittelalterlichen Agrarstruktur der Kirche getragene und geprägte Priesterbild des bäuerlichen Pfarrers geeignet gewesen ist, den ursprünglichen Typ des asketisch enthaltsamen Priesters der Frühzeit, der ganz seiner hohen geistigen Aufgabe hingegeben war, zu tragen. Sicher beruhen die zahlreichen Krisen des zölibatären Priesterstandes im Mittelalter und bis in die neueste Zeit hinein großenteils auf diesen Umweltbedingungen."[5]

Manche Bischöfe ließen aus finanzieller Profitgier Priester für jedes illegitime Kind einen sogenannten Hurenzins zahlen, statt energisch auf der Erfüllung des Zölibatsgesetzes zu bestehen und offenkundige Verstöße mit geistlichen Strafen zu ahnden. So ließen sich die bischöflichen Einkünfte schnell vermehren. Selbst die Päpstliche Kurie machte mit dem Zölibatsgesetz einträgliche Geschäfte, indem sie für Dispens wegen illegitimer Abstammung oder für die Befreiung von der Verpflichtung zur Ehelosigkeit stattliche Taxen erhob. Der unter Papst Pius VI. (1775–1799) für die Finanzen des Vatikans zuständige Kardinal *Rezzonico* wies einmal darauf hin, daß die päpstliche Kasse ziemlich erschöpft sei. Um diese Finanzmisere zu überwinden, schlug er vor, heiratswilligen Priestern für die Entbindung vom Zölibatsgesetz eine ansehnliche Geldsumme abzuverlangen.

Die wirtschaftlichen Verhältnisse des Klerus auf dem Land änderten sich auch in der Neuzeit nicht mit einem Schlag. Das vom *Trienter Konzil* entworfene neue Bild vom Pfarrer als Seelsorger ließ sich nur Schritt für Schritt verwirklichen. Solange der Welt- und Ordensklerus von Naturaleinkünften lebte, lag die Versuchung nahe, diese auch zu vermarkten. Und selbst wenn dies geordnet geschah, mußte er nicht wenig Zeit auf solche berufsfremde Arbeit verwenden. Im übrigen brauchte der Pfarrer dafür wieder Helfer und Helferinnen. Die besten und billigsten Mägde waren auch jetzt, wie schon im Mittelalter, die illegitimen Ehefrauen oder Konkubinen der Priester.

Die *Provinzialsynode von Salzburg (1569)* gestattete im Hause eines Pfarrers, der auch noch mit Landwirtschaft beschäftigt war, keine irgendwie verdächtigen Frauen, sondern nur Mutter, Schwester, Tante, Nichte. Andere Hilfskräfte sollten wenigstens im vorgerückten Alter stehen. Ein fremdes Ehepaar mußte mindestens 45 Jahre alt sein; es konnte überdies als Zeuge für die tatsächliche Enthaltsamkeit des Priesters eingesetzt werden. Priestern ohne eigenen Haushalt riet man zu einem gemeinsamen Leben, wie es im folgenden Jahrhundert der bayerische Geistliche

Bartholomäus Holzhauser († 1658) als ideale priesterliche Lebensweise propagierte. In dem von ihm gegründeten „Institut der in Gemeinschaft lebenden Weltpriester" durften Frauen auch nicht als Dienstboten beschäftigt werden.

Zur Verteidigung des Priesterzölibats kann man heute nicht selten hören, daß die Geistlichen in den armen Ländern gar nicht imstande wären, eine eigene Familie zu ernähren. Selbst wenn dies zuträfe, dürfte es kein Grund sein, Priestern das Recht auf die Ehe zu verweigern.

5. Machtstreben

Untersuchungen zum Zölibat unter dem Aspekt kirchlicher Machtausübung sind beliebt; sie leiden aber nicht selten darunter, daß sie, wenn sie rein soziologisch angelegt sind, theologische Gedanken fast ganz außer acht lassen. Bei privaten Gesprächen und öffentlichen Diskussionen kann man oft hören, die Zölibatsfrage sei nichts anderes als eine Machtfrage der kirchlichen Autorität. Wie weit diese Überzeugung sich auf objektive Gegebenheiten stützen kann, müßte man im Einzelfall untersuchen. Pauschale Urteile helfen hier, wie auch sonst, nicht weiter.

Wie dem Vorgesetzten das Befehlen eigen ist, so gehört zum Untergebenen das Gehorchen. Dieser Grundsatz galt in der Kirche nahezu unangefochten – wer ihn anzufechten wagte, mußte mit Verurteilung und Bestrafung rechnen –, bis vor allem Martin Luther mit der Rückkehr zur biblischen Lehre vom Gewissen als der höchsten Instanz des Menschen in seiner Verantwortung vor Gott eine geistige und geistliche Revolution auslöste, die in den Geschichtsbüchern als Reformation dargestellt ist. Die katholische Kirche proklamierte das Recht des Menschen auf Religions- und Gewissensfreiheit erstmals beim 2. Vatikanischen Konzil. Seitdem kann auch der katholische Christ gegenüber der Kirchenobrigkeit als mündiger Christ auftreten.

Ein heute oft zu hörender Vorwurf lautet, die Zölibatsverpflichtung sei für kirchliche Autoritäten ein willkommenes Mittel, um die Herrschaftsstrukturen der Kirche aufrechtzuerhalten.

Dieser Machtwille resultiere selbst wieder aus der Tatsache, daß die obersten Gesetzgeber der Kirche selbst wegen ihrer Verpflichtung zur Enthaltsamkeit auf jede sexuelle Trieberfüllung verzichten müßten und diesen Verzicht ihrerseits mit Machtausübung zu kompensieren suchten. In seinem Buch „Sexualfeindschaft und Macht" will *Stephan M. Pfürtner* beweisen, „daß der Pflichtzölibat ein zentrales Steuerungsinstrument kirchlicher Machtverteilung und -ausübung mit kaum überschaubaren Vernetzungen unheiliger Herrschaft und entsprechenden Unterdrückungen bildet". Speziell bei der Handhabung des Zölibats zeige sich, daß die Kirche „eine gesellschaftliche Macht- und Herrschaftsinstitution sei, der es gar nicht um den konkreten Menschen geht, sondern um die eigene Ideologie und ihre Bewahrung zur Sicherung der eigenen Existenz".[1] Damit wird behauptet, daß das Ansehen des Priestertums und das allgemeine Image der Kirche für die Hierarchie unvergleichlich höher stünden als das Lebensschicksal vieler Priester.

Martin Luthers Appell an Priester und Ordensleute, das Versprechen der Ehelosigkeit ebenso wie das Gelübde der Keuschheit bedenkenlos zu ignorieren, wenn deren Erfüllung die natürlichen Kräfte überschreite, beinhaltete gleichzeitig einen massiven Angriff auf die Kirchenautorität selbst, welche die nach Luthers Überzeugung unbiblische Forderung der Keuschheit mit Gewalt durchsetzen wollte. Kein Wunder, daß der Jesuit *Meschler* (1830–1912), ein zu seiner Zeit viel gelesener aszetischer Schriftsteller, die Priesterehe für „eine Wirkung und zugleich ein Werkzeug der Reformation" hielt. Er sah überdies im Ungehorsam gegenüber der Obrigkeit die Hauptursache für die Ablehnung des Zölibats: „Wer der gottgesetzten Obrigkeit widersteht, verfällt der Ohnmacht des eigenen Fleisches." Charakteristisch für seine ganze Theologie ist die sonderbare Maxime, daß die Gottheit Christi, die Oberherrlichkeit des Papstes und der Zölibat der Geistlichen als „der innigste, stärkste und unzertrennlichste Dreibund" anzusehen seien.[2]

Unter den Gründen, die für die Notwendigkeit oder zumindest für die Nützlichkeit des Priesterzölibats angeführt werden, zielt einer auf den totalen Einsatz für das Reich Gottes. Dagegen wird solange nichts eingewandt, als das zölibatäre Leben frei gewollt ist. Wenn aber dieses Engagement mit dem Zölibat erzwungen werden soll und darüber hinaus erkennbar wird, daß die Obrigkeit einen zölibatären Klerus leichter dirigieren und stärker belasten könne, dann stellen sich bei den Betroffenen schnell Empörung und Verweigerung ein. So sieht es auch der amerikanische Soziologe *Richard Schoenherr*. Für ihn liegt das Zölibatsproblem in „einem Machtkonflikt, worin Papst und Bischöfe den obligatorischen Zölibat deshalb nicht aufzuheben wünschen, weil dies den Verlust der Macht nach sich ziehen würde, mit ihrem kirchlichen Personal nach Belieben schalten und walten zu können."[3]

Mit dem vollen Einsatz für die Seelsorge verbindet sich gewöhnlich die Vorstellung, der zölibatäre Priester müsse ganz in seinem Beruf aufgehen und dürfe weder ein privates noch ein familiäres Leben führen. Immer mehr Priester wehren sich jedoch vehement dagegen, von der Kirchenbehörde restlos vereinnahmt oder, wie ein kraftvoller Ausdruck lautet, „ausgepowert" zu werden. Nichts hassen gerade eifrige Seelsorger mehr als eine auf diesem Weg erzwungene Verfügbarkeit.

Verteidiger des Zölibatsgesetzes lassen gelegentlich anklingen, Priester müßten zölibatär leben, weil allein ein Leben ohne Ehe und Familie die hundertprozentige Erfüllung des Berufes garantiere. Abgesehen davon, daß eine solche Einstellung die Verheirateten in anderen Berufen verdächtigt, sie würden den Anforderungen ihres Berufes gar nicht voll entsprechen können, wird hier verkannt, daß das Unverheiratetsein allein noch keine Garantie dafür bietet, daß jemand seine ganze Zeit und Kraft auf den Beruf verwendet. Es kommt doch ganz entscheidend auf den einzelnen Menschen selbst an, wieviel oder wie wenig er für seinen Beruf investiert. Daß ein zölibatärer Priester theoretisch mehr für die Seelsorge tun kann, weil er von den Pflichten eines Ehemanns oder Familienvaters frei ist, wird niemand bestreiten. Aber eine Garantie dafür, daß er auch wirklich mehr tut, ist mit der Tatsache seiner Ehelosigkeit gewiß noch nicht gegeben.

Als Instrument der Unterdrückung durch die Obrigkeit wird ein Priester das Zölibatsgesetz vor allem dann empfinden, wenn er zur inneren und äußeren Bewältigung des von ihm nur um des geliebten Berufes willen akzeptierten Zölibats Kräfte aufbieten muß, die ihm dann für eine restlose Erfüllung seiner Berufsaufgaben fehlen.

Der Blick in die Geschichte zeigt, daß kirchliche Autoritäten nicht immer aus pastoralen Motiven am Gesetz des Zölibats festhielten, sondern kirchenpolitischen Überlegungen zuweilen den Vorrang gaben. Die folgenden Worte des Kardinals *Pallavicini*, der Papst Pius VI. († 1799) als Staatssekretär diente, bestätigen dies exemplarisch: „Wenn man den Geistlichen die Ehe gestattet, so ist die römische päpstliche Hierarchie zerstört, das Ansehen und die Hoheit des römischen Bischofs verloren; denn verheiratete Geistliche werden durch das Band der Frauen und der Kinder an den Staat gefesselt und hören auf, Anhänger des römischen Stuhls zu sein, auch werden sie genötigt, dem Interesse der Fürsten zuzustimmen. Ferner wird man bald erkennen, daß warme Verehrer und Verteidiger des Hl. Stuhls sich in öffentliche Widersacher desselben verwandeln."[4] Obwohl der staatskirchliche Aspekt inzwischen belanglos geworden ist, können doch die anderen mit dem Zölibat verknüpften Absichten und Ziele heute noch wirksam sein. Sie werden freilich kaum mehr so deutlich ausgesprochen.

Die Geschichte des priesterlichen Zölibats zeigt, daß ungezählte Priester zu allen Zeiten die gesetzliche Regelung der Ehelosigkeit als ein schweres Joch empfanden und sich wegen unvermeidlicher Verstöße gegen dieses Gesetz vor Maßnahmen der kirchlichen Obrigkeit geradezu fürchteten. Unter diesem Aspekt kann das Zölibatsgesetz tatsächlich bis heute als ein Schreckensinstrument in der Hand kirchlicher Vorgesetzter erscheinen. Allerdings fragen Priester heute ungestümer und respektloser als früher, mit welchem Recht Papst und Bischöfe mehrere hunderttausend Menschen zu einem zölibatären Leben zwingen, und sie fordern gleichzeitig die Möglichkeit der freien Wahl zwischen Ehe und Ehelosigkeit. Das Argument, daß bei Wegfall der gesetzlichen Verpflichtung die allermeisten Priester verheiratet wären und daß gerade deswegen das Gesetz unbedingt fortbestehen müsse, spricht freilich am stärksten gegen dieses Ge-

setz; es wäre nämlich ein schlagender Beweis dafür, daß die freiwillige Übernahme dieser Verpflichtung in vielen Fällen nur auf
dem Papier stünde. Wem die charismatische Ehelosigkeit gegeben
ist, braucht kein Gesetz, braucht keinen Zwang, da er ja selbst
ehelos leben will. Echtes Charisma bedarf nicht der Krücken des
Gesetzes. Charismatiker sollten deshalb die ersten sein, die für die
Abschaffung des Zölibats als eines allgemein verpflichtenden Gesetzes votieren.

Angesichts des heute von Papst Johannes Paul II. und von Kardinal Joseph Ratzinger, dem Präfekten der Kongregation für die
Glaubenslehre, kompromißlos verteidigten Zölibatsgesetzes muß
man Kardinal *Ratzinger* selbst an eine treffende Aussage erinnern,
die er einst als Theologieprofessor in Deutschland gemacht hat:
„Sekundärer, selbstgemachter und schuldhafter Skandal ist es,
wenn unter dem Vorwand, die Rechte Gottes zu verteidigen, nur
eine bestimmte gesellschaftliche Situation und die in ihr gewon-
nenen Machtpositionen verteidigt werden. Sekundärer, selbstgemachter und so schuldhafter Skandal ist es auch, wenn unter dem
Vorwand, die Unabänderlichkeit des Glaubens zu schützen, nur
die eigene Gestrigkeit verteidigt wird."[5]

6. Theologische Argumente

Unter der Vielzahl von theologischen Begründungen, die im
Laufe der Jahrhunderte zugunsten des Zölibats vorgebracht wurden, sollen hier nur die am häufigsten wiederkehrenden herausge-
griffen werden.

A. Geschenk (charisma) von Gott

Die Vorstellung, daß die Ehelosigkeit des Priesters als eine Gabe
Gottes gesehen und gelebt werden müsse, findet sich weder in
dem berühmten Eunuchen-Spruch *Jesu* (Mt 19,12), mit dem man
so oft und so gern schon den Priesterzölibat begründen wollte,
noch beim *Apostel Paulus*, obwohl auch er das ehelose Leben um
des Himmelreiches willen empfiehlt (vgl. S. 21 f.). Der Neutesta-

mentler Norbert Baumert meint, „daß charisma bei Paulus noch kein terminus technicus ist, sondern immer nur die Bedeutung (göttliches) Geschenk hat ... ohne irgendeine Affinität zu ‚Dienst'."[1]

In der Frühen Kirche begegnen uns von Anfang an verheiratete und unverheiratete Amtsträger. Wer ledig blieb, tat dies aus eigenem Entschluß, ohne sich dafür auf ein besonderes Charisma zu berufen.

Der bekannte Dogmatiker Edward Schillebeeckx traf jedoch eine gewagte Feststellung: „Man muß bis zum Zweiten Vatikanischen Konzil warten, bevor die Kirche auch in nur einem ihrer kanonischen Dokumente (die zuerst von einem Gebot vorübergehender Enthaltsamkeit, später von einem Gebot ständiger Enthaltsamkeit und schließlich von einem Zölibatsgesetz im Zusammenhang mit Klerikern handeln) von Mt 19, 11–12 spricht, in der die Rede ist von einem ‚religiösen Zölibat', das heißt ‚um des Reiches Gottes willen', ohne jeden Hinweis auf rituelle Reinheitsgesetze (die Jesus übrigens völlig fremd waren)."[2] Er übersah dabei, daß die große *Kirchenversammlung von Trient (1545–1563)* innerhalb der zwölf Kanones über das Ehesakrament die Keuschheit (castitas) der Kleriker als ein Geschenk (donum) von Gott bezeichnet. Den Ausdruck charisma sucht man allerdings vergebens. Dieses Geschenk des Zölibats versagt Gott nach Überzeugung der Konzilsväter denen nicht, die ihn aufrichtig darum bitten; er läßt auch nicht zu, daß jemand über seine Kräfte hinaus versucht werde. Und weil dieses Geschenk ein ganzes Leben lang währen soll, wird jede Möglichkeit der Priesterheirat verneint, auch dann, wenn ein Geistlicher, wie Martin Luther und seine Glaubensgenossen meinten, zu der Erkenntnis komme, er besitze diese Gabe der Keuschheit nicht oder nicht mehr. Diese Auffassung des Konzils blieb richtungsweisend bis in unser Jahrhundert.

Selbst das *2. Vatikanische Konzil (1962–1965)* nahm noch eine etwas zwiespältige Haltung ein, wenn in der Konstitution „Lumen gentium" einerseits „die kostbare göttliche Gnadengabe, die der Vater einigen gibt (vgl. Mt 19, 11; 1 Kor 7, 7), die Jungfräulichkeit oder der Zölibat, in dem man sich leichter ungeteilten Herzens (vgl. 1 Kor 7, 32–34) Gott allein hingibt", hochgeschätzt wird und andererseits im selben Dokument vom „Gesetz des Zölibats, das in Kraft bleiben muß"[3], die Rede ist.

Das Dilemma zwischen Gesetz und Gnade konkretisiert sich in der Frage: Wie läßt sich die priesterliche Ehelosigkeit als ein Geschenk Gottes mit der im Codex Iuris Canonici enthaltenen Verpflichtung des Priesters zum Zölibat vereinbaren? Die Antwort der Gegner eines solchen Junktims lautet kurz und prägnant: Ein Charisma darf man nicht per Gesetz erzwingen; und außerdem: Wer von der Gabe Gottes für sich überzeugt ist, wird sie dankbar in Empfang nehmen, so daß ein Gesetz und Androhung von Sanktionen überflüssig sind. Zu diesem Ergebnis kommt *Heinz-Jürgen Vogels* in seiner bibeltheologischen Untersuchung „Pflichtzölibat". Und der Jurist *Hans-Urs Wili* lehnt unter dem Gesichtspunkt der Menschenrechte die zwangsbewehrte Verbindung zwischen Priestertum und Zölibat ab, weil das Priestertum theologisch eben nicht Ehelosigkeit zur notwendigen Voraussetzung habe. Folglich dürfe, will man an dem Recht des Menschen auf Ehe festhalten, die Ausübung des Rechts auf Ehe durch keine rechtlichen Sanktionen verhindert werden. Schützenhilfe erhält er von dem Tübinger Dogmatiker *Peter Hünermann:* „Ein Gesetz ist ja nicht schon dadurch sittlich gerechtfertigt und möglich, daß die verordnete Beschränkung vorher freiwillig bejaht wird. Die Beschränkung muß vielmehr auch aus sich und in sich eine sittlich mögliche sein, unabhängig von den Beweggründen und Zielsetzungen, die zu dieser Entscheidung führten. Damit trifft dann aber die Zölibatsgesetzgebung auf das fundamentale Personenrecht des Menschen, seine Freiheit zur Ehe."[4]

Kein Zölibatsgegner hat jemals Einwände gegen eine freiwillig gewählte Ehelosigkeit „um des Himmelreiches willen" erhoben. Opposition aber regt sich stets, wenn diese Ehelosigkeit gesetzlich gefordert wird. Menschen, die zwar Priester werden, nicht aber ehelos leben wollen, jedoch wegen des Priesterberufes auf die Ehe verzichten, heißt es, können nicht als „Verschnittene", die sich freiwillig um des Himmelreiches willen verschnitten haben, angesehen werden; sie sind vielmehr „Verschnittene", die von Menschenhand, d. h. von der kirchlichen Autorität, verschnitten wurden.

B. Verbindung mit Jesus Christus

In den Evangelien findet sich die Aussage, die Apostel hätten alles verlassen, um Jesus nachzufolgen. Schon mancher Kirchenvater zog daraus den Schluß, daß die Apostel von ihren Ehefrauen und Kindern getrennt gewesen seien, um ihren Dienst für das Evangelium ungehindert verrichten zu können.

Fast alle patristischen und scholastischen Theologen hielten es für selbstverständlich, daß der Priester im Dienst des Evangeliums arbeiten und mit Jesus Christus selbst in einer persönlichen Beziehung stehen müsse. Von dieser gewünschten Verbindung mit Jesus schlossen sie meist ebenso selbstverständlich auf die Notwendigkeit eines ehelosen Lebens. Dabei fehlte es nicht an Warnungen vor leichtfertigem Umgang mit Frauen. Ein beredtes Zeugnis dafür ist der Brief des Kirchenvaters *Hieronymus* an den Priester Nepotianus. Eine Frau, lesen wir darin, solle niemals die Wohnung eines Priesters betreten, keinesfalls aber bei ihm übernachten. Es folgt sogleich die Erinnerung an den ersten Sündenfall: „Vergiß niemals, daß der Bewohner des Paradieses durch eine Frau aus seinem Besitz vertrieben worden ist."[5] Solche Vorsichtsmaßnahmen galten natürlich in erster Linie für unverheiratete Geistliche.

In der Hochscholastik unterstrichen führende Köpfe wie *Thomas von Aquino* und *Bonaventura* den nicht neuen Gedanken, daß dem Priester, statt natürliche Nachkommen zu zeugen, „geistliche Zeugung" aufgetragen sei. In seiner Person zeige sich der Mittlerdienst Christi als Lehrer, Priester und Hirte. „Er soll, wie Christus selbst, durch die ungeteilte, von allen irdischen Bindungen befreite Hingabe an die Verkündigung der Heilslehre die Glaubenswilligkeit seiner Hörer fördern, indem er durch seinen eigenen Lebensstand ein unübersehbares Zeugnis des Glaubens ablegt. Schließlich soll er den Universalismus der Hirtenliebe Christi bekunden, indem er keiner menschlichen Liebe lebt, die dem Universalismus seiner Hirtenliebe Eintrag täte."[6]

Erst das *2. Vatikanische Konzil* bediente sich im Dekret über die Priester bei der Erörterung des Zölibats wieder einer betont christologischen Argumentation: „Durch die Jungfräulichkeit und die Ehelosigkeit um des Himmelreiches willen werden die Priester in neuer und vorzüglicher Weise Christus geweiht; sie hangen ihm leichter ungeteilten Herzens an, schenken sich freier in ihm und durch ihn dem Dienst für Gott und die Menschen, dienen ungehinderter seinem Reich und dem Werk der Wiedergeburt aus Gott und werden so noch mehr befähigt, die Vaterschaft in Christus tiefer zu verstehen."[7]

Diese Linie führt Papst *Johannes Paul II.* weiter. Für ihn schließt der Ruf des Priesters zu vollkommener Nachfolge Jesu den Verzicht auf die Ehe um des Reiches Gottes willen ein. „Es handelt sich darum", verdeutlichte er während seiner Polenreise im Jahre 1987 bei einer Versammlung für Priester, „Christus ähnlich zu werden und sich mit ihm zu verbinden in Gehorsam und Armut, wie es eurer Berufung gemäß ist."[8]

Die Vollversammlung der *Bischofssynode im Jahre 1990* beendete ihre Beratung über das Priesteramt mit einer Botschaft an das Volk Gottes. Darin heißt es in blumig-mystischer Sprache: „Der priesterliche Zölibat in der Kirche erstrahlt in neuer Sicherheit und in einem neuen Licht als vollkommene Hingabe an Gott und zum Dienst an den Menschen, in Gemeinschaft mit Christus, dem Bräutigam, der die Kirche, seine Braut, so geliebt hat, daß er sein Leben für sie hingab. Für uns Priester ist die Befolgung der evangelischen Räte ein sicherer Weg zur wahren und vollen Freiheit des Geistes und zur sittlichen und geistlichen Reife. Sie ermöglicht eine radikalere Nachfolge Christi, der sein Kreuz trug und den Willen des Vaters erfüllte."[9] Die anderslautende Tradition der katholischen Ostkirchen blieb ganz unerwähnt, obwohl zunächst ein lobender Hinweis vorgesehen war.

Zwei Jahre später faßte *Johannes Paul II.* das Ergebnis dieser Synode in dem ausführlichen Schreiben „Pastores dabo vobis" (1992) zusammen. Um die theologische Begründung des Zölibatsgesetzes deutlich zu machen, betont der Papst darin das „enge Band, das den Zölibat mit der heiligen Weihe verbindet, die den Priester Jesus Christus, dem Haupt und Bräutigam der Kirche, gleichgestaltet". Der Priester müsse die Kirche so vollständig und so ausschließlich lieben, wie Jesus sie geliebt habe. „Der priesterliche Zölibat ist also Selbsthingabe in und mit Christus an seine Kirche und Ausdruck des priesterlichen Dienstes an der Kirche in und mit dem Herrn."[10]

Dieser Gedanke von der innigen Verbundenheit des Priesters mit Jesus Christus zeitigte freilich in der Kirchengeschichte oftmals schon eine falsche Identifikations- bzw. Repräsentationsmystik, indem der Priester z.B. als „alter Christus" (ein zweiter Christus) hingestellt wurde. Besonders eindrucksvoll kommt dies in einem Lied zum Ausdruck, das man früher bei Gottesdiensten an sogenannten Priestersamstagen in Priesterseminarien ebenso wie in Dorfkirchen mit Inbrunst gesungen hat: „Ein Priesterherz ist Jesu Herz."

C. Apostolisches Wirken für das Reich Gottes

Frei gewählte Ehelosigkeit um der apostolischen Aufgabe willen fand schon bei *Jesus* Anerkennung (Mt 19,12). Daß Ehelose für die Sache des Herrn Jesus verfügbarer seien als Verheiratete, betonte der Apostel *Paulus*. In seinem 1. Brief an die Christen von Korinth schreibt er: „Der Unverheiratete sorgt sich um die Sache des Herrn; er will dem Herrn gefallen. Der Verheiratete sorgt sich um die Dinge der Welt; er will seiner Frau gefallen. So ist er geteilt" (1 Kor 7,32–34).

Dieses Motiv völliger Einsatzbereitschaft spielte aber bald keine besondere Rolle mehr. Und so blieb es bis zum Hochmittelalter. Den Hauptausschlag für die Verpflichtung zum enthaltsamen Leben des Priesters gaben bis dahin kultische Reinheit und asketische Gesinnung. Erst vom 12. Jahrhundert an erhielt die apostolische Tätigkeit als Motiv für den Zölibat des Priesters wieder größeres Gewicht.

Wie die Reformatoren plädierte auch der berühmte Humanist *Erasmus von Rotterdam*, illegitimer Sohn eines Priesters und selbst wieder Priester – ja sogar Mönch, der sich aber von den Gelübden entbinden ließ, um als Weltpriester zölibatär zu leben –, besonders seit dem Augsburger Reichstag im Jahre 1530 für die freie Entscheidung des Priesters zwischen Ehe und Ehelosigkeit. Wenn aber ein Priester freiwillig auf die Ehe verzichtet, um sich so der apostolischen Tätigkeit noch mehr widmen zu können, wußte Erasmus dies zu schätzen.

Erst das Dekret des *2. Vatikanischen Konzils* über Dienst und Leben der Priester begründete die priesterliche Ehelosigkeit mit dem Dienst für Gott und die Menschen wesentlich apostolisch. In diesem Sinn dürfte auch der Hinweis auf 1 Kor 7,32 zu verstehen sein, der Ehelose könne Christus ungeteilten Herzens anhangen.

In seiner Ansprache zum Abschluß der Bischofssynode am 27. Oktober 1990 gab Papst *Johannes Paul II.* auf die Frage, warum die Kirche die Gabe der Ehelosigkeit mit der Berufung zum hierarchischen Priestertum und zu seinem Dienst verbunden habe, diese Antwort: „Weil der Zölibat ‚um des Himmelreiches willen' nicht nur ein eschatologisches Zeichen ist, sondern auch große soziale Bedeutung für den Dienst am Volk Gottes im gegenwärtigen Leben hat." Mit diesem Gedanken verknüpfte er jenen anderen von der geistlichen Vaterschaft: „Indem der Priester auf diese den Verheirateten eigene Vaterschaft verzichtet, gewinnt er eine andere Vaterschaft, ja fast sogar eine andere Mutterschaft, wenn er an die Worte des Apostels von den Kindern denkt, für die er Geburtswehen leidet."[11] Unwillkürlich fragt man sich, warum nicht schon Paulus für die Verkünder des Evangeliums dieselbe Konsequenz wie der Papst gezogen hat. Mit Nachdruck betonte Johannes Paul II. schließlich noch die apostolische Tätigkeit als einen Hauptgrund für die priesterliche Ehelosigkeit.

D. Jungfräulichkeit und Maria

Wer die Wurzeln einer im Mittelalter üppig blühenden Marienfrömmigkeit in den Schriften des Neuen Testaments sucht, gerät in Verlegenheit; denn Maria, die Mutter Jesu, steht dort mehr am Rande, während andere Frauen zur näheren Umgebung ihres Sohnes gehören. In der frühen Theologie dienten Aussagen über Maria fast ausschließlich zur genaueren Definition über ihren göttlichen Sohn Jesus.

Das jungfräuliche Leben wurde frühzeitig bald als unverdientes Geschenk, bald als Lohn für tugendhafte Anstrengung (Askese) angesehen. Bischof *Augustinus* formulierte die Spannung zwischen Charisma und Tugend in einer Bitte an Gott prägnant: „Enthaltsamkeit verlangst Du: gib, was Du verlangst, dann verlange, was Du willst."[12] Er gestand freilich auch, daß er Gott gebeten habe, ihm die Gabe der Keuschheit zu geben, – aber nicht sofort.

Das Ideal der Jungfräulichkeit übte schon im 2. und 3. Jahrhundert eine eigenartige Faszination aus und trug nicht wenig bei zur Geringschätzung der Ehe. Als die Zeit der blutigen Martyrer zu Ende ging, traten an deren Stelle die freiwillig ehelos lebenden Christen. Dies konnte freilich aus unterschiedlichen Motiven geschehen. *Athanasius,* der kompromißlose Verteidiger des nizänischen Glaubens an die Gottheit Jesu, wertete die Jungfräulichkeit als Beweis für die Wahrheit der christlichen Religion. Den ehelosen Christen schrieb er hundertfältige Frucht zu, den verheirateten dagegen nur dreißigfältige.

Das *östliche Mönchtum,* zu dessen wesentlichen Kennzeichen die Ehelosigkeit gehört, entfaltete schnell eine erstaunliche Blüte. Die Liebe zu Christus, die man früher am überzeugendsten im Martyrium bekundete, sollte sich jetzt allgemein im Kampf gegen die „böse" Welt und speziell in der Beherrschung der menschlichen Natur durch Fasten und sexuelle Abstinenz zeigen. Deshalb schätzte Bischof *Basilius der Große,* der eigentliche Gründer des Mönchtums im Osten, das asketische Leben des zölibatären Mönchs über alles. Von ihm und auch von *Gregor von Nyssa* wissen wir, daß das jungfräuliche Leben, ob in einer Familie oder in einer Gemeinschaft, vor allem in Kappadokien weit verbreitet war. Während man das Gelübde der virginitas bisher fast nur im privaten Kreis ablegte, wurde es jetzt als öffentliches Versprechen stark aufgewertet.

Wie hoch der lateinische Kirchenvater *Hieronymus,* selbst ein Mönch, das gottgeweihte Leben der Jungfräulichkeit rühmte, ist seiner Deutung des Gleichnisses vom Sämann zu entnehmen: Die Jungfrau, die aus christlicher Demut ehelos bleibt und damit zur „Braut Christi" wird, steht als Symbol für hundertfältige Frucht. Die Witwe, die kein zweites Mal heiratet und ihr Leben mit frommen Werken beschließt, empfängt sechzigfältige Frucht. Den geringsten Anteil, nämlich nur dreißigfältige Frucht, erhält die gottesfürchtige Ehefrau.

Trotzdem forderten weder Hieronymus noch Bischof *Ambrosius* von Mailand, daß auch die Priester ein jungfräuliches Leben führen müßten. In seiner Lobrede auf die Jungfrauen unterstreicht der Mailänder Bischof die völlige Freiwilligkeit der Jungfräulichkeit. Diese läßt sich „nicht befehlen, sondern nur wünschen; denn das, was über die Natur und über die Pflicht hinausgeht, das muß mehr als Wunsch denn als Gebot verkündet werden."[13] Der Gedanke, daß die Nonne eine Braut Christi sei, findet sich im Traktat seines genialen Schülers *Augustinus* über die Jungfräulichkeit. Das beste Vorbild für das Versprechen der Enthaltsamkeit erblickte dieser in der Gottesmutter Maria, die von Gott gesegnet sei und dem Engel Gabriel geantwortet habe: „Ich erkenne keinen Mann." Allein aus diesen Worten wollte er ein Versprechen der Jungfräulichkeit herauslesen.

Im Mittelalter erfuhr das jungfräulich-ehelose Leben nochmals eine Aufwertung, vornehmlich in monastischen Kreisen. Hand in Hand damit ging eine wachsende Abwertung der Frau, ein Prozeß, der nicht ohne Folgen bleiben konnte für die Einschätzung der Frau durch die Geistlichkeit. Die Mitglieder des Klerus sollten sich mehr noch als alle anderen Männer vor der Frau hüten, da sie als Evas Tochter den Mann schnell in die Niederungen der Sexualität hinabzuziehen drohe, wie es die erste Eva, folgt man der augustinischen Erbsündenlehre, mit dem ersten Adam vorgeführt habe. Folglich rangierten jetzt die Nonnen und Mönche weit über den verdorbenen und andere verderbenden Ehefrauen, weil sie ja auf Sexualität ganz verzichteten. Hinter ihnen durften die Priester als die Hüter des Heiligtums keinesfalls zurückbleiben.

Der Kölner Theologe und Kirchenpolitiker *Johann Gropper* († 1559), ein unermüdlicher Kämpfer für die Erneuerung der Kirche, polemisierte in seinem „Enchiridion christianae institutionis" (1538) gegen die Geringschätzung der Virginität und des Zölibats durch die reformatorische Bewegung. Obwohl er um die moralischen Mißstände im Klerus wußte, hielt er am zölibatären Leben der Priester fest, da ihm die Jungfräulichkeit, verglichen mit der Ehe, als höherwertige Lebensform erschien. Deshalb konnte er für die vielen Priester, die eine Ehe geschlossen hatten, keinerlei Verständnis aufbringen.

In dem auf Anregung des Trienter Konzils verfaßten *Römischen Katechismus* (1566) wird die Jungfräulichkeit aufs höchste gerühmt. Weil der biblische Appell „Wachset und mehret euch" schon hinreichend befolgt sei, setzten die Autoren dieses Glaubensbuches das ehelose Leben jetzt an die erste Stelle, noch dazu weil es „vortrefflicher ist als der Ehestand und größere Vollkommenheit und Heiligkeit in sich schließt."[14] Damit war eine von vielen Theologen vertretene Ansicht zur offiziellen Kirchendoktrin geworden.

Auf derselben Linie bewegte sich der einflußreiche Jesuit *Robert Bellarmin*, ein Neffe von Papst Marcellus II., Lehrer der Theologie, Erzbischof und Kardinal. Unter seinen zahlreichen Schriften ragt das für die Hand des Katecheten bestimmte, 1598 erstmals erschienene Werk mit dem Titel „Ausführliche Erklärung der christlichen Lehre" hervor. Die Frage: „Was ist besser, das heilige Sakrament der Ehe empfangen, oder die Jungfrauschaft bewahren?" beantwortet Bellarmin im Anschluß an den Apostel Paulus so, „daß derjenige, der sich in den Ehestand begibt, gut tue, daß aber derjenige besser tue, der sich nicht verehelicht, um die Jungfrauschaft zu bewahren." Wenn er die Jungfräulichkeit über die Ehe erhebt, geschieht es, weil „die Ehe der Natur gemäß, die Jungfrauschaft aber über die Natur erhaben" sei.[15] Höher als die Ehe schätzte Bellarmin auch den Witwenstand, wobei er Jesu Gleichnis vom Sämann ganz im Sinn des Hieronymus auslegte.

Während die Maria betreffenden Aussagen der Kirchenväter im 4. und 5. Jahrhundert weitgehend christologisch ausgerichtet blieben – erinnert sei an den Disput des Konzils von Ephesus (431), ob Maria nur Mutter Jesu oder auch Mutter Jesu Christi sei –, setzte sich erst mit Beginn des Mittelalters ein betont ethisches Marienbild durch, das vornehmlich nach der Eva-Maria-Parallele gezeichnet war. Besonderen Wert legte man auf Marias immerwährende Jungfrauschaft, wenngleich mit dem Engelsgruß „Sei gegrüßt, du Begnadete, der Herr ist mit dir" nur schwach begründet, durch asketische Zutaten aber so sehr aufgewertet, daß ihre geschlechtliche Unversehrtheit als Vorbedingung für ihre Auserwählung als

Mutter des Gottessohnes Jesus Christus gelten konnte. Von hier war nur noch ein kleiner Schritt zu der Meinung, daß Maria ganz sündenlos gewesen sei. Solche Anschauungen führten zu einer verhängnisvollen Verengung des Marienbildes wie auch der Mariendevotion auf Mutterschaft und asketisch verstandene Jungfrauschaft; sie bewirkten aber auch, daß jede jungfräulich-enthaltsam lebende Frau in eine Reihe mit Maria, der makellosen Jungfrau-Mutter, treten konnte. Genauso gehörten die zölibatären Priester zur Ahnenreihe Marias, da sie das Sexuelle aus ihrem Leben eliminierten bzw. in das Spirituelle sublimierten. Jedenfalls sahen sie in Maria die ideale Frau.

Weil aber Sündhaftigkeit selbst bei eifrigstem Streben nicht zu vermeiden war, blieb der unreine Priester auf Verzeihung und Gnade angewiesen. Ungewöhnlich großes Vertrauen setzte man dabei auf die Hilfe der Mutter Gottes, wie es ein Gebet aus dem 10. Jahrhundert zum Ausdruck bringt: „O Mutter Gottes, meine gnädigste Herrin, meine Süßigkeit, meine Barmherzigkeit: zu dir fliehe ich mit aller Ergebenheit und übergebe mich dir, damit ich, nach deinem Sohn, dein ständiger Diener sein möge. Wenn ich auch der Diener deines Sohnes bin, von ihm erschaffen und durch sein kostbares Blut erlöst, so erkenne ich mich doch von allen Sterblichen, die er erlöst hat, als den erbarmungswürdigeren Sünder ... Rette mich Elenden, du allerbarmherzigste, und laß nie zu, daß ich eine Beute der Feinde werde und meine Seele in Gefangenschaft gerät, sondern gib vielmehr, daß ich für immer unter deinem Schutz behütet von allen gegenwärtigen oder zukünftigen Ängsten befreit, o meine Herrin, dein Diener genannt zu werden und es zu sein verdiene."[16]

Reinheit der Frau erschien im Mittelalter als ein Ideal, das in der Verehrung Marias seine höchste Stufe erreichte. Der Mönch *Petrus Damiani* († 1061) stellte neben christologischen noch mariologische Überlegungen an, um die Ehelosigkeit des Priesters als eine Notwendigkeit zu erweisen. Weil Christus von einer Jungfrau geboren worden sei, dürfe er auch nur von jungfräulichen Händen berührt werden. Damit hatte Damiani die bekannte Verbindung von Reinheit und Eucharistie hergestellt. Jahrhunderte später bezeichnete *Johannes Gerson* Maria als „die Mutter der Eucharistie, weil sie dieses Opfer auf dem Altar ihres Herzens dargebracht habe, ohne mit dem Charakter des Priestertums bekleidet zu sein."[17]

Obwohl die beiden Mariendogmen von der Unbefleckten Empfängnis Marias (1854) und der (leiblichen) Aufnahme Marias in den Himmel (1950) neueren Datums sind, reicht doch ihr Glaubensinhalt weit zurück in die Geschichte der Kirche. In der von der Erbsünde ausgenommenen Gottesmutter Maria sah man schon früh das Symbol für den ursprünglich sündelosen Zustand von Adam und Eva. Und da viele Theologen den Sündenfall als einen sexuellen Verstoß der ersten Menschen deuteten, wirkte sich diese Interpretation auf Maria als die von jeder sexuellen Verfehlung freigebliebene Jungfrau aus. Deshalb auch konnte sich der zu sexueller Enthaltsamkeit verpflichtete Priester von Maria zuerst angesprochen fühlen. Bei seinem täglichen Kampf gegen die Versuchungen des Fleisches stand sie ihm als keusche Jungfrau und reine Mutter helfend und fürbittend zur Seite.

Die bekannte Feministin *Caterina Halkes* vermutete nicht ohne Grund, daß die unterschiedlichen Formen der Marienverehrung meist von zölibatären Priestern und Theologen ausgegangen seien, „deren Vorstellungen über Maria und Marienmetaphern sehr stark durch die Verdrängung der Frauen aus dem eigenen Leben und des Weiblichen aus der eigenen Persönlichkeit und durch die Sublimierung dieser Verdrängung mittels der Schaffung jener Vorstellungen bestimmt sind."[18]

Noch deutlicher formulierte solche Zusammenhänge der katholische Publizist *Walter Dirks* († 1991). Weil man die biologische Mutterschaft bei gleichzeitiger Wahrung ihrer Jungfräulichkeit in den Vordergrund gestellt habe, „eignet sich Maria vortrefflich dazu, den Zölibatären die Sublimation zu erleichtern, die Frauen in ihrer Jungfräulichkeit und in ihrer Mutterrolle zu bestätigen, aber sie zugleich auch darauf zu beschränken, die Virilität der Männer zu bändigen, die ‚standesgemäße Keuschheit‘ der Jünglinge und der Ehemänner zu stützen."[19] Auf diese Weise ließ sich Maria als starke Helferin im Kampf gegen die Geschlechtlichkeit regelrecht umfunktionieren, sehr zum Schaden für den eigentlichen Sinn jeder Marienverehrung, der in Marias Ja zum göttlichen Heilsplan der Menschwerdung des Gottessohnes Jesus liegt.

Bei der Marienverehrung übte der Begriff Jungfrau schon immer eine große Anziehungskraft aus. Weil Maria nach kirchlicher Lehre jede Form von sexueller Erfahrung fremd blieb, konnten die wegen ihres Versprechens oder Gelübdes der Ehelosigkeit zu absoluter Enthaltsamkeit verpflichteten Priester und Ordensleute psychologisch in Maria das schlechthinnige Vorbild sehen. Diese Haltung zeitigte freilich auch negative Konsequenzen: „Viele Priester entwickelten, indem sie in ihrer Mutterbindung gefangen blieben und diese in ihrer Liebe zu Maria sublimierten, nie eine reife Beziehung zu Frauen."[20] Der Theologe und Psychotherapeut *Eugen Drewermann* meinte mühelos feststellen zu können, „wie eng die gegebene Form der Marienverehrung im Katholizismus mit der klerikal geprägten Unterdrückung der Sexualität zusammenhängt, während die Freigabe der Ehe auch für die ‚Geistlichen' in den Kirchen der Reformation über kurz oder lang, sogar gegen den erklärten Willen des Reformators, gefühlsmäßig der Marienfrömmigkeit nach und nach die Grundlage entziehen mußte."[21]

Auch die wissenschaftliche Theologie stellte nicht weniger als die volkstümliche Frömmigkeitspraxis Maria so hoch über alle Menschen, daß sie als Ideal in jedem Fall unerreichbar bleiben mußte. Wieder konzentrierte sich das Interesse vornehmlich auf ihre trotz Mutterschaft unversehrte Jungfräulichkeit, zu der sich vor allem der zölibatäre Priester ein Leben lang aufgerufen wußte. Noch in der Mitte unseres Jahrhunderts beschrieb der Innsbrucker Jesuit und Universitätsprofessor *Dominikus Thalhammer* den Wert des Marienkultes für den Priester mit überschwenglichen Worten: „Zarte Marienminne läßt sein Herz niemals altern und in junggesellenhafter Ichsucht verkrampfen. Sie breitet vielmehr über sein ganzes Wesen den Hauch einer nie welkenden Jugendlichkeit, auch dann noch, wenn sein Haar längst schon silberweiß geworden. In seiner Seele quillt's und sproßt's immerfort, und von dieser sprudelnden Fülle empfängt jeder, der hilfe- und trostsuchend zu ihm kommt. In jeder einzelnen Menschenseele, in seiner Gemeinde, in der Kirche im Großen spiegelt sich ihm immer wieder neu das Bild der einen ewigen Frau, die ,er minnt und die er meint' und die sein ganzes priesterliches Menschenherz in Bann genommen hat. So füllt sich die Leere in seinem Innern, die das Jungfräulichkeitsgelöbnis aufgerissen hat."[22] Allein schon die Sprache erinnert an die Gedankenwelt manches mittelalterlichen Mystikers, dem das Herz von Marienminne überging.

Für Papst *Johannes Pauls II.* Verständnis der priesterlichen Ehelosigkeit ist seine innige Marienfrömmigkeit charakteristisch. Daß Maria im Mittelpunkt seines ganzen Pontifikats steht, soll wohl auch sein Wahlspruch „Totus tuus" (Ganz dein, o Maria) zum Ausdruck bringen. Die Analogie zwischen der Kirche und der Jungfrau Maria müsse den Priester dazu bewegen, betont der Papst fortwährend, priesterliche Berufung und Ehelosigkeit miteinander zu verbinden.

Psychologen und Psychotherapeuten sehen heute einen engen Zusammenhang zwischen dem Schwinden der Marienverehrung, ja, auch schon der Mariologie, und dem Widerstand gegen die Verpflichtung zum Zölibat. „Die Gestalt Marias vermochte sowohl rationale Idealvorstellungen als auch männliche Gefühle in vorzüglicher Art auf sich zu vereinigen. Sie war innerhalb einer vornehmlich männlich orientierten Kirche das weibliche Element, in dem der Priester Ruhe, Halt, Ergänzung und das ganz andere finden konnte."[23] Deshalb habe die Liebe zu Maria, urteilt der evangelische Psychologe *Karl Guido Rey* weiter, dem Priester tatsächlich als Sublimation dienen können. Sobald aber diese Hilfe der himmlischen Frau wegfalle, rege sich die Sehnsucht nach einer irdischen Geliebten.

E. Engelgleiches Leben

Die Engellehre bildet im Gesamt der Theologie einen eigenen Traktat. „Das Alte Testament ist nicht an Geistern und Engeln, sondern am einen und einzigen Gott interessiert; was sich als Zwischenwesen findet, bleibt als Strandgut umweltlichen Glaubens ohne Bedeutung. Im Neuen Testament ist Satan nie Gegenstand der Verkündigung Jesu, noch hat Jesus sein Wirken als Kampf gegen den Teufel verstanden. Erst nach Jesu Tod machen sich Engel und Satan in der christlichen Tradition breit."[24] Auch wenn man über diesen biblischen Befund streiten kann, steht doch fest, daß schon die Frühe Kirche Engeln eine bedeutende Rolle zugewiesen hat. Historisch beweisen läßt sich ferner, „daß bestimmte Kreise in der Kirche das engelgleiche Ideal häufig gegen die Niederungen des Materiellen und der Sexualität ausgespielt haben."[25] Die Tatsache, daß dafür sogar ein Wort Jesu in einem leibfeindlichen Mißverständnis eingesetzt wurde, gehört zu den Belastungen der Theologie.

Als nämlich Sadduzäer Jesus die Fangfrage stellten, welchem Mann eine Frau gehören werde, die nach dem Tod ihres Mannes noch sechsmal geheiratet habe, erhielten sie die überraschende Antwort: „Nur in dieser Welt heiraten die Menschen. Die aber, die Gott für würdig hält, an jener Welt und an der Auferstehung von den Toten teilzuhaben, werden dann nicht mehr heiraten. Sie können auch nicht mehr sterben, weil sie den Engeln gleich und durch die Auferstehung zu Söhnen Gottes geworden sind" (Lk 20,34–36). Frühere Exegeten waren sich uneins darin, wie diese Auskunft Jesu zu deuten sei. Wer meinte, Sexualität sei im jenseitigen Leben überhaupt kein Begriff mehr, hatte das Problem am schnellsten gelöst; dann erübrigte sich aber auch jeder weitere Vergleich zwischen jetzt und dann. Andere indes hielten in einem kühnen Vorausgriff den jenseitigen (asexuellen) Zustand schon im jetzigen Leben für erstrebenswert und erhoben darum das „engelgleiche" Leben zum Ideal. Allerdings bestand dann die Gefahr, daß man die Sexualität geringschätzte, wenn nicht ganz verachtete. Jedenfalls diente dieses Bibelwort manchem christlichen Schriftsteller (Klemens von Alexandrien, Athenagoras, Chrysostomus, Gregor von Nyssa u. a.) als Vorlage für das Ideal eines paradiesisch-leidenschaftslosen und engelgleich-jungfräulichen Lebens, das oft noch einseitig übertrieben wurde.

Bischof *Cyprian* von Karthago stand die „vita angelica" vor Augen, wenn er die Jungfrauen, „die sich fleischlich und geistig Gott angelobt haben", als Vorbilder für das hiesige wie für das künftige Leben ausgab: „Was wir dereinst sein werden, das habt ihr schon angefangen zu sein. Ihr habt die Herrlichkeit der Auferstehung schon in dieser Welt inne, durch die Welt wandelt ihr, ohne doch von ihr befleckt zu werden. Solange ihr keusch und jungfräulich bleibt, seid ihr den Engeln Gottes gleich."[26] Trotzdem forderte er diese jungfräuliche Lebensweise nicht allgemein von den kirchlichen Amtsträgern.

Die biblische Vorstellung vom „engelgleichen Leben" gehörte insbesondere zur Gedankenwelt christlicher Asketen. Dabei kam oft ein gemäßigter Dualismus zutage, welcher den Leib des Menschen zwar nicht ganz verachtete, ihn aber, verglichen mit dem geistigen Leben, an den Rand drängte und dadurch in seinem Eigenwert erheblich schmälerte. Für die asketische Lebensform gab freilich kaum ein Motiv allein den Ausschlag. In einem dem alexandrinischen Bischof *Athanasius* (†373) zugeschriebenen Traktat über die Erlösung sehen wir das engelhaft-enthaltsame Leben schon in den Himmel erhoben: „O Enthaltsamkeit, von Gott geliebt und von den Heiligen gepriesen! O Enthaltsamkeit, von der Menge gehaßt, nur denen, die deiner wert sind, vertraut! O Enthaltsamkeit, die du dem Tod und dem Hades entrinnst und von der Unsterblichkeit aufgenommen wirst! O Enthaltsamkeit, du Freude der Propheten und Ruhm der Apostel! O Enthaltsamkeit, du Lebensweise der Engel und Ruhmeskranz der heiligen Menschen!"[27] Mit dem eschatologischen Bild vom engelreinen Leben will der Autor, wie schon der Evangelist Lukas (20, 34 f), bekunden, daß das asexuelle Leben des Unverheirateten eine Vorstufe des ewigen Lebens darstellt.

Auch der Mailänder Bischof *Ambrosius* dachte bei seinem Lob für das Leben der heiligen Jungfrauen nicht in erster Linie an die Priester, als käme für sie nur die jungfräuliche Lebensweise in Betracht. Im Leben der gottgeweihten Jungfrauen offenbart sich, ist der Bischof überzeugt, das Leben der Engel, mehr noch, das Leben dieser Jungfrauen läßt sie selbst wie Engel erscheinen. Diesen Gedanken enthält auch seine „Ermahnung für Jungfrauen": „Ich rate euch zu etwas, über das hinaus es nichts Schöneres geben kann. Ihr sollt unter den Menschen Engel sein, die sich durch kein eheliches Band binden. Denn die nicht heiraten und die keine Frau heimführen, sind wie Engel auf Erden, die die Bedrängnis des Fleisches nicht spüren, Dienstbarkeit nicht kennen, von der Berührung weltlichen Sinnens bewahrt bleiben und ihren Geist auf

Göttliches richten. Der Schwachheit des Leibes gleichsam entronnen, vermögen sie an das zu denken, was Gottes, nicht was des Menschen ist."[28] Die Jungfräulichkeit erschien Ambrosius als gleichbedeutend mit dem Leben im Paradies, ja, mit dem himmlischen Reich selbst. Sie „bedeutet vollzogene Auferstehung, die hier schon schenkt, was allen für die jenseitige Ordnung verheißen."[29]

Derselben Ansicht begegnen wir in der Schrift des *Gregor von Nyssa* über die Jungfräulichkeit. Wenn dieser verheiratete Bischof die Jungfräulichkeit als engelhafte Verwandlung des menschlichen Körpers auffaßte, folgerte er dies aus der Lehre, daß der Mensch im Urzustand reiner Geist gewesen und das sexuelle Leben erst wegen des Sündenfalls hinzugekommen sei. Mit der Empfehlung des jungfräulichen Lebens wollte er den ursprünglichen Zustand des Menschen wiederherstellen.

Johannes Chrysostomus tat einen für das Verständnis des Priesters entscheidenden Schritt, indem er den Dienst des Priesters mit dem Dienst der Engel verglich: „Darum muß der zum Priester Geweihte so rein sein, als ob er in den Himmeln selbst mitten unter jenen Engelsmächten stünde." Aufgrund der hohen Vollmachten, die Gott den Priestern gegeben habe, betrachtet er die Priester ganz so, „als wären sie schon in den Himmel versetzt, als hätten sie die menschliche Natur abgelegt, als wären sie unserer Leidenschaften ledig, so hoch, zu solcher Würde wurden sie erhoben."[30] Obwohl dieser Kirchenvater so hoch vom Priester dachte, vermissen wir bei ihm doch jede direkte Bezugnahme zur Ehelosigkeit, und sei es auch nur im Sinn eines Wunsches.

Das engelgleiche jungfräuliche Leben fand im Mönchtum eine Wohnstatt auf Erden. Nach der Ansicht des Franziskaners *Bonaventura* trat die Seele des Menschen bei ihrem Aufstieg zu Gott in Verbindung mit den Engeln und wurde dadurch selbst engelgleich. „Aus solchen Überlegungen eines frommen Mönches wird sehr schön deutlich, wie Engel zu einem Ideal des Christseins werden, das man durch Ausstieg aus irdischen Verlockungen und Verflechtungen und durch Aufstieg zu immer größerer Annäherung an das Reich des reinen Geistes zu verwirklichen sucht."[31] Der nicht minder angesehene Dominikaner *Thomas von Aquino* verneinte dagegen jede Ähnlichkeit zwischen Engeln und Menschen.

Das *Konzil von Trient* bekräftigte die Verpflichtung des Priesters zur Ehelosigkeit und erwartete von ihm ein engelhaftes Leben, da er ja bei der Eucharistie „das Brot der Engel" austeile.[32] In Übereinstimmung mit dem Apostel Paulus und dem Konzil von Trient lehrte wenig später der Jesuit *Bellarmin* in seinem weit verbreiteten Glaubensbuch, daß dem jungfräulichen Leben ein höherer Wert zukomme als der Ehe. „Der Grund ist der, weil die Ehe etwas Menschliches, die Jungfrauschaft etwas Englisches ist."[33]

Vergleiche des Priesterlebens mit dem Leben der geistigen Engel sind in offiziellen Dokumenten der Kirche schon seit längerem nicht mehr anzutreffen.

IV. Gegner des Zölibatsgesetzes

Die Diskussion um die Enthaltsamkeit bzw. Ehelosigkeit des Priesters ist so alt wie diese Forderungen selbst. Es gibt kaum eine Lokalsynode oder ein Allgemeines Konzil, bei denen nicht auch Stimmen gegen diese gesetzlich verordnete Lebensform der Priester laut geworden wären. Dies gilt für die erste Allgemeine Kirchenversammlung, die 325 in Nikaia tagte, ebenso wie für das in der Peterskirche zu Rom veranstaltete 2. Vatikanische Konzil (1962–1965).

Auch wenn der von Sozomenos so ergreifend geschilderte Auftritt des Martyrerbischofs *Paphnutius* zugunsten der verheirateten Priester heute als Legende erwiesen ist, steht doch fest, daß die Teilnehmer des *Konzils von Nikaia (325)* an der Priesterehe nicht rütteln ließen. Dieselbe Einstellung zeigte sich bei der bedeutenden *Synode von Konstantinopel im Jahre 692*, als die Bischöfe das Ansinnen, alle legitim verheirateten Diakone und Presbyter müßten künftig auf den ehelichen Geschlechtsverkehr verzichten, mit Berufung auf die Ehe der Apostel und vor allem auf das Wort Jesu: „Was Gott zusammengefügt hat, das soll der Mensch nicht trennen" (Mt 19,8) sowie auf entsprechende Aussagen des Apostels Paulus klar und entschieden zurückwiesen. Zur weiteren Verteidigung ihrer Position erinnerte die Versammlung daran, daß die Kirche in Nordafrika denselben Standpunkt einnehme und sich deshalb ebenfalls im Widerspruch zur römischen Kirche befinde. Die Synode drohte sogar, jeden Priester, der die Enthaltsamkeitsforderung der römischen Kirche unterstütze, seines Amtes zu entheben. Das war in der Tat „eine selbstbewußte, ja herausfordernde Sprache, in der man auf die Versuche Roms, das priesterliche Zölibat einzuführen, reagierte."[1]

Allein schon die Tatsache, daß viele Synoden im Bereich der

abendländischen Kirche immer wieder gezwungen waren, das enthaltsame Leben der Priester anzumahnen und einzuschärfen, läßt vermuten, daß ein ansehnlicher Teil der höheren Kleriker weniger mit Worten als vielmehr mit ihrem beanstandeten Leben, das sie nicht zu ändern gedachten, gegen die Erwartung der Obrigkeit protestierten.

Die literarischen Auseinandersetzungen um die priesterliche Lebensführung, ausgelöst durch fanatische Anhänger des Ideals der Jungfräulichkeit, begannen bereits im 4. Jahrhundert. Vor allem die Laienchristen *Helvidius* und *Jovinian* griffen in Rom zur Feder, um die Gleichwertigkeit des jungfräulichen und ehelichen Lebens zu verteidigen. In Gegenschriften behaupteten die Kirchenväter *Hieronymus* und *Augustinus* den Vorrang der Jungfräulichkeit gegenüber der Ehe und votierten gleichzeitig für Enthaltsamkeit im Leben der Priester, ohne Rücksicht darauf, ob diese ledig oder verheiratet waren.

Zu einer regelrechten Kampagne pro und contra Enthaltsamkeit (Kontinenz) bzw. Ehelosigkeit (Zölibat) kam es im 11. Jahrhundert, weil vor allem Päpste, die früher Mönche gewesen waren, auch von den Weltpriestern ein mönchsähnliches Leben erwarteten. Ungezählte Proteste und Tumulte waren die Folge, als Papst *Gregor VII.* (1073–1085) alle Diakone und Priester, die legitim verheirateten eingeschlossen, zu absoluter Enthaltsamkeit verpflichtete – eine Verpflichtung, die schon viele Synoden vor ihm ausgesprochen hatten – und offenkundig gewordene Verstöße mit schweren Strafen geahndet wissen wollte.

Dem Hersfelder Benediktinermönch Lampert, Verfasser eines wertvollen Annalenwerkes, verdanken wir einen genauen Bericht über die turbulenten Ereignisse bei der *Synode,* die *1075* unter dem Vorsitz des Mainzer Erzbischofs *Siegfried in Erfurt* stattfand. Demnach verließen einige Bischöfe nach Bekanntgabe der päpstlichen Anordnung über die priesterliche Enthaltsamkeit die Versammlung und reisten ab. „Einige riefen in wildem Durcheinander, sie hielten es für besser, auf die Synode zurückzukehren, den Bischof, bevor er den verwünschten Spruch gegen sie verkünde, vom bischöflichen Stuhl herabzustürzen, ihn mit dem verdienten Tode zu bestrafen und so für die Nachwelt ein warnendes Denkzeichen aufzurichten, damit in Zukunft keiner seiner Nachfolger es wage, der Priesterschaft eine derartige Ungeheuerlichkeit zuzumuten."[2] Beruhigung trat erst ein, als Erzbischof Siegfried versprach, alles zu unternehmen, um den Papst in Rom von dieser einschneidenden Maßnahme abzubringen.

Fast noch schlimmer erging es Bischof *Altmann von Passau*. Bei einer Diözesansynode reagierten die Geistlichen, die wohl meist verheiratet waren, auf die päpstliche Forderung mit lautstarkem Protest. Und als der Bischof bei einer anderen Zusammenkunft am Fest des hl. Stephan die Weisung aus Rom wiederholte, „gerieten alle Kleriker in eine solche Wut", heißt es in der von einem Mönch des Klosters Göttweig verfaßten Biographie des Bischofs, „daß sie den Diener Gottes auf der Stelle, im Hause Gottes also, mit Händen zerrissen hätten, wenn nicht der Himmel ihn geschützt und die anwesenden weltlichen Großen den toll gewordenen Geistlichen entgegengetreten wären."[3]

Der Klerus in Frankreich verhielt sich nicht anders. Bei der *Synode von Paris im Jahre 1074* verweigerten fast alle anwesenden Bischöfe, Äbte und übrigen Kleriker dem Papst den Gehorsam, weil „seine Vorschriften unerträglich" seien.[4] Als ein Abt es wagte, für den Papst Partei zu ergreifen, bekam er den Unwillen einzelner Kleriker handgreiflich zu spüren. Einige Zeit später, als wieder ein Mönch, *Bernhard von Trion* († 1117), die Ideen Gregors VII. bei Priestertreffen propagieren wollte, widersprach ihm der Archidiakon von Coutances, umgeben von seiner Frau und seinen Kindern sowie den verheirateten Geistlichen der Stadt, ganz energisch. Dabei fragte er den Mönch, was ihn angetrieben habe, den Lebenden zu predigen, da er selbst doch ein Mönch und deshalb „für die Welt gestorben" sei.[5]

Ob beim *2. Laterankonzil (1139)*, das die Zölibatspflicht im engeren Sinn dekretierte, auch Gegenstimmen zu vernehmen waren, läßt sich nicht feststellen, da außer den Kanones keine Akten überliefert sind. Mit dem Widerspruch östlicher Kirchen mußte man in Rom jetzt nicht rechnen, da die abendländische und die morgenländische Kirche längst schon getrennte Wege gingen.

Es dauerte lange, bis das Zölibatsgesetz des 2. Laterankonzils überall publiziert war. Und selbst dann fügten sich die davon betroffenen Geistlichen weder gern noch schnell in die neue Lage, wie das folgende Beispiel aus Böhmen beweist. Bevor Kardinal *Petrus von Capua* als Legat des Papstes Coelestin III. 1197 in der Kathedrale zu Prag die Priesterweihe spendete, mußten die Weihekandidaten Enthaltsamkeit versprochen haben. „Doch die anwesende Schar der Priester beschwor bei allem, was heilig ist, die Kandidaten des Priestertums, sie sollten sich nicht zur Ehelosigkeit verpflichten und sich ihrer Mannheit nicht berauben lassen. Es seien genügend Mönche vorhanden ..., der Legat müsse sich mit diesen begnügen und dürfe nicht den Dienern, die für die Welt bestimmt sind, ein Joch auflegen, das ihre Väter nicht zu tragen vermocht hatten."[6] Daraufhin brach ein Aufstand los, der nur mit Hilfe bewaffneter Soldaten, die im Dienst des Prager Oberhirten standen, niedergeschlagen werden konnte. Der Legat wäre beinahe getötet worden. Zur Spendung der Weihe kam es tatsächlich nicht.

Dem *Konstanzer Konzil (1414–1418)* lag von Seiten Kaiser *Sigismunds* ein Memorandum vor, worin das konkubinarische Treiben des Klerus als „crimen" (Verbrechen) hingestellt war, das mit dem Entzug der Pfründe zu bestrafen sei. Daran schloß sich aber ein klares Votum für die Priesterehe. Während des Konzils kursierte ein anonymer Reformvorschlag, der darauf abzielte, Klerikern die Ehe zu gestatten, wie es in der griechisch-byzantinischen Kirche üblich sei und mit dem Alten wie auch mit dem Neuen Testament im Einklang stehe. Die Bemerkung, daß bei einer anderen Regelung in bestimmten Gegenden weniger Sünden geschehen würden als zur Zeit in manchen italienischen Regionen, speziell an der Riviera, deutet auf einen in Italien beheimateten Autor hin.

Der berühmte Humanist und Priester *Erasmus von Rotterdam* hatte, obwohl ein Gegner der gesetzlich erzwungenen Ehelosigkeit der Priester, für Luthers Heirat mit der Nonne Katharina von Bora im Jahr 1525 nur Hohn und Spott übrig. Dies hinderte ihn aber andererseits wieder nicht, in seinem „Encomium matrimonii" (Lob für die Ehe) das Eheleben über jede andere Lebensform zu stellen. Nichts könnte ehrenvoller und heiliger sein als die Ehe, die nicht Lykurg, Moses oder Solon gestiftet hätten, sondern

Gott selbst. Einem Junggesellen bekannte er einmal frank und frei, das ehelose Leben sei unfruchtbar und unnatürlich. Wer nicht heiraten wolle, sei kein Mensch, sondern ein Stein, ja, ein Feind der Natur und ein Rebell gegen Gott. Wenige Jahre nach Erasmus' Tod (1538) ließ die Theologische Fakultät der Universität Paris dieses Opus auf den Index der verbotenen Bücher setzen. Für die Ablehnung des Zölibats als Kirchengesetz hatte Erasmus vor allem deshalb gestimmt, weil zu seiner Zeit viele Priester gegen diese Verpflichtung verstießen und dadurch die symbolische Bedeutung des Zölibats als Nachfolge Christi und als eschatologische Ausrichtung der Kirche entwerteten. Mit diesen Gedanken wurde er zum frühen Vorläufer der Aufklärungstheologen, die den natürlichen Wert der Sexualität betonten und die freiwillige Annahme des Glaubens, wozu sie auch den Glauben an das Charisma der Ehelosigkeit zählten, an die erste Stelle setzten.

Im Jahrhundert der Reformation nutzten Kaiser *Karl V.* und sein Nachfolger *Ferdinand I.,* unterstützt von katholischen Landesfürsten, jede geeignete Gelegenheit, um die Aufhebung des Zölibatsgesetzes zu erreichen. Mit diesem Schritt erhofften sie ein doppeltes: einmal die weit verbreiteten Mißstände im Klerus aus der Welt zu schaffen und gleichzeitig die Ausbreitung der reformatorischen Bewegung, deren „Augsburger Bekenntnis" (1530) die Priesterehe guthieß, aufzuhalten.

Der Augustinereremit *Martin Luther* konnte mit seiner radikalen Absage an den Zölibat und die Ordensgelübde mühelos anknüpfen an Ablehnungen und Angriffe, die bereits von Humanisten ausgegangen waren. Da mehrere Päpste, am bekanntesten unter ihnen *Alexander VI.* (1492–1503), Mätressen und Kinder ihr eigen nannten, fragte Luther in seiner Kampfschrift über das Papsttum zu Rom (1520) ironisch: „Warum gibt man dem Papst nicht auch eine Jungfrau zur Ehe, damit die Figur (d. i. das Vorbild Aarons im Alten Testament) erfüllt wird."[7] Seine scharfe Kritik beruhte nicht allein auf menschlichen Erwägungen; sie war theologisch fundiert, wenn er das Papsttum verantwortlich machte für die Einführung des Weihesakramentes, das zur Folge hatte, daß aus dem Presbyter der Frühen Kirche ein Amtspriester und aus dem verheirateten Künder des Evangeliums ein zölibatärer Opferpriester geworden war. Die Forderung der Ehelosigkeit stand nach seiner Überzeugung im Widerspruch zum Wort Gottes und zum Glauben, wie er ihn verstand. Luthers massive Attacken, bei denen ihn die anderen großen Reformatoren *Melanchthon, Zwingli* und *Calvin* voll und ganz unterstützten, lösten unter dem Welt- und Ordensklerus eine wahre Heiratsbewegung aus.

Die seit Jahrhunderten andauernde Kritik an den skandalösen Verhältnissen im Klerus finden wir in den Orationen der Trauungsmesse für Luthers theologischen Doktorvater und für Wittenbergs erfolgreichen Reformator, *Andreas (Bodenstein) von Karlstadt* († 1541), zusammengefaßt. Die Oratio lautet: „(Oh) Gott, der Du nach so langer und gottloser Verblendung (Blindheit) Deiner Priester den Seligen Andreas Karlstadt jener Gnadengabe gewürdigt hast, als erster es zu wagen, ohne Einhaltung des papistischen Rechts eine Frau zu nehmen, gib, so bitten wir, allen Priestern gesunden Verstand, damit sie seinem Vorbild folgen und, nachdem sie ihre Konkubinen hinausgeworfen oder geheiratet haben, zur Gemeinschaft des legitimen Ehebetts bekehrt werden." Und die Oratio nach der Kommunion, Postcommunio genannt, hat diesen Wortlaut: „Die Wirkungen des Sakramentes, Herr, das wir empfangen haben, mögen uns zur Hilfe gereichen, daß, wie wir uns an der Feier der Hochzeit des Andreas Karlstadt erfreuen, so auch, auf unser Bitten, die Ehen der Priester auf dem ganzen Erdkreis glücklich beginnen, noch glücklicher vorankommen und aufs glücklichste enden."[8]

Beim Reichstag zu Augsburg (1530) gab sogar der päpstliche Legat *Lorenzo Campeggio* in einem Schreiben nach Rom den Rat, der Papst solle den Protestanten in der Frage der Priesterehe entgegenkommen. Doch die Päpste von Clemens VII. bis Pius V. ließen sich, obwohl in ihrem persönlichen Leben nicht immer das Vorbild eines zölibatären Priesters, für keinerlei Konzessionen gewinnen.

Mehrere in den Jahren des *Allgemeinen Konzils von Trient (1545–1563)* entstandene Gutachten über die Lage der unerlaubt verheirateten und der im Konkubinat lebenden Priester enthielten ein deutliches Votum für die sofortige Aufhebung des Zölibatsgesetzes. *Friedrich Staphylus* († 1564), 1552 mit seiner Frau zur katholischen Kirche übergetreten, diente Kaiser Ferdinand I. und Herzog Albrecht V. von Bayern als geschätzter Ratgeber. In einem Memorandum zur Kirchenreform, das er, seit 1560 Theologieprofessor in Ingolstadt, für Kaiser Ferdinand I. und auch für Papst Pius IV. verfaßte, hielt er es für besser, „solche Priester zu haben, die in heiliger Weise mit ihren Ehefrauen verheiratet sind, als Priester, die im Konkubinat leben."[9]

Nachdem das Trienter Konzil, bei dessen 3. Tagungsperiode Kaiser Ferdinand I. und Herzog Albrecht V. von Bayern durch Gesandte mit Gedenkschriften für die Priesterheirat vorstellig wurden, viele Hoffnungen auf eine Änderung zunichte gemacht hatte, startete *Ferdinand I.* im Januar 1564 einen letzten verzweifelten Versuch, der wiederum erfolglos endete. Ungeachtet dessen verfolgte sein Sohn Kaiser *Maximilian II.* das dringende Anliegen weiter. *Pius IV.* schickte zwei Legaten nach Wien, die dem neuen Kaiser begreiflich machen sollten, daß eine Sonderregelung für die Kirche in Deutschland nicht ohne Auswirkungen auf die kirchliche Lage in Frankreich, Italien und Spanien bleiben würde. König Philipp II. von Spanien habe bereits vor einer Änderung des Gesetzes gewarnt. Tatsächlich hatte Kardinal Pacheco vom spanischen König den Auftrag, sich jeglicher Aufweichung des Zölibatsgesetzes zu widersetzen. Die von päpstlicher Seite für die Fortdauer des Gesetzes vorgebrachten Gründe waren nicht neu: eine lange Tradition des Gesetzes in der lateinischen Kirche, der sakramentale Charakter der Weihe, die Verbindung zwischen Priestertum und Eucharistie sowie die kultischen Funktionen des Priesters. Zur Überwindung der gegenwärtigen Notlage empfahl man strenges Durchgreifen gegen konkubinarische Priester und geeignete Maßnahmen für eine bessere Ausbildung der künftigen Seelsorger. Dies alles konnte freilich den Kaiser von seinem Plan nicht abbringen. Erst als nach dem Tod des zumindest gesprächsbereiten Pius IV. im Dezember 1565 der strenge Dominikanermönch Ghislieri als *Pius V.* folgte, verstummten die Stimmen der Opposition. Diesem Pontifex Maximus erschien schon jede Diskussion des Zölibatsthemas als ein Sakrileg.

Die Vertreter der *Aufklärung* im 17. und 18. Jahrhundert bekämpften die gesetzmäßige Verpflichtung zur Ehelosigkeit aus anthropologischer Sicht radikal. Dabei fanden sie auch unter der Priesterschar vereinzelt Anhänger, die das Zölibatsgesetz schon aus rein menschlichen Gründen zu Fall bringen wollten. Um die Lage richtig einzuschätzen, muß man freilich stets berücksichtigen, daß der Großteil des Klerus noch zu dieser Zeit nicht aus religiösen Motiven die klerikale Laufbahn gewählt hatte. Wie konnte man da von ihnen Verständnis erwarten für eine Verpflichtung, die ohne religiöse Sinngebung unsinnig erscheinen mußte? Der französische Priester *Castel de Saint-Pierre* (1658–1743) behauptet in seinen gegen das Zölibatsgesetz gerichteten „Observations", mindestens drei Viertel der Priester würden sogleich heiraten, wenn sie nicht durch das Gesetz daran gehindert wären. Im übrigen seien für das ehelose Leben große Anstrengungen erforderlich, die man besser zum Nutzen einer Ehe und Familie einsetzen sollte.

Aufsehen erregte *Pierre Desforges*, Kanoniker in Étampes, mit seinem 1758 gegen das Zölibatsgesetz publizierten Buch, das in der deutschen Übersetzung den schwerfälligen Titel trägt: „Vorteile der Ehe und wie sehr es für Priester und Bischöfe unserer Zeit notwendig und nützlich ist, eine christliche Frau zu heiraten." Der Autor ließ keinen Zweifel an der Schädlichkeit des Zölibatsgesetzes. Wenn er allein das Leben in der Ehe für natürlich hielt, kam darin wieder seine aufklärerische Gesinnung zum Vorschein. Nach seiner Meinung berechtigt nichts dazu, den jungfräulichen Stand höher einzuschätzen als das Eheleben. Deshalb besitze auch die anderslautende Doktrin des Trienter Konzils von der Höherwertigkeit der zölibatären Lebensweise keine Gültigkeit. Abbé *de Villiers* bezeichnete wenige Jahre später in seiner „Apologie des christlichen Zölibats" das Werk von Desforges als infam. Dieser wurde tatsächlich eingesperrt und sein Buch auf dem Scheiterhaufen verbrannt.

Im ersten Jahrzehnt der *Großen Französischen Revolution* heirateten Priester und Mönche zu Tausenden. Die gesetzliche Möglichkeit dazu war in der Zivilkonstitution des Klerus (1791) gegeben, wenn es prinzipiell heißt, daß kein Mensch an der Eheschließung gehindert werden dürfe. Doch Papst *Pius VI.* verurteilte dieses Verfassungsdokument nicht zuletzt wegen der gegen das Zölibatsgesetz und die Ordensgelübde gerichteten Beschlüsse.

In *Deutschland* setzte gegen Ende des 18. Jahrhunderts eine rege Zölibatsdiskussion ein. Bei den literarischen Attacken auf das Gesetz vergaßen die Autoren nicht, die sittlichen Mißstände im Klerus herauszustellen. Kirchliche Behörden, lautete ein konkreter Vorwurf, seien eher bereit, die Übertretungen des Gesetzes zu dulden, als die Quelle für die skandalösen Zustände zu verstopfen. Die Kritik traf in erster Linie den Papst, weil er nur dank kräftiger Unterstützung durch weltliche Regenten die unheilvolle Tradition aufrechterhalten könne.

Die Leitung des großen Bistums Konstanz zu Beginn des 19. Jahrhunderts stand eindeutig auf Seiten der Reformer. *Ignaz Heinrich von Wessenberg*, Generalvikar und später Kapitelsvikar der Diözese Konstanz, erteilte als Vertreter des Bischofs Theodor von Dalberg, eines gemäßigten Aufklärers, Priestern und Ordensleuten, die heiraten wollten, ohne Widerstreben die Dispens von der Verpflichtung zur Ehelosigkeit. Als ihn der Nuntius in Luzern wegen dieses eigenmächtigen Vorgehens tadelte, rechtfertigte sich der Konstanzer Prälat, dessen episkopalistische Gesinnung bekannt war, mit dem Wort des Apostel Paulus, es sei besser, eine Ehe zu schließen, als vor Begierde zu brennen. Wessenberg konnte sich bei seiner Administration voll und ganz auf den regierenden Bischof Dalberg verlassen. „Das Recht, in Kirchengesetzen aus hinlänglichen Ursachen zu dispensieren," führte Wessenberg zu seiner Verteidigung an, „liegt in der ursprünglichen Gewalt der Bischöfe. Nicht bloß dem hl. Petrus, sondern allen Aposteln hat Christus die Gewalt zu lösen und zu binden gegeben."[10]

Zu den hervorragenden Theologen an der Universität Tübingen gehörte der Pastoraltheologe *Johann Baptist Hirscher* († 1885). Er trat als maßvoller Gegner des Zölibatsgesetzes hervor. In einer Buchrezension zeichnet er ein düsteres Bild von der Mehrheit der Geistlichen: „Viele versinken in moralischem Tode. Wenige aber erheben sich zu einer hohen Stufe von Religiosität und Moralität. Die übrigen sind doch ganz gewöhnliche Menschen, und darum unter ihrem Berufe." Diese betrübliche Situation im Klerus veranlaßte ihn zu dem Urteil, daß „die ganze große Masse der übrigen

Geistlichen zur Virginität nicht berufen" sei, „ohne moralischen Segen schleppt sie am Joche des Cölibats." Die von außen erzwungene Virginität sei „nur eine Grimasse derselben, oder auch nicht einmal diese." [11] Hirscher hält es darum für ein Unglück, daß die kirchliche Obrigkeit untätig blieb, beklagt aber auch das geringe Maß an Solidarität bei den betroffenen Priestern. Eine Änderung sei erst dann zu erwarten, wenn die Gläubigen allgemein das hohe Gut der Ehe wieder zu schätzen vermöchten. Fast möchte man meinen, aus Hirscher spräche ein kritischer Theologe unserer Tage.

Der geniale Tübinger und dann Münchner Kirchenhistoriker *Johann Adam Möhler* († 1838) scheint sich, was das Problem des Zölibats betrifft, anfangs von seinem Kollegen Hirscher nicht unterschieden zu haben. Vielleicht war sogar er es, der den Anstoß zur Gründung eines antizölibatären Priestervereins gegeben hat. Später allerdings machte er nicht nur gegen zölibatsfeindliche Bewegungen, sondern auch gegen den stets überlegt argumentierenden Hirscher selbst Front. In die öffentliche Arena begab er sich zuerst mit einer ausführlichen Rezension eines Artikels von Hirscher über die Zölibatsfrage und dann mit einer umfangreichen Besprechung der vor allem im Freiburger Klerus kursierenden anonymen „Denkschrift für die Aufhebung des den katholischen Geistlichen vorgeschriebenen Cölibats" sowie der von Freiburger Laienprofessoren ausgegangenen Petitionen an Parlamente. „Referent gesteht, noch nie gehört oder gelesen zu haben", schreibt Möhler in seiner „Beleuchtung der Denkschrift" nicht ohne Sarkasmus, „daß man, um die erstarrten Glieder an dem sittlichen Leibe Christi neu zu beleben, oder um gründliche und geistvolle Theologen und begeisterte Prediger zu gewinnen, die Forderung gemacht habe, daß man vor allem für Weiber sorgen müsse." [12] Die Gegner des Zölibats schöpften nach seiner Überzeugung aus höchst unkirchlichen und unevangelischen Quellen. Wegen dieser Meinungsverschiedenheit kam es bald zu einem vorübergehenden Zerwürfnis zwischen den beiden angesehenen Theologen, obwohl es Hirscher niemals um eine bedingungslose Abschaffung des Gesetzes ging. Doch Möhler erlebte in dieser brisanten Angelegenheit nochmals eine „Bekehrung", die freilich bis heute kaum bekannt ist, auch nicht dem Paderborner Dogmatiker Dieter Hattrup, der die Möhler'sche Rezension erst kürzlich mit einem Kommentar, welcher der Problematik völlig unangemessen ist, neu herausgegeben hat. In der Briefkorrespondenz mit seinem Bamberger Kollegen und Freund Adam Gengler, dem späteren Domkapitular, enthüllte Möhler etwas vom Innersten seines Herzens, wenn er eine gewisse Skepsis gegenüber der Verpflichtung aller Priester zum Zölibat anklingen ließ. „Über den Cölibat wünsche ich wahrhaft auch einmal mit Dir zu sprechen", eröffnet Möhler den Disput in seinem Brief vom 9. Mai 1832 und bekennt sogleich: „Ich bin nicht so entschieden dafür, als damals, da ich den angefeindeten Aufsatz schrieb." Gengler mochte nicht wenig überrascht gewesen sein und meinte, den befreundeten Kollegen zu Vorsicht ermahnen zu müssen. Doch Möhler beruhigt ihn schon im nächsten Brief vom 22. Mai 1832 mit den Worten: „Ich schreibe nichts mehr in die Welt hinein, wenn ich nicht durch die reifste Überlegung vollkommen überzeugt bin. Du darfst daher nicht befürchten, daß ich so schnell auch nur ein Wort gegen den Cölibat werde verlauten lassen, da wohl meine frühere Überzeugung wankend geworden ist, keine neue aber, die ich eine feste nennen könnte, sich noch gebildet hat. Was mich allein am Cölibat irregemacht hat, ist – daß er so schlecht gehalten wird – daß unsere Pfaffen so häufig lendenlahme, gleichgültige, abgestorbene Menschen sind, die sich durch nichts – der großen Mehrzahl nach – in eine lebendige Begeisterung versetzen lassen."[13]

Im Jahre 1828 brachten 23 Laien aus Freiburg bei der badischen Ständekammer eine Petition ein, mit der sie die Aufhebung des Priesterzölibats durch ein Staatsgesetz forderten. Beigelegt war eine „Denkschrift für die Aufhebung des den katholischen Geistlichen vorgeschriebenen Cölibats". Mit dem gleichen Anliegen wandten sie sich auch an den Freiburger Erzbischof *Boll*. Dem von verschiedenen Seiten bedrängten Prälaten bereiteten vor allem die beiden Freiburger Theologieprofessoren Reichlin-Meldegg und Heinrich Schreiber große Sorge. Über die verschiedenen Aktivitäten gegen den Priesterzölibat war auch der Apostolische Stuhl in Rom unterrichtet, wie einem Schreiben des Kardinalstaatssekretärs *Bernetti* an den badischen Minister Frh. v. Türckheim vom

5. Oktober 1833 zu entnehmen ist. Darin heißt es: „Unter den Augen des Heiligen Vaters wurde das Buch des Professors der Moraltheologie an der Universität Freiburg, Heinrich Schreiber, veröffentlicht, in dem dieser sich offen gegen die Lehre der kath. Kirche über die kirchlichen Gelübde und über den heil. Zölibat wendet und weitere verderbliche Sätze entwickelt, die auf dem Pult vorzutragen und zu lehren er sich nicht schämt. Und nicht geringer ist der Schaden, den der Professor für Kirchenrecht, Heinrich Amann, mit seinen Vorlesungen anrichtet, dem es noch nicht genug ist, die verehrungswürdige Autorität der Kirche und das heil. Gesetz des Zölibats aufs schärfste zu bekämpfen; so hat er die Unverschämtheit besessen, mit Hilfe von Briefen, die er in verschiedenen Teilen der Kirchenprovinz zirkulieren ließ, die Geistlichkeit zur Auflehnung aufzustacheln, indem er sie aufforderte, seine unwürdigen Vorschläge zu unterschreiben, die öffentlich zur Abschaffung des Zölibats aufrufen. Und die Wirkung hat seinen Plänen durchaus entsprochen, da er nicht nur Fürsprecher und Anhänger fand, sondern sogar Beifall und Geschenke erhielt."[14] Nachdem diese Professoren der philosophischen Fakultät angegliedert waren, betrieben sie ihre Polemik noch schonungsloser.

In Freiburg war es auch, wo sich die Mitglieder des Weihejahrgangs 1831 der seit einigen Jahren bestehenden Antizölibatsbewegung anschlossen. Hier war übrigens im Jahr zuvor, ebenso wie im Bistum Trier, ein Verein gegründet worden, dessen Hauptziel in der Abschaffung des Zölibatsgesetzes bestand. Erzbischof Boll spendete die Priesterweihe erst, nachdem die Aufsässigen sich reumütig unterworfen hatten. Mit solchen Maßnahmen suchte man jede ernste Diskussion zu unterdrücken. So kam es, daß Jahrzehnte später auch der Tübinger Kirchenhistoriker *Franz Xaver Funk* († 1907) heftig angefeindet wurde, weil er in der Kontroverse mit dem Exegeten *Georg Bickell* die Behauptung, der Zölibat beruhe auf apostolischer Anordnung, mit historischen Argumenten entkräftete.

Selbst in der kurz nach dem 1. Vatikanischen Konzil entstandenen *Altkatholischen Kirche* mußten die Gegner des Zölibats, angeführt von dem Laien und Juristen *Johann Friedrich von Schulte*, schwere Kämpfe bestehen, bis die Synode im Jahre 1878 die Aufhebung des Gesetzes für ihre Geistlichen beschloß.

Sehr unzufrieden mit den Verhältnissen des Klerus in Afrika war Kardinal *Charles-Martial-Allemand Lavigerie* († 1892). Als Erzbischof von Algier (später auch noch Erzbischof von Karthago und Primas von Afrika) gründete er 1868 die Missionsgesellschaft der Weißen Väter und 1869 die der Weißen Schwestern für die Tätigkeit unter den Mohammedanern. An Papst *Leo XIII.*, der ihn zum Delegaten für Innerafrika ernannt hatte, wandte er sich mit der dringenden Bitte, allen afrikanischen Priestern die Heirat zu gestatten. Doch aus dem Vatikan kam wieder nur ein Nein, wie es der Papst auch in seinem Rundschreiben an den Episkopat in Lateinamerika vom 10. Juli 1898 wiederholte.

Seit im 19. Jahrhundert viele *ostslawischen Ruthenen*, namentlich aus Ungarn, in *Nordamerika* einwanderten, kam es dort zu Konflikten zwischen dem zum Zölibat verpflichteten Klerus des lateinischen Ritus und den Priestern des griechisch-ruthenischen Ritus, die legitim verheiratet waren. Um das dadurch entstehende Ärgernis aus der Welt zu schaffen, verfügte die damals noch für Nordamerika zuständige Propagandakongregation in Rom, daß auch die ruthenischen Priester zum Zölibat verpflichtet seien, solange sie in den Vereinigten Staaten von Amerika oder in Kanada lebten.

Papst *Pius X.* verurteilte in seiner gegen den sogenannten Modernismus gerichteten Enzyklika „Pascendi dominici gregis" vom 8. September 1907 alle Bestrebungen, die eine Änderung des Zölibatsgesetzes zum Ziel hatten: „Es gibt solche, die bedauerlicherweise als gelehrige Schüler der Protestanten wünschen, daß selbst der heilige Zölibat des Priesters aufgehoben wird."[15]

Die im 16. Jahrhundert gegründete Indexkongregation sah ihre Hauptaufgabe darin, glaubens- und sittenfeindliche Schriften in einem stets aktualisierten Verzeichnis (Index) als verbotene Lektüre zu präsentieren. 1884 ereilte das Schicksal den wenige Jahre zuvor aus dem Jesuitenorden ausgeschlossenen Italiener *Carlo Maria Curci*, weil er in seinem Buch „Il Vaticano regio" die Pflicht des Priesters zur Ehelosigkeit abfällig kritisiert hatte. Angesichts ungezählter Übertretungen nannte Curci dieses Gesetz „eine stinkende Wunde" und äußerte die Vermutung, daß es vielleicht nicht mehr lange dauern werde, bis die Kirche „zur Ehre Gottes und zum Wohl der Seelen" auch lateinischen Priestern die Wahl zwischen Zölibat und Ehe überlassen werde. 1912 kamen die von den französischen Pfarrern *Dolonne* (Pseudonym) und *Jules Claraz* gegen das Zölibatsgesetz geschriebenen Bücher auf den Index der verbotenen Bücher. Die automatisch eintretende Strafe der Exkommunikation traf übrigens nicht nur die Autoren, sondern auch die Leser indizierter Schriften.

Ein wahrer Sturm auf das Zölibatsgesetz erfolgte 1918 in der soeben neuentstandenen *Tschechoslowakei,* ausgelöst durch den „Verband (Jednoda) der tschechoslowakischen katholischen Geistlichkeit in Prag". Auf den Appell eines Pfarrers stimmten zwei Drittel der Antwortgeber für die Beseitigung der pflichtgemäßen Ehelosigkeit. 1919 reiste eine Deputation des Verbandes nach Rom, um im Vatikan eine Reformschrift zu überreichen, die zur Priesterfrage diesen Passus enthielt: „Wir tschechoslowakischen katholischen Priester, die wir die Beseitigung des Zölibats fordern, wollen die priesterliche Keuschheit nicht herabsetzen, die unser Ideal ist und auf ewig bleiben wird ... Wir wünschen nur, daß der priesterlichen Keuschheit der Charakter der ursprünglichen Freiwilligkeit und eines Rates zurückgegeben werde."[16] Papst *Benedikt XV.* dementierte ausdrücklich das Gerücht, das Zölibatsgesetz könnte gemildert werden. Nach dem Mißerfolg in Rom trug die starre Haltung des neuen Erzbischofs *Kordac* von Prag dazu bei, daß sich die Kluft zwischen dieser Reformbewegung und der Hierarchie immer mehr vergrößerte und schließlich 1920 die von Rom getrennte Tschechoslowakische Kirche ins Leben trat.

Während der beiden Weltkriege und in den Jahren danach „ruhte" die Zölibatsfrage, da andere Probleme in Staat und Kirche vorherrschten. Erst das *2. Vatikanische Konzil* (1962–1965) schuf mit seiner grundsätzlichen Anerkennung der Gewissensfreiheit den Nährboden für eine erneute, radikale Diskussion jenes alten, immer noch ungelösten Problems. Daß unter den fast 3000 stimmberechtigten Teilnehmern nicht wenige Bischöfe eine Änderung des Zölibatsgesetzes für notwendig hielten, blieb kein Geheimnis. Zu ihnen gehörte sogar Kardinal *Eugène Tisserant*

(† 1972), der Dekan des Kollegiums der Kardinäle, wie sein Sekretär Roche, dem das Privatarchiv des Kardinals anvertraut ist, allerdings erst Jahre nach dem Tod des Kirchenfürsten in einem Interview mit der Wochenzeitschrift „Panorama" als überraschende Neuigkeit verriet.

Viele Priester erhofften sich von der beim Konzil offenbar gewordenen Ausrichtung der Kirche auf die Bedürfnisse der Zeit auch eine Modifizierung des Zölibatsgesetzes. Europäische *Priestergruppen* nutzten 1969 das Europäische Bischofssymposion in Chur und die Bischofssynode in Rom, um das Problem der priesterlichen Ehelosigkeit als ein Hauptanliegen vorzutragen. Befragungen der Priester in einzelnen Ländern ergaben stets eine überwiegende Mehrheit für die Aufhebung des Gesetzes sowie für die Zulassung von bewährten verheirateten Männern (viri probati) zur Priesterweihe.

1970 wurde hinsichtlich der kirchlichen Autorität allgemein und des Zölibatsgesetzes speziell ein überaus stürmisches Jahr. Der Aufstand begann in den Niederlanden, als die Vertreter von insgesamt 9000 Priestern ohne Gegenstimme die Möglichkeit der Priesterweihe für verheiratete Bewerber forderten. Mit Erstaunen vernahm man übrigens, daß auch die Bischöfe sich hinter diese Initiative stellten. Immer mehr Priester unterstrichen mit ihrem Entschluß zur Heirat den Ernst der Situation. In mehreren Ländern organisierten sich Priester und Laien in Solidaritätsgruppen, zu deren Reformprogramm stets das Zölibatsgesetz gehörte. Auch die offiziellen *westeuropäischen Priesterräte* hielten 1971 beim Delegiertentreffen in Genf die Zulassung verheirateter Männer zur Priesterweihe für eine Bereicherung der christlichen Gemeinden.

Außerdem griffen auch jetzt wieder einzelne Theologieprofessoren in die Debatte ein, obwohl ihnen das Zölibatsgesetz weniger ein biblisches und theologisches, sondern zuallererst ein pastoralpraktisches und kirchenpolitisches Problem zu sein schien, dessen zeitgemäße Lösung die höchste Kirchenautorität so lange schon vor sich herschob. In einem von dem Moraltheologen *Alfons Auer* im Namen seiner Tübinger Kollegen *Biemer, Denzler, Greinacher, Hasenhüttl, Küng, Neumann* und *Seckler* unterzeichneten Appell an die Vorsitzenden der deutschen, österreichischen und schweizerischen Bischofskonferenzen vom 6. Februar 1970 heißt es: „Wir rufen unsere Bischöfe auf, die holländischen Bischöfe sowie die Bischöfe und Kirchenmänner in aller Welt, die sich ähnlichen Schwierigkeiten gegenübersehen, in ihren Sorgen nicht allein zu lassen. Die Situation ist auch außerhalb Hollands bei der gegenwärtigen Zuspitzung der Lage sehr viel bedrohlicher, als sich auf den ersten Blick vermuten läßt."[17] Die Bischöfe werden ersucht, die Verantwortlichen im Vatikan zu öffentlichen Gesprächen über brennende Zölibatsfragen zu bewegen.

Wenige Tage später kursierte unter einem ausgewählten Kreis von Theologen eine von dem Essener Prälaten *Gerhard Fittkau* und dem Münchener Dogmatiker *Michael Schmaus* ausgegangene Gegenadresse an die Deutsche Bischofskonferenz. Die Unterzeichneten sprechen sich darin in Übereinstimmung mit den Erklärungen des Hl. Vaters und der deutschen Bischöfe sowie mit „der klaren Entscheidung des II. Vatikanischen Konzils" für die Beibehaltung des priesterlichen Zölibats in der lateinischen Kirche aus, lehnen „die Form der öffentlichen Diskussion, wie sie gegenwärtig auch in Deutschland vorangetrieben wird, aus Gründen der Wahrheit und der Liebe zur Einheit der Kirche ebenso ab wie das Mißverständnis eines nur soziologisch funktional nach weltlicher Art verstandenen Dienstamtes" und bitten die Bischöfe um ein „klares Wort."[18]

Doch die Kirchenobrigkeit setzte weiterhin auf Tradition. In mehreren Ländern bildeten sich jetzt *Protestbewegungen*, zum Beispiel: „Vereinigung katholischer Priester und ihrer Frauen" und „Initiativgruppe der vom Zölibat betroffenen Frauen" in Deutschland, „Echanges et dialogue" in Frankreich, „Priests for Equality" in den USA. Seit einigen Jahren besteht sogar eine „Internationale Vereinigung verheirateter katholischer Priester" (mit Sitz in Doorn/NL), in welcher 24 nationale Vereinigungen zusammengeschlossen sind.

Unter dem Klerus gibt es einige mutige Einzelkämpfer, denen der Einsatz für dringend notwendige Reformen der Kirche so notwendig erscheint, daß sie dafür sogar Schmähungen und Denunziationen hinzunehmen bereit sind. Dies gilt besonders für den österreichischen Priester *Rudolf Schermann*, Pfarrer in Reisenberg (bei Wien), zugleich Chefredakteur und Herausgeber der kirchenkritischen Wochenzeitung „Kirche intern". Er faßte seine Klagen und Anklagen bezüglich des Zölibatsgesetzes in ein Gebet: „Öffne uns, Herr, die Augen für die große Gabe der Freiheit, die Du uns gebracht hast, damit wir die Verkehrtheit des Zölibatsgesetzes mit all seinen unbarmherzigen, ja, unmenschlichen Folgen klar zu erkennen vermögen, und führe unsere durch eine jahrhundertelange falsche Erziehung blind gewordenen Brüder und Schwestern zum Licht Deiner Wahrheit. Gib uns die Kraft und den Mut, auch den zölibatären Nachfolgern des verheirateten Petrus im Angesicht widerstehen zu können, wenn sie uns einen falschen Weg weisen und damit vielen Deiner Brüder und Schwestern unter uns von Brasilien bis China, von Skandinavien bis Südafrika den Vollzug Deines letzten Willens, die Eucharistiefeier, vorenthalten. Laß uns das mittelalterliche Relikt des unseligen Zölibatsgesetzes ebenso ablegen, wie Du uns den Kirchenstaat genommen und für die Unmenschlichkeit der Inquisition die Augen geöffnet hast. Damit wir Deine befreiende und menschenfreundliche Botschaft überzeugender leben und verkünden können."[19]

Während die Päpste kompromißlos an dem bis in das 12. Jahrhundert zurückreichenden Gesetz des Zölibats festhalten, wagen es in jüngster Zeit sogar einige Bischöfe, angetrieben durch den erschreckenden Priestermangel, neue Lösungen ins Auge zu fassen. Sie denken als erstes daran, daß verheiratete Kandidaten, deren Ehe- und Familienleben als vorbildlich gelten kann, zur Priesterweihe zugelassen werden.

Nur wenig bekannt ist, daß schon bei der Vollversammlung der *Bischofssynode 1971* über das Priesteramt eine entscheidende Abstimmung zur Zölibatsfrage stattgefunden hat. Schon damals signalisierte eine beachtliche Zahl von Bischöfen ihre Bereitschaft zur Änderung der jahrhundertealten Tradition. Bischof *John W. Gran* von Oslo äußerte als einstimmigen Wunsch der Nordischen Bischofskonferenz die Zulassung verheirateter Männer zur Priesterweihe. „Ein eigentlicher Kampf um den Zölibat hat auf der Synode nicht stattgefunden", kommentiert Hans Urs von Balthasar die Diskussionsbeiträge in diesem heiklen Punkt. „Sein

Wert wurde nicht in Frage gestellt, nur seine unbeschränkte Geltung in der westlichen Kirche."[20] Für die Möglichkeit, daß in pastoralen Notsituationen auch verheiratete Männer reifen Alters und erprobten Lebens zu Priestern geweiht werden dürften, votierte fast die Mehrheit der Stimmberechtigten (vgl. S. 55 f.).

Wegen dieser Entscheidung blieben dann auch den deutschen Bischöfen bei der *Gemeinsamen Synode der Bistümer in der Bundesrepublik Deutschland* (Würzburg 1972–1975) die Hände gebunden. Trotzdem gab der Münsteraner Bischof *Heinrich Tenhumberg* im Namen der Deutschen Bischofskonferenz am 25. Mai 1974 zu einem mutigen Vorstoß der Synodalen diese vielsagende Erklärung ab: „Wenn Gottes Wille dann in der Kirche eine Situation schafft oder durch menschliche Mitarbeit oder auch menschliches Versagen entstehen läßt, die seinen Willen darin deutlich ausdrückt, daß es neben dem Dienst der ehelosen Priester den Dienst verheirateter Priester geben müsse, wenn also etwa die pastorale Not in einem solchen Ausmaß anwachsen würde, daß diese Lösung nahegelegt ist, wird kein Bischof sich über den durch die Situation deutlich ausgesprochenen Willen Gottes stellen wollen. Keiner von uns ist fixiert auf seine eigene Einsicht und sein eigenes Wollen."[21] Denselben Ernst verrät ein Beschluß derselben Synode über die pastoralen Dienste in der Gemeinde: „Es wird allgemein anerkannt, daß außerordentliche pastorale Notsituationen die Weihe von in Ehe und Beruf bewährten Männern erfordern können."[22] Jahre später machte der Mainzer Weihbischof *Josef Maria Reuss*, der als Regens des Priesterseminars die Zölibatsproblematik deutlich kennengelernt hatte, diesen konkreten Vorschlag: Priesterlose Gemeinden benennen dem Bischof einen in Familie und Beruf bewährten Mann, der dann nach entsprechender Vorbereitung die Priesterweihe erhält.

Einen viel beachteten Vorstoß starteten am 16. Dezember 1991 die Pastoraltheologen *Ottmar Fuchs* (Bamberg), *Norbert Greinacher* (Tübingen), *Leo Karrer* (Fribourg), *Norbert Mette* (Paderborn) und *Hermann Steinkamp* (Münster). In einer Erklärung „Zur Krise der Seelsorge aufgrund des Priestermangels" rufen sie die Verantwortlichen zu weltweiten Reformen auf. Sie fordern nicht nur die Priesterweihe für in der Ehe bewährte Männer, sondern „mittel- und langfristig die Aufhebung des Pflichtzölibats als verpflichtende Zutrittsbedingung für die Priesterweihe, die Ordination von Frauen und eine entschiedene Förderung und Begleitung der Gemeinden zur eigenständigen und differenzierten Wahrnehmung ihrer Verantwortung für ihre Heilssendung an dem Ort, an dem sie tätig sind."[23] Abt *Martin Felhofer* vom Prämonstratenserstift Schlägl in Oberösterreich bekannte sich zu der „Vision", daß es in der römisch-katholischen Kirche sowohl ehelos lebende Ordensmänner als auch verheiratete Priester geben sollte.

In letzter Zeit treten immer mehr Bischöfe mit vorsichtiger Kritik an der uneingeschränkten Fortdauer der priesterlichen Verpflichtung zur Ehelosigkeit hervor. In Deutschland erweist sich der Speyerer Weihbischof *Ernst Gutting* als entschiedener Verteidiger der Frauenrechte in der Kirche. Auch den Pflichtzölibat stellt er in Frage. Die Bischöfe *Walter Kasper* (Stuttgart-Rottenburg), *Hermann Josef Spital* (Trier) und *Georg Sterzinsky* (Berlin) ließen in einzelnen Äußerungen anklingen, daß verheiratete Priester in der Kirche des 3. Jahrtausends durchaus vorstellbar sein könnten. Auch der Hamburger Weihbischof *Hans Jochen Jaschke* schloß, nach der Wahl der Pröpstin Jepsen zur Bischöfin der Nordelbischen Landeskirche auf die Zölibatsfrage angesprochen, eine baldige Änderung des allgemeinen Zölibatsgesetzes nicht aus.

Auch in anderen Ländern, namentlich in Südamerika, meldeten sich Bischöfe zu Wort, um beim Papst auf die Erlaubnis zur Weihe verheirateter Kandidaten zu dringen. Bischof *Anton Hänggi* von Basel gab bei der Synode seines Bistums im Jahre 1975 dieses eindeutige Votum ab: „Meine Stellungnahme in der Zölibatsfrage ist auch in Rom nicht unbekannt. Ich habe diese auch den Theologiestudenten unseres Bistums mitgeteilt. Ich gehe davon aus, daß Freisein für die Kirche ein Charisma ist. Wir dürfen darauf nicht verzichten. Andererseits gibt es keine wesentliche Verkoppelung von Priestertum und Zölibat. Das Kirchengesetz als in diesem Punkte menschliches muß in der Frage des Zölibates geändert werden. Ein erster Schritt ist die Weihe der ‚viri probati'. Ich habe mich bisher ohne Erfolg für diese Lösung eingesetzt und hoffe, daß dieser Schritt bald getan wird."[24] Kardinal *Michele Pellegrino* von Turin machte sich im Vatikan noch mehr unbeliebt, als er in einem Interview mit der Zeitschrift „Il Regno" auf das Dilemma verwies, „entweder um jeden Preis die bestehende Verpflichtung zum Zölibat aufrechtzuerhalten und damit auf eine umfassende Evangelisierung zu verzichten oder aber die volle Evangelisierung zu fordern, die nach der Eucharistie verlangt, und folglich die bestehende kirchliche Gesetzgebung zu ändern."[25]

Besonders prekär ist die Lage des Klerus in den süd- und mittelamerikanischen Ländern. Wegen des erschreckend hohen Priestermangels dringt der Franziskaner *Adriano Hypolito*, Bischof von Nova Iguaçu (Brasilien), schon seit Jahren auf die Weihe sogenannter viri probati. Bei einer internationalen Missionstagung in Innsbruck (1982) wagte er sich bisher am weitesten vor, wenn er nicht nur die Weihe bewährter Ehemänner zu Priestern, sondern ebenso die Weihe bewährter Ehefrauen zu Priesterinnen forderte, um das Überleben der Kirche in Brasilien zu sichern. Die Bischöfe Indonesiens konfrontierten die vatikanischen Behörden anläßlich ihres Ad-limina-Besuches in Rom (1980) ebenfalls mit dem nach ihrer Meinung durch das Zölibatsgesetz verschuldeten Mangel an Seelsorgern. Kardinal *Justinus Darmojunwono* von Semarang warf Vertretern der Römischen Kurie vor, daß sie die Lage in manchen Teilen der Weltkirche nicht gründlich genug kännten. In Indonesien, so konstatierte der Kardinal, gebe es, wenn man allen Gläubigen die regelmäßige Teilnahme an der sonntäglichen Eucharistie ermöglichen wolle, keinen anderen Weg als Verzicht auf den Priesterzölibat. Mit demselben Anliegen wandte sich Erzbischof *Rembert Weakland* von Milwaukee (USA) an den Apostolischen Stuhl in Rom. Zumindest bei extremer Notwendigkeit und unter sehr beschränkten Umständen sollten verheiratete Männer ordiniert werden dürfen. Die Weihe von Frauen hält der Erzbischof für eine der am meisten diskutierten Fragen in seiner Diözese. Viele Menschen hätten schon ihren Ärger und ihre Frustration zum Ausdruck gebracht, weil dieses Problem in der Kirche nicht offen und ehrlich angesprochen werde. Nachdem der Erzbischof solche Überlegungen und entsprechende Vorschläge in einem Hirtenbrief (1991) vorgebracht hatte, traf ihn aus dem Vatikan eine offizielle Zurechtweisung.

Es ist immer noch eine zu kleine Zahl von Bischöfen, die dem Papst in der Zölibatsfrage, die längst schon zu einer vordringlichen Seelsorgsfrage geworden ist, ins Angesicht hinein zu widerstehen wagt. Wenn im Weltepiskopat heute vermutlich noch eine Mehrheit gegen die Priesterehe eingestellt ist, erklärt sich dies leicht daraus, daß für die Bischofsernennung, die allein in Händen des Papstes liegt, stets nur solche Kandidaten in Betracht kommen, die sich für die Fortdauer des allgemeinen Zölibatsgesetzes einsetzen.

Umfragen im Klerus ergeben schon seit langem ein anderes Bild. Obwohl die Resultate nach Altersgruppen differieren, steht doch fest, daß die überwiegende Mehrzahl der Geistlichen für eine Änderung des Gesetzes eintritt. Dies gilt, wie kaum anders zu erwarten, noch mehr für die Alumnen der Priesterseminare. Hier steht eine verschwindende Minderheit, die am Zölibatsgesetz festhält, einer großen Mehrheit gegenüber, welche die freie Entscheidung zwischen Ehe und Ehelosigkeit für unerläßlich hält.

Im Kirchenvolk ist die Frage längst schon entschieden. Für die meisten Laien bedeutet der verheiratete Priester überhaupt keine Schwierigkeit. Die jüngste Initiative in Deutschland ist als „Aktion Herdenbrief" (1991) bekannt. In diesem offenen Brief wird unter Berufung auf die Bibel und die Tradition des 1. Jahrhunderts die umgehende Aufhebung des Zölibatsgesetzes gefordert. Wörtlich heißt es: „Das Festhalten am Zölibatsgesetz erscheint je länger je fragwürdiger. Wir sind Zeugen einer pastoralen Notlage, die mit jedem Tag zunimmt. Immer mehr Gemeinden können keine Eucharistie feiern. Trotz dieser Härten erkennen wir im Priestermangel aber auch die Führung des Heiligen Geistes. Der Mangel an Priestern gereicht der Katholischen Kirche zum Wohle, damit sie zur gesamten apostolischen Tradition zurückfinden kann. Wir glauben, daß der Heilige Geist die Zeit für die Änderung des Zölibatsgesetzes zur Reife geführt hat, um uns an der Schwelle einer neuen Evangelisierung mit neuen Möglichkeiten und Kräften in deren Verkündigung und Liturgie zu beschenken."[26] Obwohl die angestrebte Zahl von 1 Million Unterschriften bei weitem noch nicht erreicht war, wurde diese schriftliche Petition um Aufhebung des Zölibatsgesetzes mit ungefähr 80 000 Unterschriften aus deutschsprachigen Ländern an den Papst und an die Bischöfe in aller Welt geschickt.

In Österreich sprachen sich bei der jüngsten Meinungsumfrage unter Katholiken rund 90 Prozent für die Abschaffung des Zölibatsgesetzes aus. Nicht verwunderlich ist es freilich, daß die über Sechzigjährigen den prozentual stärksten Anteil der Befürworter dieses Gesetzes ausmachten.

Nicht viel anders verhält es sich mit der Einstellung des Kirchenvolkes in den für besonders treukatholisch gehaltenen Ländern Spanien und Irland. Nachdem die Skandalgeschichte des irischen Bischofs *Eamonn Casey* (vgl. S. 161) bekannt geworden war, ließ die Dubliner Sonntagszeitung „Sunday Press" eine Umfrage zum Zölibatsgesetz durchführen. Überraschenderweise stimmten 70 Prozent der irischen Bevölkerung für die Möglichkeit der Priesterehe. Auf die Zusatzfrage, ob auch Frauen zum Priesteramt zugelassen werden sollten, antworteten 61 Prozent mit Ja.

An Schriften gegen die Verpflichtung der Priester zur Ehelosigkeit fehlte es zu keiner Zeit. In einer Bibliographie, die Bischof *Augustin von Roskovány* von Neutra († 1892), ein eifriger Sammler kirchenhistorischer Quellen (Papsttum, Brevier, Zölibat), zum Thema Zölibat zusammengestellt hat, finden sich bis zum Jahr 1880 die Titel von ungefähr 7000 Schriften zum Zölibatsgesetz, wobei sich Befürworter und Gegner zahlenmäßig die Waage halten.

Lang ist die Liste der Argumente – sie reichen von bibeltheologischen Gründen bis zu rein menschlichen Erwägungen –, die Gegner des Zölibatsgesetzes im Laufe von Jahrhunderten vorgebracht haben. In der vor 25 Jahren veröffentlichten Enzyklika „Sacerdotalis caelibatus" *Pauls VI.* geschah es zum ersten Mal, daß ein Papst den Zölibat der Priester nicht nur ausführlich verteidigt, sondern auch die am häufigsten genannten Einwände in aller Kürze „wohlwollend" aufzählt: 1. Das Neue Testament fordert nicht den Zölibat für die Diener Gottes, sondern empfiehlt ihn nur als eine frei gegebene Antwort auf ein Charisma Gottes. Außerdem machte Jesus die Wahl der Apostel ebenso wenig von der Ehelosigkeit abhängig wie die Apostel die Bestellung der Gemeindevorsteher. – 2. Die Kirchenschriftsteller und Kirchenväter ließen sich bei ihren Ansichten über die Beziehung zwischen der Berufung zum Priestertum und der gottgeweihten Jungfräulichkeit von unserer heutigen Zeit fremden Vorstellungen oder Gegebenheiten (kultische Reinheit, negative Beurteilung der sexuellen Lust) leiten. – 3. Das Charisma der göttlichen Berufung zum Priestertum wird faktisch gleichgesetzt mit dem Charisma der vollkommenen Keuschheit. – 4. Die Beibehaltung des Zölibats trägt Schuld an dem Priestermangel. – 5. Zu den Schattenseiten des Zölibats gehören Untreue, Verwirrung und Abfall. – 6. Der Zölibat vergewaltigt die Natur des Menschen, verhindert das Gleichgewicht und die Reifung der menschlichen Persönlichkeit und treibt den Menschen in Verbitterung und Niedergeschlagenheit. – 7. Die Ausbildung der Priesterkandidaten ist unzulässig; sie verhindert vor allem ihre Freiheitsentwicklung, so daß sie sich auch nicht wirklich frei für den Zölibat entscheiden können.

Diesen Beweggründen – und weiteren, die noch angeführt werden könnten – stellt Paul VI. dann die christologische, ekklesiologische und eschatologische Bedeutung des Zölibats gegenüber, wie wir sie im Kapitel über die Motivierung des Gesetzes bereits kennengelernt haben. Der Papst konnte sich bekanntlich zu keiner Änderung des bestehenden Gesetzes entschließen. Und wie er in der Priesterfrage für die Fortdauer der Tradition eintrat, so verteidigte er die Tradition auch in dem Punkt, daß Frauen, gleichgültig, ob ledig oder verheiratet, von der Weihe zu Priesterinnen ausgeschlossen bleiben.

Gewiß besteht ein enger Zusammenhang zwischen Zölibatsgesetz und Ausschluß der Frau von der Ordination. Die Frau ist hier insofern als Dreh- und Angelpunkt anzusehen, als mit ihrer Zulassung als Priesterin auch die letzte Stunde des Zölibatsgesetzes für Männer geschlagen hätte.

Seit Bestehen des Zölibatsgesetzes, für das kein göttliches Gebot geltend gemacht werden kann, kam es „immer wieder zu grundsätzlichen Kontroversen über Sinn und Aufgabe, über Berechtigung und Möglichkeit einer gesetzlichen Regelung des Priesterzölibates. Sie wurden keineswegs immer nur von abständigen Katholiken oder gar von Kirchenfeinden, wie man oft unterschoben hat, leichtfertig vom Zaune gebrochen, sondern traten in der Kirche selbst auf. Solche Diskussionen sind gewiß nicht zu verurteilen. Sie dienen der Bewußtseinsklärung, wenn sie mit allem Ernst geführt werden, und sind um des Ideals selbst willen nötig". [27]

V. Verwirklichung des Zölibatsgesetzes

Das Jahr 1139 wird bis heute häufig als das entscheidende Jahr für die Zölibatsgesetzgebung angesehen, obwohl es in Wirklichkeit keine wesentliche Veränderung gebracht hat. Die Priester durften bis dahin zwar vor der Weihe verheiratet sein, aber nach der Weihe nicht wie Verheiratete leben. Weil jedoch eine jahrhundertelange Erfahrung lehrte, daß die Vorstellung von einem sexuell total enthaltsamen Eheleben der Geistlichen realitätsfremd ist, verfolgten Päpste vom 11. Jahrhundert an als vordringliches Reformziel einen unverheirateten Klerus. Sie hofften, auf diesem Weg die Erfüllung der alten Enthaltsamkeitsvorschrift leichter zu machen. Daß sie dabei der neuen Utopie, völlige Keuschheit sei für den Priester eine Leichtigkeit, anheimfielen, sollte die Zukunft deutlich zeigen.

Ein entscheidendes Datum stellt das Jahr 1139 doch dar, weil die Ehe, die ein Priester nach seiner Weihe schließt, von jetzt an kirchenrechtlich ungültig ist, ausgenommen der Fall, daß eine Befreiung (Dispens) vom Zölibatsgesetz vorliegt. Diese Dispens wurde und wird heute, nach einer großzügigeren Praxis unter Papst Paul VI. (1963–1978), wieder nur in Ausnahmefällen gewährt. Nach dem „Annuarium statisticum ecclesiae" sind im Jahr 1989 insgesamt 583 Priester offiziell aus dem Amt geschieden.

Klagen und Beschwerden wegen Verletzung der Enthaltsamkeitspflicht verstummten zu keiner Zeit. Genaue Angaben sind freilich nicht zu machen, da es sich um ganz private Verhältnisse handelt, die heute noch zu Recht mit dem Schleier des Tabu umgeben werden. Allein aus der Tatsache des Verheiratetseins ließ sich bis 1139 noch keine Anklage erheben, da die Priester rechtmäßige Ehemänner sein konnten, wenn sie vor der Weihe geheiratet hatten. Die meisten Kleriker waren wohl auch verheiratet.

Ob sie aber auch eine enthaltsame Ehe führten, wie es die Kirchenobrigkeit von ihnen erwartete, blieb in den meisten Fällen unkontrollierbar. Erst wenn sich Nachkommenschaft einstellte, bestand an einem Verstoß gegen die dauernde Enthaltsamkeit kein Zweifel mehr. Dann kamen auch die vorgesehenen Strafmaßnahmen zur Anwendung.

Um sündhafte Verhältnisse gering zu halten, verboten die Bischöfe schon frühzeitig, daß Priester mit suspekten Frauen zusammenlebten. Zu diesen zählten alle Frauen außer der Mutter, Schwester und Tante des Priesters. Doch das gemeinsame Leben von Geistlichen mit verbotenen Frauen nahm zu manchen Zeiten ein solches Ausmaß an, daß die Bischöfe mit verzweifeltem Unmut reagierten. Darüber hinaus unterhielten viele Priester unerlaubte Verbindungen, ohne daß sie mit diesen Frauen unter einem Dach lebten. Zu den schlimmsten Vergehen gehörte es, wenn ein Priester nach der Weihe heimlich heiratete, um nicht aus dem Kirchendienst scheiden zu müssen.

Wie das Leben der Priester im Frankenreich des 8. Jahrhunderts beschaffen war, wußte keiner besser zu beurteilen als der aus England stammende Benediktiner und Missionar *Winfried Bonifatius* († 754), dem Papst Gregor II. im Jahre 722 die Vollmachten eines Bischofs für das gesamte fränkische Missionsgebiet übertrug. Zahlreichen Schreiben des Bonifatius an Päpste ist zu entnehmen, daß es unwürdige und ehebrecherische Priester en masse gab. Selbst manche Übertreibung eingerechnet, bietet sein erstes Schreiben an Papst Zacharias noch ein düsteres Bild von den vorgefundenen Zuständen: „Wenn ich unter diesen sogenannten Diakonen Leute finde, die seit ihrer Kindheit immer in Unzucht, immer im Ehebruch und immer in allerlei Schmutzereien gelebt haben und mit solchem Zeugnis zum Diakonat gelangt sind und jetzt im Diakonat vier oder fünf oder noch mehr Beischläferinnen im Bett haben und dennoch sich nicht schämen oder fürchten, das Evangelium zu verlesen und sich Diakon zu nennen, wenn sie dann in solchem Unflat zur Priesterweihe gelangen und hier in den gleichen Sünden weitermachen und eine Sünde an die andere reihen und behaupten, daß sie in Erfüllung ihres priesterlichen Amtes für ihre Gemeinde Fürbitte einlegen und das heilige Opfer darbringen können, wenn sie endlich, was das Schlimmste ist, mit solchen Zeugnissen die einzelnen Weihegrade durchlaufen und zu Bischöfen geweiht werden und diesen Namen führen, dann will ich eine Anweisung und Entscheidung von Eurer Machtfülle haben, was Ihr über solche bestimmt, damit sie durch den apostolischen Bescheid als Sünder überführt und angeklagt werden."[1] Der Papst zeigte sich erbost über die Mißstände und lobte Bonifatius, weil er die schuldigen Kleriker entsprechend der kirchlichen Vorschrift bestraft „und in Gewahrsam gebracht und sie sehr richtig als Diener und Vorläufer des Antichrist bezeichnet" habe[2].

Die Verhältnisse besserten sich in den folgenden Jahrhunderten trotz Reformbemühungen einzelner Bischöfe nicht, sie scheinen sich eher noch verschlechtert zu haben. Der Kanonist Alphons M. Stickler konstatiert allgemein: „Ein schwerer Rückgang in der Befolgung der Enthaltsamkeit der Kleriker zeigte sich von der Mitte des 9. Jahrhunderts an und das ganze 10. Jahrhundert hindurch."[3] Bei einer gerechten Beurteilung sollten wir freilich nicht vergessen, daß zwar der Konkubinat eines Mönchs und Bischofs im allgemeinen als skandalös angesehen wurde, nicht aber die Ehe des Landpriesters. Vermutlich war die Zölibatsidee für diese Priester selbst wie auch für ihre Pfarrkinder einfach zu hoch, um in ihrem theologischen Sinn verstanden zu werden.

Unter dem Pontifikat Papst Benedikts VIII. (1012–1024) ereignete sich ein für die Situation unter Bischöfen aufschlußreicher Zwischenfall. Umgeben von Beratern und seiner Ehefrau Alberga vernimmt Bischof *Hildebrand von Florenz* einen Bericht des reformeifrigen Abtes Guarinus, dessen Kloster wenige Kilometer von Florenz entfernt liegt. Als der Bischof keine rechte Antwort weiß, eilt ihm seine Gattin zu Hilfe: „Herr Abt, betreffs der Sache, die Du forderst, ist mein Herr noch nicht beraten; er wird mit seinen Getreuen sprechen und Dir bekanntgeben, welches sein Belieben ist." Wutentbrannt entgegnet der Abt: „Du verfluchte Jezabel, wie wagst Du nur im Bewußtsein Deines Verbrechens hier vor der Versammlung der ‚boni homines' und der Geistlichkeit zu reden? Lebendig verdienst Du verbrannt zu werden, weil Du das Gebilde Gottes, Gottes Priester, zu beflecken gewagt hast."[4] Da der Abt die Rache der Frau fürchtete, suchte er beim Papst Schutz und fand ihn auch.

Nach dem 10. Jahrhundert, das speziell für das Papsttum ein „saeculum obscurum" war, nahmen Päpste, die meist einem religiösen Orden angehört hatten, die immer dringlicher gewordene Reform des Klerus energisch in die Hand. Namentlich *Gregor VII.* beklagte die Unenthaltsamkeit vieler Kleriker. Abhilfe versprach er sich vor allem davon, daß die Priester getrennt von ihren Ehefrauen und Kindern lebten. Aus diesem Grund erstrebte man jetzt, wie schon im 9. Jahrhundert, ein gemeinsames Leben (vita communis) der Kleriker, die dann, wenn sie nach einer bestimmten Regel (canon) lebten, Kanoniker genannt wurden.

Verstöße interessierten meist nur, wenn es sich um prominente Geistliche oder um besondere Umstände handelte. Dies gilt für das Liebesverhältnis zwischen dem großen Philosophen und Theologen *Abaelard* († 1142) und seiner Schülerin *Héloise*. Nachdem Héloises Onkel Fulbert, Domkanoniker in Paris, von deren heimlicher Ehe und der Geburt ihres Kindes gehört hatte, ließ er Abaelard überfallen und entmannen. Zur Buße für ihr Vergehen traten beide in ein Kloster ein: Abaelard in St. Denis und Héloise in Argenteuil.

Nachdem das 2. Laterankonzil (1139) die Priesterehe prinzipiell abgeschafft hatte, dauerte es nach Ländern noch unterschiedlich lange, bis das strenge Zölibatsgesetz überall bekanntgemacht und einigermaßen eingehalten wurde. An die Stelle der Ehe trat jetzt das Konkubinat, wenn Priester nicht verwandte Frauen ins Haus aufnahmen und mit ihnen geschlechtlich verkehrten. Kaum eine Synode verging, ohne daß dieses verbotene Zusammenleben beanstandet worden wäre. Die schuldigen Geistlichen dachten aber wenig an Umkehr, sondern suchten zuallererst den drohenden Strafen zu entkommen.

Nicht alle Päpste und Bischöfe nahmen es in dieser Hinsicht ernst. Zu den Kuriositäten gehört es, daß Geistliche sich vom Zölibatsgesetz loskaufen konnten. Im spanischen Burgos wurde 1243 eine größere Zahl im Konkubinat lebender Kleriker von dieser Verfehlung absolviert, weil sie an den päpstlichen Fonds für das Heilige Land eine Abgabe in Höhe jener Summe entrichteten, die sie für ihre Reise nach Rom zur Erlangung der Absolution hätten aufwenden müssen. Und *Innocenz VI.* nahm 1251 die bei den Synoden von Valladolid und Leuda verkündeten Strafandrohungen der Exkommunikation und Suspension zurück, nachdem der spanische Kurienkardinal Gli Torres vom Legaten de Abbeville gehört hatte, daß die dortigen Geistlichen sich um die Zölibatsdekrete überhaupt nicht kümmerten. Die konkubinarischen Geistlichen mußten aber auf Weisung des Papstes Geldstrafen hinnehmen, deren Höhe im Ermessen der Bischöfe lag.

Laien waren oft die ersten, welche die Geistlichen dazu drängten, eine Frau zu nehmen. Sie taten dies, weil sie meinten, auf diese Weise ihre eigenen Ehefrauen vor der Verführung durch Kleriker am besten schützen zu können. Diese im Volk bestehende Ansicht kam sogar bei der Synode von Valladolid (1322) zur Sprache. Kein Wunder, daß die Gläubigen die Heirat eines Priesters als eine ganz normale Sache betrachteten. Aus dem Brief eines Jesuiten vom Jahr 1558 wissen wir, daß Priester noch zu dieser Zeit öffentlich heirateten, ja, daß die Eltern die junge Braut in Prozession zum Priester-Bräutigam geleiteten. Erst das Konzil von Trient forderte in einem Dekret von 1563 die kirchliche Trauung zur Gültigkeit einer ehelichen Verbindung.

Kirchliche Obrigkeiten blieben freilich im allgemeinen darauf bedacht, die Zölibatsvorschrift mit den bei Verstößen drohenden Strafen immer wieder einzuschärfen. Kardinal *Guido* reiste im 13. Jahrhundert als päpstlicher Legat durch deutsche Lande, um vor allem für die Erneuerung des priesterlichen Lebens zu sorgen. Was aber, wenn ein Bischof wie Heinrich von Lüttich selbst ein höchst skandalöses Leben führte? Der gut unterrichtete Papst Gregor X. (1271–1276) hielt ihm in einem Mahnschreiben gleich mehrere Vergehen vor: „Wir haben erfahren, daß du Simonie, Unzucht und andere Verbrechen treibst und dich ganz und gar der Wollust und den fleischlichen Begierden hingibst, so daß du schon vor deiner Erhebung zum Bischof wie auch noch danach zahlreiche Söhne und Töchter gezeugt hast."[5] Das 2. Konzil von Lyon (1275) setzte den Lütticher Bischof schließlich ab.

Von Mystikern erwartet man gewöhnlich nicht, daß sie als Kritiker kirchlicher Zustände hervortreten. Doch die als Begine in

Magdeburg lebende *Mechtild* († 1282 oder 1294), deren Offenbarungen später unter dem Titel „Das Fließende Licht der Gottheit" publiziert wurden, wurde zu einer unbequemen Mahnerin. Mit schonungsloser Härte prangerte sie die skandalösen Verhältnisse im Welt- und Ordensklerus an. Es zeugt für ihren Realitätssinn, wenn sie inmitten frommer Betrachtungen feststellt: „Wer den Höllenweg nicht weiß, der sieht an der verdorbenen (verböseten) Pfaffheit, wie recht ihr Weg zu der Hölle geht, mit Weibern und mit Kindern und mit andern offenbaren Sünden."[6] Solche kritischen Worte, die ihr der Klerus übelnahm, bewogen sie vermutlich, die letzten Jahre ihres Lebens unangefochten im Kloster Helfta zu verbringen.

Kanones von Synoden und Protokolle von Visitationen ermöglichen uns eine ziemlich zuverlässige Vorstellung von den tatsächlichen Zuständen des Klerus am Ende des Mittelalters und zu Beginn der Neuzeit. Das unerlaubte Zusammenleben mit Frauen gehörte zu den am meisten beanstandeten Übeln. Bischof *Stephan von Brandenburg* versuchte bei der Synode im Jahre 1435, die Disziplin seiner Priester zu verbessern. Doch zu seinem großen Kummer mußte er hören, „daß leider gar viele Beischläferinnen halten und auch offenbar Hurerei treiben, durch welche Lebensart viele, nicht nur gemeine Leute, sondern auch Fürsten und Große geärgert werden. Und diese Priester haben eine solche Hurenstirn, daß sie es für eine Kleinigkeit halten, Unzucht und Ehebruch zu begehen. Denn wenn, aus Schwachheit des Fleisches, ihre Köchinnen und Mädchen von ihnen, oder vielleicht von anderen, geschwängert sind, so leugnen sie die Sünde nicht ab, sondern achten es sich zur hohen Ehre, die Väter aus so verdammlichem Beischlafe erzeugter Kinder zu sein. Ja, sie laden die benachbarten Geistlichen und Laien beiderlei Geschlechts zu Gevattern ein und stellen große Festlichkeiten und Freudengelage über die Geburt solcher Kinder an. ... Was noch scheußlicher ist, wenn sie dergleichen Bastarde aus Christi Besitztum zu mannbarem Alter aufgezogen haben, verheiraten sie sie untereinander, so daß der Sohn dieses Priesters die Tochter jenes Priesters zum Weibe nimmt."[7] Der Bischof bedauerte schließlich, daß die zuständigen Oberen zu saumselig seien und somit das schlechte Leben der Geistlichen noch begünstigten. Verhängnisvoll mußte es sich auswirken, wenn Bischöfe selbst gegen die Forderung der Enthaltsamkeit verstießen oder sich damit zufrieden gaben, daß die schuldigen Geistlichen für jedes neugeborene Kind eine Geldstrafe zahlten.

Unter den Gläubigen verbreitete sich immer mehr die Ansicht, jeder konkubinarische Priester lebe in Todsünde und könne daher auch die Sakramente nicht gültig spenden. Um diese Befürchtung aus der Welt zu schaffen, hielt manche Synode eine Klarstellung für notwendig, wie sie z. B. die *Synode von Eichstätt (1447)*, bei der ungefähr 700 Geistliche anwesend waren, traf: „Wer öffentlich behauptet oder geheim sagt, glaubt und dafür hält, daß ein Priester, der sich in einer Todsünde befindet, nicht den Leib Christi hervorbringen oder seine Untergebenen nicht von Sünden lossprechen könne, soll für einen Ketzer und Ungläubigen gehalten werden. Wie sehr auch immer ein Priester verunreinigt sein mag, er kann das Göttliche nicht verunreinigen."[8]

Jean Gerson, Theologieprofessor an der Sorbonne in Paris, tröstete sich angesichts der ärgerlichen Zustände mit dem Gedanken, daß es „das kleinere Übel sei, unenthaltsame Kleriker zu dulden, als überhaupt keine Priester zu haben."[9]

Es wurde schon darauf hingewiesen, daß die moralischen Mißstände der Kirche, insbesondere in den Reihen des Klerus, das Schicksal der lutherischen Reformation erheblich mitbestimmt haben. Tatsächlich findet sich im 15. und 16. Jahrhundert kaum ein Papst, der nicht eine Mätresse und eigene Kinder gehabt hätte. Am bekanntesten ist hier der aus dem spanischen Adelsgeschlecht der Borgia stammende Papst *Alexander VI.* (1492–1503), unter dessen zehn Kindern (von verschiedenen Frauen) sein Sohn Cesare und seine Tochter Lukrezia besonders berüchtigt sind. Alessandro Farnese, der Bruder von Alexanders VI. Geliebten Giulia Orsini, verdankte diesem Papst die Erhebung zum Kardinal (mit 26 Jahren) und die Ernennung zum Bischof. Und obwohl Bischof Farnese mehrere illegitime Kinder besaß – sein Enkel Ottavio heiratete Kaiser Karls V. uneheliche Tochter Margareta; ein anderer Enkel mit Namen Ranuccio erlangte vom päpstlichen Großvater den Kardinalshut –, wurde er 1534 zum Papst gewählt und regierte als *Paul III.* (1534–1549). An eine Aufhebung des Zölibatsgesetzes dachten freilich beide so wenig wie andere Päpste und Bischöfe, die dieses Gesetz in ihrem persönlichen Leben gröblich mißachteten.

Der Lütticher Fürstbischof *Eberhard von der Marck* schickte 1516 seinen Sekretär Hieronymus Aleander, den späteren Präfekten der Vatikanischen Bibliothek, nach Rom mit einem Memorandum, aus dem eindeutig hervorging, daß die meisten Kanoniker im Widerspruch zu ihrem gemeinsamen Leben öffentlich „Köchinnen" bei sich hatten und ihre Nachkommen, die untereinander heirateten, bei ihnen wohnten, und zwar „zur Schande für das Ansehen der Kirche"[10]. Dieselbe Meinung äußerte *Erasmus von Rotterdam* 1523 in einem seiner Briefe an den Baseler Bischof Christoph von Utenheim: „Was für eine große Zahl von Priestern nährt sich in den Klöstern und Kollegien? Und außer diesen gibt es überall noch eine ungezählte Menge von Weltpriestern. Und wie selten findet man unter ihnen einen, der keusch lebt. Ich rede von solchen, die sich Konkubinen anstatt Ehefrauen halten. In die Geheimnisse verdeckter Wollüste will ich mich jetzt nicht einlassen. Ich spreche nur von dem, was allgemein ganz bekannt ist."[11]

Die erste Priesterehe in Augsburg (1523) wollte der Rat der Stadt verhindern, doch 32 angesehene Bürger ermöglichten es, daß der aus Basel geflüchtete *Jakob Griessbuttel* in einer Gaststätte öffentlich heiraten konnte. Luther selbst tröstete die wegen Unterstützung dieser Heirat bestraften Bürger mit dem Gedanken, auch solches Leid müsse als Wille Gottes getragen werden. 1525 traute der Augsburger Domprediger *Urbanus Rhegius* (Rieger), selbst unehelicher Sohn eines Priesters, den Karmelitenprior *Johann Frosch* und heiratete kurz darauf selbst. Solche Vorkommnisse ereigneten sich zuhauf.

In Deutschland war es kein Geheimnis, daß *Albrecht von Brandenburg* († 1545), seit 1513 Erzbischof von Magdeburg und Administrator des Bistums Halberstadt, im folgenden Jahr auch noch Erzbischof von Mainz und damit Erzkanzler des Deutschen Reiches und Primas der Kirche in Deutschland, 1518 zum Kardinal erhoben, die junge Witwe *Agnes Pless* zur Mätresse hatte. Zwei Jahre nach dem Tod ihres Kardinals heiratete sie ein zweites Mal und wurde noch kurz vor ihrem Tod lutherisch. Wie hätte ein solcher Kirchenfürst die so dringend nötige Erneuerung der Kirche auf fast allen Gebieten durchführen können, wenn er selbst das Luxusleben eines Fürsten führte? Der Römischen Kurie gegenüber erklärte Albrecht freilich seine grundsätzliche Bereitschaft zur Reform. Er wisse aber genau, entschuldigte er sein Unvermögen in dieser Sache, daß „alle seine Priester Concubinarier" seien und, falls man ihnen ihre Konkubinen wegnehme, „entweder Lutheraner werden oder Weiber verlangen" würden. [12]

Ein Schlaglicht auf die Situation des Klerus in Bayern wirft die Erklärung, die *August Baumgarten* im Auftrag des Herzogs Albrecht von Bayern beim Konzil in Trient abgegeben hat. Die Bischöfe vernahmen mit großem Erstaunen, daß bei den jüngst durchgeführten Visitationen unter hundert Geistlichen nicht drei oder vier zu finden gewesen seien, die ein keusches Leben geführt hätten. Beauftragte des Freisinger Bischofs waren in den Jahren 1558–1560 von Pfarrei zu Pfarrei gezogen, um die kirchlichen Verhältnisse kennenzulernen. Die Seelsorger mußten auch über ihr persönliches Leben Rechenschaft ablegen und deshalb konkrete Fragen beantworten, zum Beispiel, „ob sie Concubinarier oder vermeintliche Ehemänner sind und die Kinder bei ihnen haben? Ob sie sich mit ihren Concubinen oder anderen kopulieren lassen; wann, wo und durch wen das geschehen? Ob sie mit Eheweibern in publico adulterio (in öffentlichem Ehebruch) hausen? Ob sie ihre Concubinen oder Weiber mit ihnen auf die Hochzeiten oder sonst in die Wirtshäuser zu öffentlichen Ladschaften (Einladungen), Badehäusern unverschämt führen? Ob sie Frau Pfarrerin heißen?" [13] Und von den Pfarrangehören wollten die Visitatoren wissen, ob sie die Haushälterin des Pfarrers „Frau Pfarrer" oder bloß „Köchin" nennen. Beim Konzil selbst trat der bayerische Herzog durch seinen Gesandten für die Priesterehe ein; später jedoch, nachdem das Konzil am Zölibatsgesetz unverändert festgehalten hatte, drang auch er auf eine dementsprechende Lebensführung der Geistlichen. Schuldige Priester mußten jetzt beim Geistlichen Gericht in Freising angezeigt werden, damit sie der verdienten Strafe zugeführt werden konnten. Die für die Verletzung des Zölibatsgesetzes erhobenen Strafgelder gingen zur einen Hälfte an das Bischöfliche Gericht und zur anderen an das Landgericht, das sie für gute Zwecke verwenden sollte. *Nikolaus Zellemayr*, seit 1580 Pfarrer von Oberhachingen (Diözese Freising), erhoffte sich aufgrund der Tatsache, daß von seinen sechs Kindern drei Söhne, nämlich Georg, Wolfgang und Johann, selbst wieder Priester geworden waren, mildernde Umstände, mußte aber doch die pro Kind vorgesehene Straftaxe in voller Höhe an die Gerichtskasse zahlen. Außer Geldstrafen drohte noch befristeter Freiheitsentzug bei Fasten mit Wasser und Brot.

Papst *Pius V.*, einst gefürchteter Kardinal-Inquisitor der Kirche, gab in einem Breve vom 17. Juni 1566 an den Salzburger Erzbischof zu erkennen, wie genau man in Rom über die deutsche Situation informiert war. Die meisten Inhaber von Pfründen und Dignitäten, wußte der Papst, hätten in aller Öffentlichkeit Konkubinen wie rechtmäßige Ehefrauen. Diese Frauen würden sogar mit dem Titel ihrer geistlichen Ehemänner angesprochen. Er vertrat sogar die These, unmoralische Priester trügen nicht bloß am Erfolg der reformatorischen Häresie, sondern ganz allgemein am Ruin des Volkes ein gerütteltes Maß an Schuld.

Die Lage in den Klöstern war übrigens oft nicht besser, obwohl doch die Mönche und Nonnen sogar ein Keuschheitsgelübde abgelegt hatten. Bei Klostervisitationen zeigte sich, daß die Zahl der Konkubinen und (illegitimen) Ehefrauen bisweilen die Hälfte eines ganzen Konvents ausmachte. An der Spitze des *Benediktinerklosters zu Kempten* standen allein in der 2. Hälfte des 16. Jahrhunderts drei Äbte, die im offensichtlichen Konkubinat lebten. Der 1571 gewählte Abt *Eberhart V. vom Stein* hatte von einer Maurerstochter vier Kinder, die er aus dem Klostervermögen versorgte. Sein Nachfolger als Abt, *Albrecht von Hohenegg*, nannte einen Sohn und drei Töchter sein eigen. Er stand bei seinen Untertanen im Ruf, der größte Hurenbube im weiten Umkreis zu sein. Ihm folgte 1587 *Johann Blaarer von Wartensee*, dem eine Konkubine ebenfalls mehrere Kinder geschenkt hatte. Erst zu Beginn des 17. Jahrhunderts scheint die Mahnung Papst Gregors XV. an den neuen Stiftsabt, er möge das Kloster wieder auf den rechten Weg zurückführen, eine langsame Wende zum Besseren eingeleitet zu haben.

Nach einer Statistik, die auf Visitationen des *Zisterzienserklosters Neuberg* in der Steiermark beruht, lebten dort im Jahre 1575 neben 5 Mönchen eine Ehefrau, drei Konkubinen und zwölf Kinder. Im Jahr 1591 zählte der Konvent außer dem Abt zehn Mönche, die alle Konkubinarier waren. Von Abt Gregor heißt es ausdrücklich, daß er mit seiner Konkubine, die ihm vier Kinder geboren hatte, in aller Öffentlichkeit auftrete. Ein ähnliches Bild ergaben die Visitationen des Jahres 1575 in einigen Benediktinerklöstern. Das *Kloster Admont* zählte 19 Mönche, zwei Ehefrauen und zwölf Kinder; in *St. Lambrecht* waren es neun Mönche, zwei Ehefrauen, vier Konkubinen und sieben Kinder.

Allgemein läßt sich für das 16. Jahrhundert sagen: 10 Prozent der Geistlichen waren nichtehelicher Abkunft und vier Fünftel aller Illegitimen stammten von Priestern ab. Mindestens ein Drittel der Geistlichen lebte im notorischen Konkubinat; die Dunkelziffer dürfte aber beträchtlich höher gelegen sein.

Um Spuren zu verwischen, die für die Verstöße gegen das Zölibatsgesetz zeugen konnten, ergriff die *Synode von Augsburg 1610* eine besonders skurrile Maßnahme. Sie verfügte nämlich, daß alle Grabinschriften, die Kinder von Geistlichen dokumentierten, getilgt werden müßten. Außerdem wurde verboten, daß ein Pfarrer und sein natürlicher Sohn künftig im selben Grab beigesetzt würden. Zu dieser Zeit waren solche Fälle gewiß keine Seltenheit, eher schon die Regel.

Machen wir einen Sprung in das 19. Jahrhundert, um zu hören, was der Subregens des Würzburger Priesterseminars, *Franz Georg Benkert* († 1859), später Regens und Domkapitular, im Jahr 1831 an seinen Freund Pyrker, Erzbischof von Erlau (Ungarn), schreibt: „Die Hurerei nimmt täglich zu! Viele tausend Priester schreien nach Fleisch, – sie, die die hh. Eucharistie täglich verwalten! ... In Freiburg im Breisgau hat das ganze Alumnat eine Bittschrift an den Landtag gerichtet – um Aufhebung des Zölibats!!" Zwei Jahre später, im Brief vom 18. April 1833, malt Regens Benkert ein noch düstereres Bild von den kirchlichen Verhältnissen in ganz Deutschland: „... Die Begehrlichkeit des Fleisches ist allzu rasend im Priesterstand! Die Altäre sind entheiligt, die Domkapiteln ein Knochenwerk ohne frommes Leben ... Der Priesterstand muß reformiert werden durch Gott. Vom Kardinalskollegium bis zum Kapuzinerbruder muß die Zuchtrute appliziert werden. Es gibt überall noch einzelne, gläubige, keusche Priester, aber die meisten Klöster sind Leichname – geistlos, wo nur noch gegessen und getrunken, und mechanisch hantiert wird. Vielleicht aber sind unsere Gegenden mehr verdorben als die dortigen?"[14]. Eine vereinzelte Stimme, gewiß, eine pessimistische noch dazu, – doch wie soll man die gewiß unterschiedlichen Gegebenheiten sonst einfangen?

In früheren Jahrhunderten erkundete die Obrigkeit mitunter peinlich genau, wie es bei den Geistlichen mit der Einhaltung des Zölibatsgesetzes stand. Bei bekannt gewordenen Verstößen scheute man auch vor harten Strafen nicht zurück. Gelegentlich übten sogar Verwandte oder Pfarrangehörige so etwas wie Lynchjustiz. Pfarrer *Jean Mabillon* von Neuville-Day, Onkel des berühmten Maurinerpaters Jean Mabillon († 1707), wurde wegen seines Verhältnisses mit einer Frau tatsächlich von eigenen Angehörigen zu Tode geprügelt.

In neuerer Zeit interessieren sich Bischöfe und ihre Generalvikare für die wirklichen Zustände hinsichtlich der Befolgung des Zölibatsgesetzes nur noch dann, wenn Verfehlungen nicht mehr zu ignorieren sind. In den Fragebögen der Visitationen ist die Frage, ob der Geistliche sein Zölibatsversprechen auch hält, überhaupt nicht mehr vorgesehen. Da ist es schon erstaunlich, daß noch im Jahr 1908 der von Pfarrer Friedrich Wachter zusammengestellte „General-Personal-Schematismus der Erzdiözese Bamberg 1007–1907" erscheinen konnte, worin genaue Daten in puncto Zölibat (geheime Heirat, Konkubinat, Kinder etc.) zu finden sind. Dort liest man z. B. über *Friedrich Bernhard* († 1613): Konkubinarier; seine drei Kinder erlangten Dispens wegen illegitimer Geburt; der Sohn Matthias wurde wieder Priester, die beiden Töchter Anna und Barbara gingen in ein Kloster; Bartholomäus kam als 4. Kind wenige Jahre vor dem Tod des Vaters auf die Welt. *Veit Dockler* († 1602), Pfarrer von Poppendorf, erhielt, als er erblindet war, seinen Sohn Albert als Kaplan. Pfarrer *Matthäus Geuß* († 1632) von Pautzfeld schrieb an das bischöfliche Ordinariat, er habe dem Bistum Bamberg 40 Jahre lang gedient und wolle seine Konkubine, von der er drei Kinder habe und die ihm mehr angelegen sei, als seine Seligkeit, nicht entlassen. Dieser Schematismus ist eine wahre Fundgrube für eine Studie über das Leben der Priester im Bistum Bamberg seit dessen Gründung.

Heute dagegen entstehen Aufsehen und Aufruhr, wenn ein Autor es wagt, tatsächliche Verhältnisse beim Namen zu nennen. Schon vor Jahrzehnten suchte der Münchner Psychologieprofessor *Fritz Leist* († 1974) nach seiner Problemstudie „Zölibat – Gesetz oder Freiheit?" (1968) mittels einer Umfrage etwas Licht in die Zölibatssituation zu bringen. Weil der katholische Verlag die Auslieferung seiner Dokumentation „Der sexuelle Notstand und die Kirchen" (1972), in dem das Kapitel „Von der verschwiegenen Not unter Priestern" enthalten war, zwei Wochen nach Verkaufsbeginn auf kirchlichen Druck einstellen mußte – dasselbe war übrigens schon 1955 mit Crottignis Buch „Werden und Krise des Priesterberufes" geschehen –, wählte Leist für das Buch „Zum Thema Zölibat. Bekenntnisse von Betroffenen" (1973) einen von der katholischen Kirche unabhängigen Verleger. Bei dieser Publikation handelt es sich um erschütternde Lebensberichte von Priestern, die entweder noch im Amt oder bereits verheiratet waren, und von Frauen, die mit Priestern in einer verbotenen Liaison standen. Denselben Zweck verfolgte mehrere Jahre später *Ursula Goldmann-Posch,* Redakteurin bei einer kirchlichen Wochenzeitung, mit ihrem Buch „Unheilige Ehen. Gespräche mit Priesterfrauen" (1985). Es ist deprimierend zu lesen, zu welchem Versteckspiel Priester als heimliche Konkubinarier, Ehemänner und Väter einerseits und als offizielle Seelsorger andererseits gezwungen sind. Letztlich aber wird das Zölibatsgesetz doch auf dem Rücken der beteiligten Frauen ausgetragen. Eine von ihnen beschreibt es so: „Ich habe meine Vorstellungen vom Leben wirklich häufig diesem unsinnigen Gesetz geopfert. Ich habe ein Lebensopfer einer toten Sache gebracht ... ich habe dafür Sorge zu tragen, daß dieses Gesetz, zumindest nach außen, seine Legitimation hat. Ich habe daran gearbeitet. Ich habe daran getragen. Ich habe die Konsequenzen dafür übernommen. Aus diesem Blickwinkel muß ich sagen: *Ich halte den Zölibat.*"[15] Es ist das Bekenntnis einer 40jährigen Psychologin, die schon seit 15 Jahren mit einem Professor der Theologie wie Mann und Frau zusammenlebte. Sie ist Mitglied der „Vereinigung vom Zölibat betroffener Frauen", der schon vor Jahren zweihundert „offizielle" Priesterfrauen angehörten. (Die Schätzung der Dunkelziffer liegt bei 4000 Betroffenen.) Zahlenmäßig stellt sich die Lage dieser Priesterfrauen folgendermaßen dar: Ungefähr 67 Prozent leben in einer ungeklärten Beziehung mit einem Welt- oder Ordenspriester. Über 70 Prozent dieser Frauen sind mit ihrem Priester schon seit zehn Jahren und länger verbunden. Ungefähr 40 Prozent haben Kinder aus diesen Beziehungen. Neuestens machte *Karin Jäckel* mit ihrem Buch „Sag keinem, wer dein Vater ist!" (1992) auf das Schicksal von Priesterkindern aufmerksam. Auch wenn sich die Lage gegenüber früheren Jahrhunderten grundlegend geändert hat, da uneheliche Kinder in der modernen Gesellschaft grundsätzlich nicht mehr geächtet sind und die Kirche deshalb auch ihre Sanktionen für unehelich Geborene aufgegeben hat, herrschen doch ungeahnte seelische Nöte. Daß manche bischöfliche Finanzkammer für Kinder von Priestern, die noch im Amt sind, Alimente zahlt, solange der Name des Vaters nicht preisgegeben wird – Schweigegeld also –, wird nur hinter vorgehaltener Hand geflüstert. Der Bamberger Erzbischof Kredel weist solche Behauptungen als Verleumdung zurück.

Wie eine geistliche Bombe wirkte 1989 das Erscheinen des umfangreichen Buches „Kleriker. Psychogramm eines Ideals" von dem Priester, Theologiedozenten und Psychotherapeuten *Eugen Drewermann.* Auch wenn dieses Opus von Übertreibungen und Verallgemeinerungen nicht frei ist, legt sein Autor doch gerade beim Zölibat der Priester und bei der Keuschheit der Ordensleute die Finger auf viele schwärende Wunden, die man bisher verschämt zugedeckt hat, um dem äußeren Image eines ganzen Berufsstandes keinen allzu großen Schaden zuzufügen.

Ungewöhnlich großes Aufsehen im englischsprachigen Raum erregte der frühere Benediktiner *Richard Sipe,* seit Jahren verheiratet und als Psychotherapeut tätig, mit dem Buch „A Secret World. Sexuality and the Search for Celibacy" (1990). Seine Untersuchung, die sich über 25 Jahre erstreckt, beruht auf Aussagen von ungefähr 500 Priestern im Rahmen einer psychotherapeutischen Behandlung und auf Interviews mit ebenso vielen Priestern anläßlich eines Seminars oder Workshops zum Thema Zölibat. Schockierend wirkt vor allem die Behauptung, die Hälfte aller Priester verstoße auf irgendeine Weise (intime Beziehung zu einer Frau, homosexuelle Aktivität, geschlechtlicher Verkehr mit Minderjährigen) gegen das vor der höheren Weihe abgelegte Zölibatsversprechen. Eine vollständige Verwirklichung der Enthaltsamkeit sieht Sipe nur bei 8 Prozent aller Priester gegeben. Im selben Jahr trat der frühere Dominikaner *David Rice* mit seinem Buch „Shattered Vows. Exodus from the Priesthood" an die Öffentlichkeit. Sein Beweismaterial stützt sich auf 442 Begegnungen und 247 Tonbandinterviews mit Priestern sowie deren Frauen und Kindern.

Im Vatikan freilich will man von derartigen Bestandsaufnahmen und ähnlichem Zahlenmaterial nichts wissen. Erzbischof *Bartolome Carrasco* von Oaxaca (Mexiko) gab bei einem pflichtgemäßen Besuch im Vatikan auf die Frage, wie es mit seinen Priestern in Sachen Keuschheit wirklich stehe, unverblümt zur Antwort, drei Viertel seines Klerus hätten „Probleme mit dem Zölibat". Kurz darauf, im April 1988, stellte ihm die Kongregation für die Bischöfe Hector González Martinez als Erzbischof-Koadjutor „mit besonderen Vollmachten" – diese erstreckten sich vor allem auf „die Disziplin des Klerus und die Überwachung des Diözesan- und Regionalseminars" – in der Leitung des Bistums an die Seite. Erzbischof *Adolfo Suardez Rivera,* Vorsitzender der Mexikanischen Bischofskonferenz, und Erzbischof *Girolamo Prigione,* Vertreter des Papstes in Mexiko, räumten inzwischen ein, daß die Zölibatsverstöße auch in vielen anderen Diözesen ein ernstes Problem darstellten.

Statt nun auf die Verwirklichung des Zölibatsgesetzes bedacht zu sein und wesentliche Vergehen, also nicht nur die Heirat selbst, konsequent zu bestrafen, betonen die Bischöfe immer dann, wenn wieder ein bedauerlicher „Fall" in der Öffentlichkeit bekannt geworden ist, die Tadellosigkeit aller übrigen Geistlichen und bezeichnen Vergehen gegen das Zölibatsgesetz als seltene Ausnahmefälle. Was diese vielberufenen „Ausnahmen" betrifft, ist soviel richtig, daß die tatsächlich offenkundig gewordenen Verstöße nur die Spitze einer Pyramide ausmachen. Wie sollte man sich sonst die enorm hohe Zahl von ungefähr 100 000 hauptsächlich der Ehe wegen aus dem Amt gewiesenen Priestern erklären?

Als besonders tragisch empfindet man es in Kreisen der Hierarchie, wenn es sich bei dem verheirateten Priester um einen hohen Prälaten handelt, z.B. Weihbischof *James Patrick Shannon* von Saint Paul (Minnesota) oder Erzbischof *Eugene Marino* von Atlanta. Ein besonderes Ärgernis muß es dem Vatikan gewesen sein, daß bei der Tagung der „Internationalen Föderation verheirateter katholischer Priester" in dem nahe Rom gelegenen Arricia (1985) auch der verheiratete Bischof Hieronimo Pódestà mitsamt seiner Ehefrau teilnahm. In frischer Erinnerung ist noch der Amtsverzicht des irischen Bischofs *Eamonn Casey* von Galway und Kilmacduagh. Die Kirchenbehörde suchte diesen ungewöhnlichen Schritt zuerst mit persönlichen Motiven zu erklären. Doch dann trat die Amerikanerin Annie Murphy an die Öffentlichkeit und bekannte im irischen Rundfunk: „Ich war wie seine Mätresse." Nachdem ihre Beziehung zu dem Bischof zu einer Schwangerschaft geführt habe, sei sie „wie eine Dienstmagd behandelt" worden. Der Bischof habe ihr nach der Entbindung ihres Sohnes Peter monatlich 175 Dollar gezahlt. Erst als Frau Murphy 1990 ihren „Fall" öffentlich bekannt machte, erhielten sie und ihr Anwalt von dem Vater-Bischof bei einer Begegnung in New York 115 000 Dollar, die allerdings aus der Kirchenkasse stammten. Der Sohn Peter wußte, daß der Bischof sein Vater war. Als Peter sich einmal mit seinem bischöflichen Vater traf, bekam er zu hören, daß der Bischof zweimal am Tag für ihn bete. [16] Bleibt nur noch zu sagen: Beten allein hilft hier nicht, Herr Bischof!

„Die Geschichte weiß von den vielen Schwierigkeiten zu berichten, die der Durchführung des zölibatären Ideals oft im Wege gestanden haben. Sie waren zeitweilig so groß, daß manche mit guten Gründen bezweifelt haben, ob es in dieser Breite überhaupt durchführbar sei."[17] Dieses allgemeine Urteil des Freiburger Kirchenhistorikers *August Franzen* (†1972) faßt die Diskrepanz zwischen dem reinen Ideal und der rauhen Wirklichkeit zusammen, der wir auf unserem Gang durch die Geschichte immer wieder begegnet sind.

VI. Laisierung: Vom Priester zum Laien

Bis zum 2. Laterankonzil (1139) gab es in der abendländischen Kirche verheiratete und unverheiratete (zölibatäre) Priester völlig legitim nebeneinander. Daß es deswegen im Kirchenvolk zu unerträglichen Spannungen gekommen wäre, läßt sich für das ganze erste Jahrtausend nicht sagen. Und selbst der zölibatäre Priester konnte auch noch nach der Weihe heiraten, mußte aber dann den Priesterstand verlassen. Erst das 2. Laterankonzil erklärte jede (versuchte) Eheschließung eines Geistlichen für ungültig. Heiratete ein Priester dennoch, wurde er nicht nur aus dem Klerus verbannt, sondern obendrein noch von der Kirche ausgeschlossen (exkommuniziert). Schließlich blieben die aus einer solchen Verbindung – gemeinhin Konkubinat geheißen – stammenden Kinder mit dem Makel der Illegitimität behaftet. Exkommunikation und Illegitimität wurden erst vom neuen Kirchenrecht (1983) abgeschafft.

Einzeldispens vom Zölibatsgesetz
Nach 1139 erhielten Inhaber höherer Weihen nur in Ausnahmefällen Dispens (Befreiung) von der Verpflichtung zur Ehelosigkeit. Der Dispensierte verlor sein kirchliches Amt und seine kirchliche Pfründe. Wenn die päpstliche Kurie eine solche Dispens gewährte, geschah dies freilich nicht zur Erfüllung eines persönlichen Wunsches, sondern meist wegen eines besonderen Kircheninteresses. So konnte ein Subdiakon, Diakon, Priester oder Bischof, ja sogar ein Mönch, von der Zölibatsverpflichtung befreit werden, wenn auf diesem Weg z. B. ein Herrscherhaus vor dem Aussterben bewahrt oder ein weltliches Territorium für den katholischen Glauben gerettet werden konnte.
Erst in neuerer Zeit suchten einzelne Pfarrer und Theologen die

Kirchenobrigkeit zu bewegen, Priestern, die das Zölibatsgesetz als unerträgliches Joch empfinden, die Heirat zu gestatten. Kurz vor dem 1. Vatikanischen Konzil verlangte der Münchener Kaplan *Georg Ratzinger* in der anonym publizierten Schrift „Ein offenes Wort an die Bischöfe und Katholiken Deutschlands angesichts des bevorstehenden allgemeinen Conciliums", jeden Geistlichen frei entscheiden zu lassen, ob er eine Ehe schließen wolle. Dasselbe Anliegen veranlaßte Pfarrer *G. Ginzel* zu seiner ebenfalls anonymen Flugschrift „Reform der Römischen Kirche in Haupt und Gliedern" (1869), worin er eine Reduzierung der mit dem Zölibatsversprechen und den Ordensgelübden verbundenen Verpflichtungen forderte. Mit der Rückversetzung von Priestern und Mönchen in den Stand eines Laien könnten mancher Skandal und mancher Glaubensabfall verhindert werden.

Heiratswillige Priester befanden sich persönlich in einer doppelt schwierigen Lage, weil sie in den meisten Ländern nicht einmal eine Zivilehe eingehen konnten. Die 1929 zwischen dem Heiligen Stuhl und der italienischen Regierung geschlossenen Lateranverträge enthielten sogar die Bestimmung, daß Priester, die geheiratet hatten und deshalb als Abgefallene angesehen wurden, nicht im öffentlichen Dienst beschäftigt werden durften.

In unserem Jahrhundert werden Dispensgesuche nicht mehr von Anfang an abgelehnt, sondern zumindest geprüft. Eine positive Entscheidung erfolgte freilich vor dem 2. Vatikanischen Konzil nur selten. Zu den prominenten „Fällen" in Deutschland zählen der Breslauer Kirchenhistoriker *Joseph Wittig* († 1949) und der theologische Schriftsteller *Joseph Bernhart* († 1969). Beide erlangten die „Gnade" der Dispens vom Zölibatsgesetz erst nach jahrelangen Schikanen. Bernhart wartete aus Angst vor Verschlimmerung seiner kirchlichen Position vier Jahre, bis er seine 1913 in London geschlossene Ehe mit Elisabeth Nieland von der Polizeidirektion München anerkennen ließ. Nochmals Jahre später, Ende 1919, unterrichtete er den für ihn zuständigen Bischof von Augsburg von seiner Heirat: „Daß mein Schritt Euer Gnaden einen Schmerz bedeutet, ist mir aufrichtig leid. Ich habe nach Jahren des Kampfes und aus reifstem Entschluß gehandelt. Da ich weiß, daß alle menschlichen Beweggründe gegenüber dem Gesetz der Kirche, wenn es ihnen entgegensteht, für die Verteidigung hinfällig sind, so erschien mir der Versuch einer Selbstrechtfertigung gegenüber dem kanonischen Gesetz zwecklos, ja anmaßend." Die Exkommunikation folgte diesem Brief auf dem Fuß. Das Sanctum Officium im Vatikan war zur Anerkennung der Ehe nur bereit, wenn das Ehepaar Bernhart versprechen würde, wie Bruder und Schwester zusammenzuleben. Darauf antwortete Joseph Bernhart vorsichtig, aber bestimmt: „Das Versprechen für ein geschwisterliches Zusammenleben wagen wir nicht auf uns zu nehmen."[1] Erst im Jahr 1939 erfolgte die Sanierung der Ehe auf dem Gnadenweg, allerdings auch jetzt nur für den inneren Bereich. Auf dem Rechtsweg und damit für den äußeren Bereich wurde die Ehe gar erst 1942 anerkannt. Und selbst jetzt blieb dem laisierten Priester Joseph Bernhart die Entbindung vom Zölibatsgesetz versagt, was bedeutete, daß er mit seiner Frau nur wie mit einer Schwester zusammenleben durfte. Ein Jahr später starb Frau Bernhart. Joseph Wittig, der 1927 Bianca Geisler geheiratet hatte, blieb bis 1946, drei Jahre vor seinem Tod, vom Empfang der Sakramente ausgeschlossen. Am 13. Juli 1944 schrieb er aufrecht, wie er war, an Kardinal Bertram von Breslau: „Ich habe mich nie von der Kirche getrennt, ich bin kein Apostat! Was äußerlich wie eine Trennung wirkt, ist nicht von mir, sondern von der Kirche aus geschehen, indem sie mich vor 18 Jahren wegen eines Ungehorsams ausschloß, der in Wahrheit ein Gehorsam gegen mein vielleicht irrendes, aber doch verpflichtendes Gewissen war. Diese verpflichtende Stimme meines Gewissens ist bis jetzt unverändert geblieben. Ich stehe noch so, wie ich in den Jahren 1925 bis 1927 stand, nicht unbußfertig, aber auch sicher nicht charakterlos."[2]

Ein anderes Beispiel dafür, daß nicht die Ehelosigkeit an sich, sondern die Enthaltsamkeit als der entscheidende Kern des Zölibatsgesetzes anzusehen ist, kommt aus dem heutigen Brasilien. Dort spendete der brasilianische Bischof Bruno Maldaner (Diözese Frederico Westphalen) dem 66jährigen Pensionär und früheren Steuerberater *Ivo Schmitt* im Jahre 1987 mit Erlaubnis des Papstes die Priesterweihe, obwohl dessen Ehefrau noch lebte. Zu den Auflagen aus Rom gehörte, daß Herr Schmitt und seine Frau Adulina Nitshe versprechen mußten, auf jeden geschlechtlichen

Verkehr zu verzichten. Dies bedeutete freilich für beide kein „Opfer", da sie wegen zahlreicher Unterleibsoperationen der Frau – ihr einziges Kind war bei der Geburt gestorben – schon seit mehreren Jahren sexuell nicht mehr verkehren konnten. Padre Schmitt, der als Seelsorger in Frederico Westphalen eingesetzt ist, äußerte die Meinung, daß er aufgrund seiner Eheerfahrung besonders verheirateten Gläubigen pastoral wirkungsvoller helfen könne. Sein Urteil über das allgemeine Zölibatsgesetz überrascht nicht: „Der Zölibat sollte freiwillig sein, frei wählbar, denn Sexualität ist eine Notwendigkeit, ein Bedürfnis – eine natürliche Sache, geschaffen von Gott."[3] Mit dieser Sondererlaubnis kehrte die oberste Kirchenautorität in Rom übrigens zu einem Zustand zurück, der für verheiratete Priester vor 1139 die Regel sein sollte: Priesterehe ohne sexuelle Aktivität. Weil die heute schätzungsweise 5000 verheirateten Priester in Brasilien dazu nicht bereit sind, mußten sie ihren Dienst als Priester quittieren.

Zwei andere brasilianische Geistliche, die sich nach ihrer Heirat der orthodoxen Kirche angeschlossen haben und als verheiratete orthodoxe Priester in der Hafenstadt Recife wirken, feiern auch in katholischen Gotteshäusern die Messe, ohne daß es deshalb zu Unruhen unter den Gläubigen kommt. Nur Erzbischof Jose Cardoso Sobrinho ist für beide Priester nicht zu sprechen, da er befürchtet, solche „Fälle" könnten schnell Schule machen.

In Ostungarn gibt es eine griechisch-katholische (mit Rom unierte) Diözese mit legitim verheirateten Priestern. Zwei Alumnen dieses Bistums, die sich zur Zeit im Studienkolleg Germanicum zu Rom auf den Priesterberuf vorbereiten, werden noch vor der Diakonatsweihe heiraten. Dies entspricht der Praxis, wie sie in den Ostkirchen seit eh und je besteht.

Zu Notlösungen kam es immer dann, wenn die Kirche Verfolgungen ausgesetzt war und nur im Untergrund wirken konnte, wie es noch vor kurzem unter dem kommunistischen Regime in der Tschechoslowakei der Fall war. Erst jetzt wurde bekannt, daß dort eine nicht kleine Zahl von Männern geheim die Priesterweihe erhalten und neben ihrem Zivilberuf Seelsorge ausgeübt hat. Zu ihnen gehört der heutige Sekretär der böhmisch-mährischen Bischofskonferenz, *Thomas Halik*, der 1972 in Erfurt geweiht wurde und bis 1990 als Psychotherapeut tätig war. Man redet von 30 Geheimbischöfen und 200 Geheimpriestern, unter jeder Gruppe eine ansehnliche Zahl verheirateter Männer. Ein großes Problem bedeuten vor allem die zu Bischöfen geweihten Ehemänner. Jetzt, da die Kirche dort wieder in Freiheit leben kann, stehen kirchliche, vor allem vatikanische Behörden vor der Frage, was mit den verheirateten Geheimpriestern und Geheimbischöfen geschehen solle. Nach einer von Kardinal Ratzinger 1992 ausgehandelten Vereinbarung dürfen die verheirateten Priester im Interesse des Zölibatsgesetzes nur als Diakone eingesetzt werden, falls sie nicht in dem griechisch-katholischen Bistum Prešov (Preschau) in der Ostslowakei Verwendung finden können. Ähnliche Fälle werden auch von anderen Ländern (Rumänien, Ungarn und Ukraine) des früheren sogenannten Ostblocks berichtet.

Die Ehe bedeutet kein Hindernis für die Priesterweihe, wenn es sich um verheiratete evangelische Pastoren handelt, die zur katholischen Kirche übergetreten sind. Als Papst *Pius XII.* 1951 erlaubte, daß der vordem evangelische Pfarrer *Goethe* (Frankfurt) zum Priester geweiht werden dürfe, bedeutete dies weltweit eine Sensation. In den USA erhielt erstmals 1982 ein verheirateter Priester, welcher der (anglikanischen) Episkopalkirche angehört hatte, die katholische Priesterweihe. Wenn aber die Frau eines solchen Priesters stirbt, tritt für diesen kurioserweise das Zölibatsgesetz in Kraft, so daß auch er nicht wieder heiraten kann. Dasselbe gilt übrigens auch für verheiratete Diakone. Damit folgt die Kirchenobrigkeit einem altkirchlichen Brauch, der die Zweitheirat grundsätzlich verbietet. Wie Journalisten es für berichtenswert halten, wenn wieder einmal ein katholischer Priester heiratet und deswegen sein Amt verliert, so berichten sie auch, wenn ein verheirateter evangelischer Pastor zum Priester geweiht wird. In der Zeitung steht dann z. B. zu lesen: „Ein Familienvater mit fünf Kindern wird an diesem Samstag in Würzburg zum katholischen Priester geweiht. Der 44 Jahre alte Mann war von 1976 bis 1987 evangelischer Pfarrer, zuletzt in einer Gemeinde in Hildesheim ... Für die Priesterweihe wurde ihm von Papst Johannes Paul II. eine Ausnahme von der Zölibatsverpflichtung für katholische Geistliche gewährt."[4] Viele Katholiken und Protestanten haben für diese widersprüchliche Praxis nur ein müdes Lächeln übrig. Genaue Zahlenangaben darüber, wieviele katholische Priester vorher evangelische Pfarrer gewesen sind, gibt es nicht. Die evangelischen Kirchenleitungen vermuten, daß seit dem Ende des 2. Weltkrieges allein in Deutschland etwa 60 evangelische Pastoren zur römisch-katholischen Kirche übergetreten seien. Den umgekehrten Weg habe eine etwas kleinere Zahl von katholischen Priestern gewählt.

Allgemeine Dispens vom Zölibatsgesetz

Außer in Einzelfällen gewährte die oberste Kirchenleitung wegen außergewöhnlicher Zeitumstände Zölibatsdispens sogar in größerem Umfang. Zum ersten Mal war eine solche Notlage gegeben, als Priester in großen Scharen zur lutherischen Reformation übergingen, nicht wenige hauptsächlich deswegen, weil sie dann heiraten und als „evangelische" Pfarrer weiter tätig sein konnten. Um diesen schmerzlichen „Aderlaß" an Priestern aufzuhalten, drangen vor allem weltliche Regenten bei der päpstlichen Kurie auf die Abschaffung des Zölibatsgesetzes, stießen freilich stets auf Widerstand, obwohl nicht jeder Papst ein vorbildliches zölibatäres Leben führte. Wenigstens ein Teilerfolg war diesen Bemühungen beschieden, als Papst *Paul III.* (1534–1549) mit der Bulle „Benedictus Deus" vom 31. August 1548 Nuntien in deutschen Landen die Vollmacht erteilte, die von Priestern ohne Dispens geschlossenen Ehen kirchenrechtlich in Ordnung zu bringen. Reumütige Geistliche wurden, wenn sie sich von ihren Frauen trennten, von der Kirche wieder in Gnaden aufgenommen und durften als Priester weiterwirken. Die anderen Priester, die zwar zur alten Kirche zurückkehren, nicht aber ihre Frauen entlassen wollten, konnten wenigstens Dispens von der Zölibatspflicht erhalten und somit wieder im Frieden mit der Kirche leben, von der sie ohne diese Dispens automatisch exkommuniziert waren. Doch nur wenige Priester machten von der Möglichkeit der Dispens Gebrauch.

Im selben Sinn verfuhr wenige Jahre später Papst *Julius III.* (1550–1555) mit den Priestern in England, die sich nach dem von König Heinrich VIII. verschuldeten Kirchenschisma der Anglikanischen Kirche, die ebenfalls kein Zölibatsgesetz kennt, angeschlossen und geheiratet hatten. Auch hier lautete die Alternative: entweder die Ehe auflösen und (mit Dispens) wieder als katholischer Priester eingesetzt werden oder die ungültige Heirat mit päpstlicher Erlaubnis sanieren, d. h. kirchenrechtlich für gültig erklären lassen, und auf die Ausübung des Priesteramtes verzichten.

Jahrhunderte später entstand in Frankreich nach der Großen Revolution eine ähnliche Notlage wie früher in Deutschland und England. Papst *Pius VII.* bekundete in der Enzyklika „Etsi apostolici principatus" vom 15. August 1801 an die Adresse seines Legaten Kardinal Spina seine Sorge um das Seelenheil so vieler verheirateter Priester. Nachsicht und Güte erschienen ihm als dringendes Gebot der Stunde. Deshalb bevollmächtigte er den genannten Nuntius, alle bußfertigen Geistlichen von dem mit der Zivilehe eingetretenen Kirchenbann und von sonstigen Strafen zu absolvieren. 2313 Welt- und 911 Ordenspriester, die entweder ihr Priesteramt aufgegeben oder geheiratet hatten, kehrten in den Dienst der Kirche zurück. Ungefähr 2000 Priester aber, die verheiratet bleiben wollten, schlugen das Angebot der Dispens aus und blieben damit vom Amt suspendiert. Daß sie die Kommunion nur „more laico" empfangen durften, bedeutete, daß sie fortan als Laien angesehen wurden. Doch für einen Bischof wie *Charles-Maurice de Talleyrand,* der 1802 die geschiedene Frau *Catherine Grand* geheiratet hatte, gab es keine Laisierung.

Dispens vom Gesetz des Priesterzölibats war also grundsätzlich möglich, sie wurde aber, von allgemeinen Notsituationen abgesehen, nur ausnahmsweise gewährt. Die Kompetenz dazu lag allein in Händen des Papstes. Wenn ein Bischof dieses Recht für sich beanspruchte, mußte er mit strengem Tadel aus Rom rechnen. So wies Papst Pius VI. den Bischof der neugegründeten Diözese Brünn in einem Schreiben vom April 1782 wegen eigenmächtiger Dispenspraxis scharf zurecht. Ähnlich erging es dem Konstanzer Generalvikar Ignaz von Wessenberg (vgl. S. 130).

Erst 1936 räumte die Kongregation des Hl. Offiziums, Vorgängerin der heutigen Kongregation für die Glaubenslehre, offiziell die Möglichkeit ein, daß ein Priester von der mit seiner zivilen Eheschließung eingetretenen Exkommunikation losgesprochen wird, vorausgesetzt jedoch, daß er ein enthaltsames Eheleben verspricht. Nach dem seit 1983 geltenden Kirchenrecht wird die Zivilehe eines Geistlichen zwar nicht mehr mit dem Kirchenbann bestraft, wohl aber mit der Suspension vom Priesteramt und dem Ausschluß vom Empfang der Sakramente.

Laisierungsverfahren

Die Dispens von der Verpflichtung zur Ehelosigkeit blieb eine seltene Ausnahme, bis Papst *Paul VI.* (1963–1978) – vielleicht schon sein unmittelbarer Vorgänger Johannes XXIII. – ein großzügigeres Verfahren genehmigte. Die Tatsache, daß in vielen Ländern die Zahl der Kandidaten für das Priesteramt stetig sank und gleichzeitig die Zahl jener Priester, die hauptsächlich wegen Heirat aus dem Amt scheiden mußten, sprunghaft anstieg, veranlaßte die Verantwortlichen im Vatikan und manche Bischöfe zu ernsten Überlegungen, ob Verstöße gegen das Zölibatsgesetz weiterhin so hart geahndet werden sollten und Exkommunikation die einzige Antwort sein dürfe.

Schon in der Vorbereitungsphase des 2. Vatikanischen Konzils hatte Weihbischof *Karol Woityla* von Krakau, der heutige Papst Johannes Paul II., dringend empfohlen, Barmherzigkeit gegenüber jenen Priestern walten zu lassen, denen das Zölibatsgesetz zu einer untragbaren Last geworden sei. „Ein Priester, der ohne kirchlichen Segen geheiratet hat", argumentiert der Krakauer Oberhirte in seiner Eingabe an das Konzil, „entbehrt der übernatürlichen Hilfsmittel, ebenso auch seine Frau. Auch eventuell vorhandene Kinder sind in geistlicher Hinsicht manchen Gefahren ausgesetzt ... Die Feinde der Kirche ziehen aus solchen Fällen Nutzen ... Bei einer Änderung des Gesetzes könnten die Betroffenen ein ehrenhaftes Leben führen."[5] Solche Voten, kurz vor und beim Konzil selbst laut geworden, blieben nicht ohne Wirkung.

Eine Vorbereitungskommission des Konzils legte sogar einen Entwurf über „gefallene Priester" (clerici lapsi) vor. Dazu wollte Erzbischof *Šeper* von Zagreb, der spätere Präfekt der Kongregation für die Glaubenslehre, wissen, ob Priester allein aus Furcht im Zölibat festgehalten werden könnten. Seine Antwort lautete: „Dies wäre sehr traurig, denn der Zölibat muß Ausdruck einer ausschließlichen Liebe zu Christus und zum Reich Gottes sein. Das oberste Gesetz soll die Liebe sein, nicht die Furcht!"[6] Kardinal *Augustin Bea*, Mitglied des Jesuitenordens und ein hervorragender Bibelwissenschaftler, nannte genaue Gründe für den Abfall von 361 Priestern allein in Frankreich: Homosexualität, Unzucht und Konkubinat bei 218 Priestern (60 Prozent), Alkohol, Ungehorsam und Glaubensabfall bei 143 Priestern (40 Prozent).

Paul VI. erwähnte in seiner Enzyklika „Sacerdotalis coelibatus" (1967) erstmals offiziell jene „vertrauliche" Weisung an die Ortsbischöfe und Ordensoberen vom 2. Februar 1964 über die Möglichkeit der Entbindung vom Zölibatsgesetz. Eine eigene Kommission im Hl. Offizium sollte die Fälle älterer Antragssteller prüfen und „dem Heiligsten" (Sanctissimo, d. h. dem Papst) zur letzten Entscheidung vorlegen. Bei positivem Bescheid konnte der betreffende Priester vor dem zuständigen Bischof ohne Zeugen und Notar eine Gewissensehe (matrimonium conscientiae) schließen, die dann in ein bischöfliches Geheimregister eingetragen und auch dem Hl. Offizium in Rom mitgeteilt werden mußte. Nach einer offiziellen Statistik des Vatikans stieg daraufhin die Zahl der Dispensgesuche unter Weltpriestern von 371 im Jahre 1964 auf 1026 im Jahre 1988 (bei Ordenspriestern im selben Zeitraum von 269 auf 1237), wobei ungefähr drei Viertel aller Gesuche genehmigt wurden. Bei allem Respekt für die humane Gesinnung, die aus diesem neu eröffneten Weg für vom Zölibatsgesetz bedrängte Priester spricht, ist doch nicht zu übersehen, daß der Papst in demselben Rundschreiben jene Priester, die um Dispens vom Gesetz nachsuchen, als „unglücklich", „untreu", „beklagenswert", ja, als „Abgefallene" bezeichnet und ihnen die „seelisch gesunden und würdigen Priestern" gegenüberstellt. Wörtlich heißt es: „Wenn diese Priester wüßten, wieviel Unruhe, wieviel Schande und wieviel Verwirrung sie der heiligen Kirche Gottes zufügen, wenn sie die Würde und den Vorzug der übernommenen Verpflichtungen bedächten und einsähen, welchen Gefahren sie sich in diesem und im zukünftigen Leben aussetzen, dann würden sie gewiß vorsichtiger und überlegter in ihren Entschlüssen sein, bereiter zum Gebet und gründlicher und tatkräftiger einem derartigen geistlichen und moralischen Versagen vorbeugen."[7]

Am 13. Januar 1971 setzte die *Kongregation für die Glaubens-lehre* eine neue Verfahrensordnung in Kraft. Unter den „Regeln für die Behandlung von Fällen, die die Rückversetzung in den Laienstand verbunden mit der Dispens von den Weiheverpflichtungen betreffen", seien hier nur die vom Antragsteller einzuhaltenden Bedingungen erwähnt: Der dispensierte Priester muß „von den Orten fernbleiben, wo sein priesterlicher Stand bekannt ist." Der zuständige Bischof oder Ordensobere entscheidet, ob die Trauung geheimbleiben muß oder den Verwandten, Freunden und Arbeitgebern mitgeteilt werden darf. Wenn ein verheirateter Priester seinen neuen Status selbst publiziert, „um Ärgernis zu erregen, angetrieben vom bösen Willen, den heiligen Zölibat zu schmähen", hat der Obere das Recht zu der Erklärung, daß „die Kirche ihn nicht für die Ausübung des priesterlichen Dienstes geeignet hielt". Der Dispensierte darf keine priesterlichen Funktionen vornehmen – ausgenommen Beichte bei Todesgefahr – und auch keine theologische Lehrtätigkeit ausüben. Zum Religionsunterricht in Schulen ist die Erlaubnis des zuständigen Bischofs erforderlich.

In den folgenden Jahren stieg die Zahl der Dispensen beim Weltklerus von 1894 im Jahre 1971 auf 2506 im Jahre 1977. Diese Zahlen geben aber, wie schon die vorherigen, nicht den tatsächlichen Stand wieder, da jene Geistlichen, die ohne Erlaubnis (zivil) geheiratet haben, nicht mitgerechnet sind. Jedenfalls war die Gesamtzahl der hauptsächlich wegen Heirat aus dem Priesterdienst ausgeschiedenen Geistlichen am Anfang des Pontifikats von Johannes Paul II. so erschreckend hoch, daß der Papst aus Polen einen fast totalen Laisierungsstop anordnete, der bis Ende 1980 dauerte. In diesem Jahr 1980 wurde die seit 1971 geltende Verfahrensordnung durch eine neue abgelöst, welche die Befreiung vom allgemeinen Gesetz des Zölibats erschwerte. Im Begleitbrief der *Kongregation für die Glaubenslehre* an alle Ortsbischöfe und Ordensoberen ist unterstrichen, daß es sich bei der Laisierung nicht um die Erfüllung eines Rechtsanspruchs, sondern um einen Gnadenakt handelt. Künftig sollen nur solche Gesuche eingehen, denen zu entnehmen ist, daß die Priesterweihe wegen mangelnder Freiheit oder Unfähigkeit des Kandidaten nicht hätte erteilt werden dürfen. Bei der eidlichen Vernehmung muß der Antragsteller eine Reihe zum Teil peinlicher Fragen beantworten, die letztlich alle darauf hinauslaufen, eine persönliche Schuld des Betroffenen festzustellen.

Die *Kongregation für den Gottesdienst und die Sakramentendisziplin,* seit neuestem für die Laisierung von Priestern zuständig, ließ die bischöflichen Ordinariate wissen, welche Unterlagen für die Durchführung eines Verfahrens zur Entbindung von allen priesterlichen Pflichten erforderlich sind. Dazu gehören: Dispensgesuch des Priesters, das im Geist der Demut und Buße abgefaßt sein muß, an den Papst; Lebenslauf, der die Gründe für die Krise und das Versagen deutlich erkennen läßt; Dokument, aus dem hervorgeht, daß der Bischof sich bemüht, den Priester für den Dienst zu erhalten; Urkunde über die Suspension von der Ausübung aller Weihevollmachten; Dekret über die Ernennung des Vernehmungsrichters und des Schriftführers beim Verfahren; Protokoll über die Befragung des Antragstellers; Protokoll über die Befragung oder Niederschriften der Zeugen; Gutachten von Ärzten oder Psychologen, falls vorhanden; Nachweis der Eignungsprüfung vor den heiligen Weihen; Stellungnahme des Vernehmungsrichters; Votum des Bischofs oder Ordensoberen; Votum des Bischofs, wenn der Antragsteller in einem anderen Bistum wohnt, über Nichtvorhandensein eines Ärgernisses; zivile oder kirchliche Urkunde über evt. Zivilehe.

Seit die vatikanischen Behörden auf Geheiß des Papstes einen rigorosen Kurs steuern, geht die Zahl der kirchlich verheirateten Priester stark zurück. Doch um welchen Preis! Der Wiener Pastoraltheologe *Paul M. Zulehner* fällt dazu ein vernichtendes Urteil: „Gibt es diese Möglichkeit eines sozial (hinsichtlich des Rufes, der Existenzsicherheit und darin einer entsprechenden beruflichen Weiterverwendung) nicht diskriminierenden Ausscheidens aus dem Amt nicht, dann verhindert die Kirche zwar wohl manche Amtsniederlegung unter ‚sozialem Druck‘. Der Gewinn ist aber dabei oft nur gering. Die erwogene Amtsniederlegung wird in eine innere Emigration umgeleitet. Die Kirche hat dann zwar mehr Priester, möglicherweise aber weniger Wirksamkeit und Glaubwürdigkeit."[8]

Während des Papstbesuches in München (1987) machte der ehemalige Pfarrer von St. Ursula (München), *Richard Lipold,* mit einer Ein-Mann-Demonstration auf das Priesterproblem aufmerksam. Ein Poster mit der Aufschrift „Wir bitten um Dispens für verheiratete Priester, – Zölibatsgesetz ohne Dispens ist Unrecht" in Händen, protestierte der pensionierte Geistliche vor dem Erzbischöflichen Palais in München gegen den untragbaren Zustand des Laisierungsstops für verheiratete Priester. Er blieb dort stehen, bis ihm Polizisten das Poster wegnahmen.

Hier muß man *Johannes Paul II.* selbst an seine Eingabe von 1960 an das angekündigte Konzil und an die Empfehlung erinnern, welche die Bischofssynode im Jahre 1971, bei der er zu der polnischen Delegation gehörte, für die Behandlung der verheirateten Priester ausgesprochen hat: „Priester, die ihr Amt aufgeben, sollen mit Billigkeit und Brüderlichkeit behandelt werden."[9] Doch in dieser Hinsicht weicht Papst Johannes Paul II. von seiner menschlichen Einstellung als Kardinal Wojtyła eklatant ab. Viele Priester fühlen sich von der obersten Kirchenleitung im Stich gelassen. Kein Wunder auch, daß Priester, die sich zur Heirat entschlossen haben, wieder als Verräter oder Abtrünnige angesehen werden. Auch die Leitungen einzelner Diözesen kümmern sich, von wenigen Ausnahmen abgesehen – im Ordinariat der Erzdiözese München-Freising gab es zur Zeit von Erzbischof Döpfner sogar eine Kontaktstelle für verheiratete Priester –, nicht um die wegen Heirat ausgeschiedenen „Mitbrüder", ja, wissen nicht einmal immer um deren Aufenthaltsort, geschweige denn um ihre Lebensverhältnisse. Infolgedessen wenden sich nicht wenige der betroffenen Priester (und auch ihre Familien) von der „offiziellen" Kirche ganz ab. Dies müßte nicht sein. Es dürfte um Jesu willen nicht so sein.

Theologische Fragwürdigkeit der Laisierung

Nach dem *Codex Iuris Canonici von 1918* zog sich ein Priester, der eine standesamtliche Ehe schloß – wie auch jeder Laie, der sich mit der Zivilehe zufriedengab –, von selbst die Strafe der Exkommunikation zu. Eine Lösung von dieser Strafe konnte höchstens in Todesgefahr erfolgen. Das neue Strafrecht der Kirche sieht seit 1983 bei standesamtlicher Eheschließung und bei notorischem Konkubinat zwar die Entlassung aus dem geistlichen Stand vor (can. 1394 und 1395), aber nicht mehr die Exkommunikation. Von dieser Sanktion zu unterscheiden ist die auf ein Gesuch hin erfolgte Entlassung durch den Apostolischen Stuhl auf dem Gnadenweg, wobei freilich der Papst die Entbindung von der Zölibatspflicht noch eigens gewähren muß. Papst *Johannes Paul II.* ist, wie er schon in seinem Brief vom Gründonnerstag (8. April) des Jahres 1979 an die Priester zum Ausdruck brachte, der Meinung, daß Schwierigkeiten bei der Einhaltung des Zölibatsgesetzes durch Gottes Hilfe und inniges Gebet überwunden werden könnten. In Bedrängnis geratene Priester sollten darum nicht schnell um Dispens bitten, „als ob es sich um einen reinen Verwaltungsakt und nicht vielmehr um eine tiefreichende Gewissensfrage und eine Probe auf die eigene Menschlichkeit handelt".[10]

Nach der kirchlichen Dogmatik, die sich in dieser Hinsicht auf das Konzil von Trient berufen kann, prägt die Weihe (ordo), wie auch Taufe und Firmung, dem Empfänger „ein unauslöschliches Merkmal" (character indelebilis) ein, das selbst bei der „Rückversetzung in den Laienstand" (reductio ad statum laicalem) nicht getilgt wird. Insofern ist die Laisierung eines Priesters streng dogmatisch nicht möglich. Sie soll auch gar nicht dogmatisch verstanden werden. Nach dem bekannten Kirchenrechtler *Klaus Mörsdorf* stellt der Laisierungsakt nur „eine rechtliche Personenstandsveränderung dar: der laisierte Geistliche ist ungeachtet dessen, daß er gültig geweiht ist und geweiht bleibt, rechtlich wiederum Laie".[11] Was theologisch unmöglich ist, bedeutet kirchenrechtlich anscheinend keine Schwierigkeit.

Als Folge dieser Gesetzgebung haben wir heute den kuriosen Tatbestand, daß ein Priester, der auf Antrag hin von der Zölibatsverpflichtung entbunden ist und danach eine kirchliche Ehe schließen kann, kirchenrechtlich als Laie eingestuft wird, während der andere Priester, der eine Zivilehe eingeht, ohne um Dispens vom Zölibatsgesetz nachzusuchen, zwar auch vom Priesteramt suspendiert ist, aber nach wie vor Mitglied des Klerus bleibt. Die Anfrage, warum ein solcher Priester nicht mehr im Personenverzeichnis der Bistumspriester – auch nicht unter den Namen der Weihejahrgänge – aufgeführt wird, beantwortete Erzbischof *Elmar M. Kredel* (Bamberg) mit der Begründung, daß dessen Ehe „nicht geordnet" sei.

Die Ansichten der Theologen über den Weihecharakter gehen weit auseinander. Während die einen (K. Rahner, H. Vorgrimler u. a.) das unauslöschliche Merkmal (character indelebilis), das bei der Weihe eingeprägt wird, nur als Einmaligkeit der Weihespendung verstehen, erblicken andere (M. Schmaus, L. Scheffczyk u. a.) in ihm nicht nur eine unwiderrufliche „Christusprägung", sondern auch eine unwiderrufliche „Kirchenprägung" mit der Konsequenz, „daß der Priester sein subjektives Heil nicht an seinem Priestertum vorbei suchen darf, sondern gerade in der Verwirklichung seines priesterlichen Dienstes". Unter dieser Voraussetzung ist der laisierte Priester für den Eichstätter Dogmatiker *Michael Seybold* „so etwas wie eine anomale Schrumpfexistenz". Wenn nun ein Priester in der Ausübung seines Weihesakramentes strafweise behindert werde, müsse eine Schuld vorausgehen. Damit erhebt sich für Seybold die entscheidende Frage: „Liegt aber Schuld auch vor, wenn der *ausschließliche* Grund für die Laisierung die Zölibatsaufkündigung ist?" Seine Antwort lautet: „Gewiß wäre dem so, wenn ein theologischer Wesenskonnex von Weihe und Zölibat vorläge und damit eine theologische Unverträglichkeit von Ordo und Ehe feststünde." Die Kirche lehre und praktiziere aber das Gegenteil. Auch die Angemessenheit (Affinität) von Weihe und Zölibat reiche nicht aus, von Schuld zu sprechen. Wie aber könne dann „ein Zölibatsverweigerer an der Aktuation seines Ordo-Charakters gehindert werden, zu der ihn dieser Charakter von sich aus verpflichtet?"[12]

Hinzu kommt, daß sich die in der lateinischen Kirche gesetzmäßige Koppelung von persönlichem Zölibat und priesterlichem Amt nicht erst heute auf den Nachwuchs an Seelsorgern negativ auswirkt. Die Klagen von Bischöfen und Generalvikaren als den in der Diözese zuerst Verantwortlichen über ständig sinkende Priesterzahlen werden von Tag zu Tag lauter und schmerzlicher.

Der Bochumer Theologe *Waldemar Molinski* hat schon vor vielen Jahren zum Zölibatsversprechen aus moraltheologischer Sicht

Stellung genommen: „Moralisch besteht die einmal eingegangene Verpflichtung zu einem Leben nach einem oder mehreren Evangelischen Räten auf Grund von Gelübden oder Versprechen der Kirche gegenüber ... unmittelbar so lange und in dem Maße, wie ein solches Leben vernünftigerweise ratsam erscheint." Daraus ergibt sich für ihn ein doppeltes: „Die Verpflichtung zum Zölibat und zum Gelübde sollte subjektiv auch gar nicht in der gleichen Bedingungslosigkeit wie bei einer Eheschließung erfolgen, und das Versprechen zur Ehelosigkeit darf dementsprechend von der Kirche auch nicht in dieser Gewichtigkeit gefordert werden." Und da bei der Erörterung dieses Problems Ehe und Ehelosigkeit, was den Entscheidungscharakter betrifft, häufig gleichgesetzt werden, betont Molinski die moralpsychologische Erkenntnis, „daß der berechtigte Entschluß zu einem dauernden Leben der Ehelosigkeit erheblich mehr moralpsychologische Reife verlangt als der berechtigte Entschluß zu einer Eheschließung."[13]

Skandalöse Laisierungspraxis

Die Tatsache, daß Priester und Ordensmänner heute nur noch in seltenen Fällen auf Dispens vom Zölibatsgesetz hoffen können, während vor dem jetzigen Papst Johannes Paul II. eine großzügigere Praxis bestand, muß als indirekter Zwang gesehen werden, heiratswillige Priester im Amt festzuhalten und sie damit unter Umständen einem unmoralischen Doppelleben auszusetzen. Wenn dahinter die Rechtfertigung steht, daß eine generelle Aufhebung des Zölibatsgesetzes die Heirat Tausender Priester zur Folge haben würde, dann ist genau diese Befürchtung das stärkste Argument gegen den unchristlichen Zwangscharakter des Zölibatsgesetzes.

Der schweizerische Kapuzinerpater *Ezechiel Britschgi*, Pfarrer von Flühli (Bistum Basel), kritisierte in einem Brief vom 5. Januar 1990 an den Papst auch das verwaltungsmäßige Verfahren bei der Laisierung. Mit der ihm eigenen Offenheit fragt er: „Wie lange noch stapeln Sie, wie es scheint, erledigte Laisierungsgesuche auf, ohne die Unterschrift zu erteilen? Wissen Sie, welche seelische Qualen viele Priester deswegen durchstehen müssen? Überhaupt ist die ,Laisierung' eines Priesters nicht Sache des Bischofs von

Rom, sondern des Diözesanbischofs, der doch seine Priester kennt. Im Zweifelsfall könnte immer noch die Bischofskonferenz beigezogen werden."[14]

Es ist nicht zu bezweifeln, daß die seit dem Pontifikat Johannes Paul II. bestehende restriktive Laisierungspraxis für die davon betroffenen Priester sowie für ihre Frauen und Kinder oft schlimme Folgen zeitigt, ganz abgesehen von der Doppelmoral, zu der sich nicht wenige Priester gezwungen sehen, die aus bestimmten Gründen auch nicht standesamtlich heiraten können oder wollen. Der Jesuitenpater *Johannes Leppich,* der früher Millionen Menschen mit seinen Vorträgen und Predigten in Kirchen, Sälen und auf öffentlichen Plätzen schockiert und auch fasziniert hat, gab kürzlich in einer Radiosendung auf die Frage, ob ehemalige Priester verfemt seien, diese deprimierende Antwort: „Mir scheint es so, denn Tausende ‚frommer Seelen' beten zur Sühne für diese ‚abgefallenen' Priester am Fließband den Rosenkranz. Die ‚Verfemung' dieser ehemaligen Priester geht so weit, daß sie nur schwer eine Stellung bekommen. Der (nicht sehr fromme) Staat Italien verweigerte ihnen sogar aus Solidarität zur Kirche eine Anstellung als Straßenkehrer."[15] Und der Erlanger Pfarrer *Josef Schicker* zitierte in diesem Zusammenhang bei einer Fastenpredigt das Bürgerliche Strafgesetzbuch: „Wer bei ... Not nicht Hilfe leistet, obwohl sie erforderlich und ihm den Umständen nach zuzumuten ... ist, wird mit Freiheitsstrafe bis zu einem Jahr oder mit Geldstrafe bestraft" (§ 330 c). Wer diesen Paragraphen abtun möchte mit dem Hinweis, daß hier nur an materielle Hilfe gedacht sei, vergißt, daß im Raum der Kirche seelische Nöte weitaus ernster noch genommen werden sollten. Folglich liegt im Blick auf die Möglichkeit der Laisierung eine doppelt schwere Verschuldung vor. Wer möchte dies verantworten?

Der viele Jahre in der Priesterfortbildung aktive Direktor des Freisinger Bildungszentrums, *Walter Friedberger,* trat mit einem Schrei an die Öffentlichkeit, um auf die Notlage in der Priesterseelsorge aufmerksam zu machen: „Was getan werden müßte, um diese echt leidige Problematik aus der Welt zu schaffen, wäre eine menschenwürdige Form der Laisierung und Beschäftigung im kirchlichen Dienst." Mit derselben Dringlichkeit fordert er eine

Modifizierung des Zölibatsgesetzes. „Die Bischöfe sollten jetzt Mut haben", lautet sein Appell an die zuerst verantwortlichen Oberhirten, „um nicht später zu hören, sie hätten auf sträfliche Weise den Kairos versäumt." [16]

Inzwischen verlangen auch Mitglieder höherer kirchlicher Institutionen nach einer humanen Behandlung heiratswilliger Priester, weil die gerade unter dem jetzigen Papst übliche restriktive Praxis nicht bloß den betroffenen Priestern persönlich, sondern auch dem Ansehen der Kirche ganz allgemein wachsenden Schaden zufügt. Die *Arbeitsgemeinschaft der Priesterräte Europas* forderte bei ihrem Symposion in Rom (Oktober 1992) nach einem Dank an alle Geistlichen, die ehelos leben, „Großzügigkeit und Respekt für alle, die nicht länger so leben können".[17] In ihrem Brief an die Priester Europas äußerten die rund 85 Vertreter von Priesterräten aus zwanzig Ländern die Meinung, der künftige Priester müsse das Vorbild eines Lebens in Armut und Bescheidenheit geben. Schließlich hielten sie es für gut, wenn die unterschiedlichen Vorstellungen vom Amt des Priesters offen diskutiert würden.

Bischof *Jacques Gaillot* von Evreux (geb. 1935), von den einen „roter Bischof", von den anderen „schwarzes Schaf" der katholischen Kirche genannt, durchbrach schon lange nicht nur in der Zölibatsfrage ein Tabu. Für ihn bedeutet es keinerlei Schwierigkeit, wenn auch verheiratete Männer zu Priestern geweiht werden dürften. Er sprach sich schon vor Jahren offen für die Möglichkeit des verheirateten Priesters aus. Höchst bedenklich erscheint ihm angesichts der allgemeinen Kirchenpolitik die heutige Laisierungspraxis. Bei der Versammlung der Französischen Bischofskonferenz in Lourdes am 25. Oktober 1988 hatte er sich erneut unbeliebt gemacht, als er in deutlicher Anspielung auf den Traditionalistenbischof Marcel Lefebvre und dessen Anhänger erklärte: „Es ist in der Tat bemerkenswert, wie sehr man sich bemüht, um Leute zurückzugewinnen, die in vielen wesentlichen Punkten des Glaubens weit vom Zweiten Vatikanischen Konzil entfernt sind, während man sich mit dem Abschied von hochwertigen Priestern abfindet, nur weil sie ihr Zölibatsversprechen gebrochen haben." Die Konsequenz, die sich für ihn daraus ergibt, faßte er bei derselben Gelegenheit in zwei konkrete Fragen: „Warum sollte man nicht Priestern die Dispens vom Zölibat zugestehen, wenn sie im Streben nach Gemeinschaft mit der Kirche darum bitten? Wie lange wollen wir uns den Dienst verheirateter Priester versagen, die für einen Einsatz in der Kirche auch weiterhin bereit sind?"[18]

Auf einen anderen bis heute kaum beachteten Umstand ist in diesem Zusammenhang hinzuweisen. Wenn ein Theologe gegen eine wesentliche Glaubenswahrheit verstößt, droht ihm heute nicht mehr wie früher die Exkommunikation, sondern allein der Entzug des kirchlichen Lehrauftrags (missio canonica). Dagegen verliert ein Theologe, der mit der Heirat sein Versprechen des Zölibats bricht, nicht nur die Lehrbefugnis, er wird auch noch vom Priesteramt suspendiert. Dies beweist, daß die Kirche die Übertretung eines rein kirchlichen Gesetzes viel schlimmer ahndet als den Verstoß gegen einen Glaubenssatz. Ist es ein Wunder, wenn die Kirche deshalb verächtlich Moralinkirche beschimpft wird?

Angesicht der sogenannten Laisierung stellt sich allerdings auch die fundamentale Frage, ob nicht die in frühkirchlicher Zeit erfolgte Sakralisierung des Priesteramtes (vgl. S. 10 ff., 63 ff.) revidiert werden muß, zumal da diese wesentlich auf einer dem Neuen Testament widersprechenden Auffassung vom Presbyter und einer heute längst überholten kultischen Reinheitsvorstellung gründet. Dann würde auch die heute so umstrittene Verpflichtung des abendländischen Priesters zum Zölibat zu einer nebensächlichen Disziplinfrage zusammenschrumpfen und kein unlösbares Problem mehr darstellen. So aber wird gern alles, was mit dem Priester zusammenhängt, in den Bereich des Glaubens verlagert und gleichzeitig als heilige Tradition für sakrosankt erklärt.

VII. Gegenwärtige Zölibatsdiskussion

Nachdem wir die viele Jahrhunderte umfassende Geschichte des Priesterzölibats in ihren Grundlinien kennengelernt haben, erhebt sich unwillkürlich die Frage: Wo stehen wir heute? Und wie soll es weitergehen?

Albert Bäumer konstatierte im Jahr 1970: „Die Diskussion um den Zölibat ist im wesentlichen beendet. Neue Gesichtspunkte kommen kaum hinzu. Es wird nur deshalb leidenschaftlich protestiert, weil aus der Zölibatsanalyse keine entsprechenden Konsequenzen gezogen werden."[1] Doch heute, mehr als 20 Jahre später, gilt das Gegenteil: Der Disput über die Bedeutung und Notwendigkeit des allgemeinen Priesterzölibats ist nicht beendet, im Gegenteil, er tobt heute hitziger als zuvor, eben weil die längst fälligen Konsequenzen immer noch nicht gezogen sind. Statt sachlicher Erörterungen gewahren wir Diskussionen voller Emotionen und Aggressionen.

Die bewegte Zölibatsgeschichte zeigt sehr deutlich, wie die vielfältigen Argumente und Beweise für ein enthaltsames und eheloses Leben des Priesters im Laufe der Zeit gewechselt haben, wie einmal diese und dann jene Begründungen den Hauptausschlag für die Fortsetzung der Tradition gegeben haben. Zum Abschluß unserer historischen Expedition sollen die heute im Vordergrund der Auseinandersetzung stehenden Begründungen zusammengefaßt werden.

Zölibat als Gabe Gottes

Bejaher wie Verneiner des Zölibats stimmen darin überein, daß es sich bei der Ehelosigkeit des Priesters nicht bloß um die Erfüllung eines kirchlichen Gesetzes, sondern um die Verwirklichung eines *Charismas*, einer Gabe Gottes, handeln sollte. Und doch unterscheiden sich beide Parteien ganz wesentlich: Die eine Seite lehnt nämlich jede gesetzliche Verpflichtung des Priesters zum ehelosen Leben gerade deshalb ab, weil man ein Geschenk Gottes nicht durch ein Gesetz erzwingen dürfe; die andere Seite aber hält Charisma und Gesetz durchaus für vereinbar, ja, hält das Gesetz des Zölibats sogar für nützlich und notwendig zum Schutz des Charismas. Während die Gegner des Gesetzes von Pflicht- oder Zwangszölibat sprechen, weisen die Befürworter diese Ausdrücke als unberechtigt zurück, weil niemand zum Priesterberuf gezwungen werde.

Spätestens seit dem 2. Vatikanischen Konzil steht außer jedem Zweifel, daß die *Ehelosigkeit nicht vom Wesen des Priestertums gefordert* wird. Die Tradition der Priesterehe, die für das ganze erste Jahrtausend in den West- wie in den Ostkirchen als Faktum nicht zu leugnen ist, ist nicht bloß in den orthodoxen Kirchen des Ostens, sondern auch in den mit Rom unierten Ostkirchen bis heute lebendig.

Josef Thomé († 1980), Pfarrer von Würselen-Morsbach (Diözese Aachen), dessen Buch „Der mündige Christ. Katholische Kirche auf dem Weg der Reifung" (1949) trotz kirchlichem Imprimatur auf den Index der verbotenen Bücher kam, hinterließ ein um das Jahr 1943 verfaßtes Manuskript zum Thema Zölibat. Darin stellt er fest, daß die innere Berufung eines Mannes zum Priestertum mit der Frage nach der Ehelosigkeit wesentlich nichts zu tun habe. Es wäre nach seiner Meinung ein Schaden für zahlreiche zum Priestertum berufene Männer wie auch für die Kirche selbst, wenn „Tausende geeigneter und berufener Männer" wegen des Zwangszölibats nicht Priester werden könnten. Entsprechend hart lautet sein Urteil über die Koppelung von Priesteramt und Ehelosigkeit: „Wenn eines starren Prinzips wegen, das dem Leben gegenüber nicht mehr vertreten werden kann, Arbeitern im Weinberg des Herrn (Mt 9, 38) die Tore verschlossen bleiben, dann ist die Kirche nicht mehr Trägerin des Lebens im vollen Sinne."[2]

Im Blick auf die prekäre Lage der praktischen Seelsorge betonten *Priestergruppen in der Erzdiözese Freiburg* in einem Arbeitspapier für die 1969 abgehaltenen Informationstagungen des Freiburger Priesterrats zum Thema „Priesterliche Existenz" hinsichtlich der gesetzlichen Verbindung von Priestertum und Zölibat: „Die Erwartung, daß eine bestimmte Gnadengabe – mag sie auch wichtig sein und im ganzen nie völlig fehlen dürfen – dem positiven Gesetz einer Teilkirche folgt, daß also zum Beispiel die Berufung zur freiwilligen Ehelosigkeit ‚um des Himmelreiches willen' so zahlreich geschenkt wird wie die Berufung zum Presbyterdienst in den bestehenden Gemeinden, widerspricht vielfältiger Erfahrung, scheint aber auch theologisch zumindest sehr bedenklich."[3]

Von wirklicher Freiheit kann mit Recht erst dann gesprochen werden, wenn die Kandidaten für die Priesterweihe nicht mehr wählen müssen zwischen Priesterberuf und Ehe, sondern frei entscheiden dürfen, und zwar zu jeder Zeit, ob sie als Priester ledig bleiben oder heiraten möchten.

Während früher die Notwendigkeit des Zölibats für das geistliche Leben des Priesters im Mittelpunkt der Argumentation stand, liegt heute der Hauptakzent auf der Angemessenheit priesterlicher Ehelosigkeit für das pastorale Wirken. Doch selbst wenn der Zölibat unter diesem Aspekt als eine optimale Bedingung für den Priesterberuf akzeptiert wird, ergibt sich daraus nicht auch schon die Berechtigung zu einer Vergesetzlichung des Charisma, zumal da der Zölibat nicht bloß Ehelosigkeit, sondern völlige Enthaltsamkeit beinhaltet.

Zölibat als Menschenrechtsfrage

Papst *Leo XIII.* hat in seiner Enzyklika „Rerum novarum" vom 15. Mai 1891 folgenden Grundsatz aufgestellt: „Kein menschliches Gesetz kann dem Menschen das natürliche und ursprüngliche Recht auf die Ehe entziehen; keines kann den Hauptzweck dieser durch Gottes heilige Autorität seit Erschaffung der Welt eingeführten Einrichtung irgendwie einschränken." Auch wenn diese Aussage speziell für die Praxis der Laisierung von Priestern von Bedeutung ist, gibt sie doch auch Antwort auf die Frage, ob die Kirche den Verzicht auf ein fundamentales Menschenrecht, wie es die Ehe ist, zu einer unerläßlichen Bedingung für die Zulassung zum Priesteramt machen darf.

Neue humanwissenschaftliche Erkenntnisse, namentlich auf den Gebieten der Anthropologie und Psychologie, sprechen ferner dagegen, daß ein so tief in das Menschenleben einschneidender Verzicht zu einer allgemeinen Bedingung für einen ganzen Berufsstand gemacht wird.

Kirchenmänner sind freilich schnell zur Stelle, wenn es gilt, unangenehme Reformforderungen als Beweise eines antikirchlichen oder gar glaubenslosen Zeitgeistes zurückzuweisen. So suchte der Bamberger Erzbischof *Elmar Maria Kredel* in seiner Predigt bei der Chrisammesse des Jahres 1992 das Zeichen des Zölibats für unsere Zeit als eine „Anfrage" und „Kritik an der Perversion und Überbetonung des Sexuellen bei vielen unserer Zeitgenossen, an der Schamlosigkeit und Vermarktung der Sexualität in der Öffentlichkeit" hinzustellen. Dann freilich läßt sich, die menschliche Problematik des Zölibats naiv verharmlosend oder gröblich verkennend, mit unschuldiger Miene fragen: „ Soll diese Gabe und dieses Geschenk dem modischen Zeitgeist geopfert werden?"[4] Wenn so argumentiert wird, müßten sich alle, die das Zölibatsthema auch nur zu diskutieren wagen, als Schädlinge der Kirche und Sklaven des angedeuteten Zeitgeistes fühlen.

Seit der Aufklärung im 18. Jahrhundert stehen bei der Kritik am Zölibatsgesetz neben pastoralen Anliegen vor allem anthropologische Erwägungen im Vordergrund. Tatsächlich kann man von jungen Männern, die am Priesterberuf ernstlich interessiert sind, häufig hören: „Priester möchte ich schon werden, aber nicht um den Preis eines ehelosen Lebens. Dazu fühle ich mich nicht geschaffen." Viele stellen aus diesem Grund das Theologiestudium ein und verzichten damit auf einen Beruf, zu dem sie vielleicht – wer weiß es – von Gott gerufen wären. Und aus demselben Grund mußten Priester zu allen Zeiten, in ungewöhnlich hoher Zahl aber in den letzten drei Jahrzehnten, aus dem Amt scheiden. Wenn diese „Krisenfälle" früher selten waren, so sind sie in unserer Zeit so zahlreich, daß man von einer Krise des Priesterstandes sprechen kann.

In diesem Zusammenhang ist es nötig, darauf hinzuweisen, daß das enthaltsame Leben keine Unmöglichkeit darstellt. Es fehlt nicht an Psychologen, die vor einer Scheinpsychologie warnen, nach welcher die Ehelosigkeit in jedem Fall die volle Reife des Menschen verhindere. Der angesehene Psychologieprofessor *Al-*

bert Görres (München) urteilt dazu: „Es gibt heute eine katholische Sexualmythologie, die sich mit Vorliebe auf die sogenannte moderne Tiefenpsychologie oder die sogenannten Ergebnisse der Anthropologie beruft, nach denen erwiesen sein soll, daß der Mensch ohne die Erfahrung des Geschlechtsverkehrs nicht zur personalen Reife gelangen könne, sondern neurotisch werden müsse. Ich kann dazu nur sagen, daß dieser Satz das Muster einer unwissenschaftlichen Behauptung ist." Aus dieser Diagnose folgt aber andererseits, daß die Wahl des Lebensstandes wirklich frei erfolgen müsse – ohne Zölibatsgesetz im Nacken. Nochmals Görres: „Niemand darf und kann diese Last (des Zölibats) auf sich nehmen, der sie ohne innere Bejahung ihres positiven Sinnes nur in Kauf nimmt, weil er sonst nicht Priester werden kann."[5] Dieses Dilemma wird erst dann aus der Welt geschafft sein, wenn ledige und verheiratete Männer – und auch Frauen – gleichermaßen geweiht werden können.

Auch wenn sich also sexuelle Enthaltsamkeit in gesunder Reife verwirklichen läßt, ist doch nicht auszuschließen, daß ein solches Leben bei entsprechender Veranlagung zu einem unpersönlichen Wesen in dem Sinn führt, „daß man als Priester das personale Eingehen auf den anderen überhaupt verlernt".[6] Und was wäre dies für ein Seelsorger, der zu einem persönlichen Kontakt mit den ihm anvertrauten Menschen nicht fähig ist?

Für einen Priester, welcher den Zölibat nicht wirklich freiwillig übernommen hat, können die mit dem Eheverzicht verbundenen Schwierigkeiten unerträglich werden. Der Jesuit *Friedrich Wulf,* ein Meister in der christlichen Spiritualität, schätzte die hier dem Priesterleben drohenden Gefahren so ein: „Die unverarbeitete oder verdrängte Geschlechtlichkeit wuchert unkontrolliert. Das kann sich in verschiedener Weise zeigen: in einer ungeordneten Trieb- und Gefühlswelt, die sich verselbständigt und dem Geist entzieht, in sich hervordrängenden Körpergefühlen bis zum sexuellen Drang, in Zerfahrenheit und Unzufriedenheit ..., u. U. in harten Bußen und Selbstpeinigungen. Die nicht bejahte und integrierte Geschlechtlichkeit kann aber auch zur Folge haben, daß der Mensch unvital wird, unschöpferisch, einfallslos, lahm, daß seine Fähigkeiten eintrocknen, Kontaktbedürfnis und Kontaktfähigkeit nachlassen, daß mit einem Wort die humane Substanz einschrumpft, dünn wird bis zur Infantilität. Man könnte für all das Beispiele aus dem Leben anführen. Erscheinungen wie Unausgeglichenheit, Unordnung in Lebensstil und Lebensrhythmus, impulsives Handeln, unkontrollierte Reaktionen, Neigung zu Süchten, Arbeitswut oder auch Hang zur Bequemlichkeit, zum Sichgehenlassen, geringes Ausdrucksvermögen, Phantasielosigkeit aus Mangel an Antrieben, Lustlosigkeit und Erschlaffung können Folgen der nicht bewältigten oder vernachlässigten Geschlechtlichkeit sein."[7]

Zölibat als Ursache für den Priestermangel

Wenn von Priestermangel die Rede ist, heißt dies, daß nicht mehr alle Kirchengemeinden mit der notwendigen Intensität pastoral betreut werden können. Die Lage stellt sich freilich nicht nur nach Ländern, sondern auch innerhalb der einzelnen Länder unterschiedlich dar. In Deutschland gibt es Großstadtpfarreien mit einem Pfarrer und einem Kaplan für 30 000 Gläubige und daneben eine dörfliche Pfarrei mit 300 Gläubigen, denen auch (noch) ein Pfarrer zur Verfügung steht. Daß die offensichtlichen Versorgungslücken mit der schreibtischmäßigen Zusammenlegung mehrerer Pfarreien nicht zu schließen sind, ist selbstverständlich. Dies würde die Last der meist schon überlasteten Pfarrer nur noch vergrößern. Besonders verhängnisvoll aber müßte sich auswirken, wenn der von Pfarrei zu Pfarrei, von Messe zu Messe eilende Priester nur noch als Spender der Sakramente, vornehmlich der Buße und der Eucharistie, in Erscheinung träte und dadurch ein höchst einseitiges Priesterbild repräsentierte.

Auf der anderen Seite aber wird es für die spezifische Aufgabe des Priesters nicht ohne Schaden bleiben, wenn Pastoralreferenten, Diakone oder Ordensschwestern mit quasipfarrerlichen Aufgaben betraut werden. Erst kürzlich hat Erzbischof *Ottorino Alberti* von Cagliari den verheirateten Diakon Lino Marceddu mit der Leitung der verwaisten Pfarrei Goni auf Sardinien beauftragt. Als sogenannter Pfarrer wird der Diakon, der zusammen mit seiner Frau im Pfarrhaus des 600 Einwohner zählenden Ortes wohnt, alle Rechte und Pflichten eines Pfarrers wahrnehmen, die Feier der Eucharistie und die Beichte ausgenommen. Eine Klärung des priesterlichen Berufsbildes und eine dementsprechende Ausprägung der übrigen pastoralen Dienste gehören zu den Problemen, die dringend einer Lösung bedürfen.

Auch wenn der Zölibat nicht als die einzige Ursache für den Mangel an Priestern angesehen werden kann, so ist er doch eine Hauptursache für das ständig steigende Defizit. Da hilft es wenig, wenn Papst und Bischöfe den Notstand in ihren Diözesen wehmütig beklagen und dafür vielleicht die glaubenslose Zeit verantwortlich machen. Weniger Priester garantieren gewiß nicht ein größeres Maß an Gläubigkeit. Es verhält sich eher umgekehrt, daß eine minimale Betreuung der Kirchenmitglieder auch eine minimale Bindung an die Kirche zur Folge hat.

Ein altes kirchliches Prinzip lautet: Cura animarum suprema lex (Die Sorge für die Seelen ist das höchste Gesetz). Getreu diesem Grundsatz zog *Karl Rahner* im Blick auf die Zölibatssituation folgende Konsequenz: „Wenn und insofern die Kirche in einer konkreten Situation eine genügende Anzahl solcher priesterlicher Gemeindeleiter ohne Verzicht auf die Zölibatsverpflichtung nicht finden kann, dann ist es selbstverständlich und gar keiner weiteren theologischen Diskussion mehr unterworfen, daß sie auf diese Zölibatsverpflichtung verzichten muß."[8] Ob nicht auch Papst und Bischöfe zu derselben Schlußfolgerung kommen müßten?

Es gibt in der Tat Bischöfe, die es nicht beim Klagen belassen wollen, sondern aus pastoraler Sorge und Verantwortung öffentlich für eine Lockerung des alle Priester verpflichtenden Gesetzes eintreten. Bekannt für seinen Realitätssinn ist der Benediktiner *Rembert Weakland*, 1967–1977 Abtprimas der Benediktiner mit Sitz in Rom, seit 1977 Erzbischof von Milwaukee. Die Not der priesterlosen Gemeinden ließ ihn in einem Hirtenbrief (1991) diesen Vorschlag machen: „Vorausgesetzt eine Pfarrei, die wegen Priestermangels keine regelmäßige Sonntagsmesse mehr haben kann und sich jeden Sonntag gläubig zum Wortgottesdienst versammelt, den ein Laie oder Diakon leitet ... und wenn es so scheint, daß dieser Zustand mehrere Jahre andauern wird, vielleicht ein ganzes Jahrzehnt, dann wäre ich bereit, dieser Gemeinschaft zu helfen, einen qualifizierten Kandidaten für das (Weihe-)Priestertum zu finden – selbst wenn es sich um einen verheirateten Mann handelt – und ich werde, ohne falsche Erwartungen oder unbegründete Hoffnung für ihn oder die Gemeinde zu wecken, einen solchen Kandidaten dem Hirten der Weltkirche, um Erleuchtung und Führung bittend, vorschlagen."[9] Tatsächlich wurde der Erzbischof mit dieser Initiative im Vatikan vorstellig, erhielt aber vom Staatssekretariat, wie nicht anders zu erwarten, eine negative Antwort. Seine Absicht, einem verheirateten Mann die Priesterweihe zu erteilen, hieß es, sei fehl am Platz.

Natürlich kann man es bedauern, daß eine Änderung des Zölibatsgesetzes in erster Linie mit dem Mangel an Priestern begründet wird. Dies könnte nämlich so verstanden werden, als würden bei einer Besserung der pastoralen Notlage wieder nur ledige Bewerber für das Priesteramt angenommen. Dann allerdings müßten sich die vorübergehend geweihten Ehemänner im wahrsten Sinn des Wortes als „Lückenbüßer" betrachten. Wer möchte dies schon sein?

Zölibat und Armut?

Zu den drei evangelischen Räten, die Ordensleute durch ein Gelübde übernehmen, gehören Armut, Ehelosigkeit und Gehorsam. Man fragt nicht erst heute, warum Weltpriester nur zur Ehelosigkeit verpflichtet sein sollen und nicht ebenso zur Armut, die doch Jesus nicht weniger als die Ehelosigkeit gelobt, anempfohlen und in seinem Leben beispielhaft verwirklicht hat. Gewarnt hat Jesus vor dem Reichtum, nicht vor der Ehe.

Verwunderlich ist außerdem, daß die Kirchenautorität vom Gelübde der Armut, wie es z. B. der Priester-Mönch ablegt, schon immer ohne Schwierigkeit dispensiert, doch nur selten vom Versprechen des Zölibats, welches dem Weltpriester abverlangt wird. Darf man daraus schließen, daß die Ehelosigkeit höher eingeschätzt wird als die Armut?

Um der evangelischen Armutsforderung besser gerecht zu werden, mahnte das *2. Vatikanische Konzil* alle Priester zu einem Leben im Sinn der Armut: „Sie dürfen das kirchliche Amt weder als

Erwerbsquelle betrachten noch die Einkünfte daraus für die Vermehrung des eigenen Vermögens verwenden. Die Priester sollen darum ihr Herz nicht an Reichtümer hängen, jede Habgier meiden und sich vor allem vor aller Art weltlichen Handelns sorgfältig hüten. Sie werden vielmehr zur freiwilligen Armut ermuntert, in der sie Christus sichtbarer ähnlich und zum heiligen Dienst verfügbarer werden ... Aber auch ein gewisser gemeinschaftlicher Gütergebrauch, ähnlich der Gütergemeinschaft, die in der Geschichte der Urkirche gepriesen wird, kann der Hirtenliebe vorzüglich den Weg ebnen; durch diese Lebensform können die Priester den Geist der Armut, den Christus empfiehlt, in liebenswerter Weise konkret verwirklichen."[10] Dieses Programm ist gewiß lobenswert, doch seine Verwirklichung läßt zu wünschen übrig. Darf man bei einer Weltkirche, wie es die römisch-katholische ist, gerade angesichts der höchst unterschiedlichen Sozialstruktur des Klerus in den einzelnen Ländern nicht erwarten, daß es unter den Geistlichen einen Finanzausgleich auf Weltebene gibt? Hier könnte die Kirche beispielhaft wirtschaftliche Solidarität zeigen und gleichzeitig ein eschatologisches Zeichen setzen, das man nicht leicht übersehen würde.

Wolfgang Klausnitzer, Regens des Bamberger Priesterseminars, bezeichnete bei einem Interview am 10. Mai 1992 anläßlich des Welttages der geistlichen Berufe die Frage nach der Armut im Priesterleben als ein „Riesenproblem." Er sieht einen engen Zusammenhang zwischen Armut und Ehelosigkeit: „Wir versuchen, dem Gefühl Widerstand zu leisten, daß der Zölibat durch das Kompensieren mit großen Reisen, großen Autos, aufwendig eingerichteten Wohnzimmern gehalten werden kann." Und direkt zum Zölibat meint er: „Ich glaube, daß der Zölibat heute oft mißverstanden wird. Er ist nicht das einzige Kriterium christlicher Nachfolge. Ich glaube, es ist dann eher ein Gegenzeugnis, wenn ein Priester den Zölibat lebt, aber ihn mit einem Lebensstil kompensiert, der nichts mehr mit Armut zu tun hat."[11]

Ein Priester unserer Tage hat diesen Appell verstanden und für sich zu einer Gewissensfrage gemacht: „Wir dürften nicht nur Zölibatäre sein – mit gutem Monatsgehalt, Auto, Fernsehen, Urlaubsreisen usw. –, sondern: Wir müßten auch arm sein. Wir müßten das Ideal der Ganzhingabe unsere ganze Lebensart prägen lassen, nicht nur einen Teilbereich."[12]

Zölibatsnorm und Realität
Der geschichtliche Befund zeigt deutlich, daß bei kaum einem anderen Gesetz die Kluft zwischen *Norm und Wirklichkeit*, zwischen normativer Verpflichtung und faktischer Verwirklichung so groß ist wie beim Gesetz des priesterlichen Zölibats. Bei den Priestern, deren Verstöße gegen die Verpflichtung zur Keuschheit offenkundig werden, handelt es sich nur um die Spitze eines Eisberges. Dies gilt erst recht, wenn man bedenkt, daß jedes „sexuelle Lustbedürfnis, sei es durch masturbatorische oder durch sonstige Aktivitäten mit Partnern", gegen die totale Enthaltsamkeitsforderung verstößt. Priester werden nun einmal „durch ihre Berufsentscheidung und die damit übernommene gesellschaftliche Rolle nicht zu asexuellen Wesen ohne aktive Neigungen zur sexuellen Lusterfahrung. Eine derartige Idealitätsvorstellung muß als wirklichkeitsfern bezeichnet werden, ganz abgesehen von der Fragwürdigkeit dieses ‚Ideals'."[13]

Es hat den Anschein, als ob die Bischöfe und Ordensoberen das Dilemma zwischen Norm und Wirklichkeit nicht sehen wollen, denn sonst würden sie dem Papst, als dem obersten Gesetzgeber, rücksichtslos widerstehen und im Interesse der Priester wie auch der Glaubwürdigkeit der Kirche für eine Abschaffung oder zumindest für eine Modifikation dieses allgemeinen Gesetzes plädieren. So aber scheuen die Oberhirten den Protest im Vatikan; und sie verweigern den Dialog in der Öffentlichkeit, vor allem wenn es um prekäre Fragen geht. Es fand sich z. B. kein Bischof bereit, in dem Filmbericht „Mutter Kirche und das Tabu der Priesterkinder" Rede und Antwort zu stehen. Stattdessen schickte die Pressestelle der Deutschen Bischofskonferenz folgendes Telefax: „Die Mitwirkung eines Bischofs in der von Ihnen geplanten Sendung ist aus unserer Sicht nicht sinnvoll."[14]

Während man bei Visitationen in früheren Jahrhunderten die tatsächlichen Verhältnisse genau zu erkunden suchte (vgl.

S. 154 ff.), sind bischöfliche oder im Namen des Bischofs durchgeführte Visitationen heute selten und werden, wenn sie stattfinden, gewöhnlich als eine Routineangelegenheit erledigt. Das Thema Zölibat taucht im Fragebogen nicht einmal mehr auf. Der Kirchenrechtler *Werner Böckenförde*, Domkapitular in Limburg, hat angesichts der Säumigkeit von Bischöfen – und dies gewiß nicht allein im Blick auf den Zölibat – erst kürzlich offen konstatiert: Nicht wenige Bischöfe „beherrschen die Kunst des Slalomlaufes und zeigen hohes diplomatisches Geschick. Andere sind froh, wenn sie nicht ‚offiziell‘, etwa durch eine Beschwerde oder durch die Zeitung, erfahren, was im Bistum läuft. Sie möchten am liebsten nicht gefragt werden, um nicht eingreifen zu müssen."[15] Und doch hätte nichts so sehr wie Ehrlichkeit nach innen wie nach außen – bei den Betroffenen und den Verantwortlichen – die immer wieder verschleppte Lösung des Zölibatsproblems am ehesten vorangebracht. So aber wirkt sich die offizielle Vogel-Strauß-Politik schon lange, und je länger desto mehr, zum offensichtlichen Schaden für die Kirche aus. Ist es wirklich nur Angst vor dem Papst, der in Sachen Zölibat überhaupt nicht mit sich reden läßt?

Seit kurzem durchbrechen nun doch einzelne Bischöfe in verschiedenen Ländern das bisher ängstlich gehütete Tabu des Priesterzölibats und fragen, ob dieses allgemeine Gesetz uneingeschränkt fortbestehen müsse. Als erste Neuerung erwartet man die Priesterweihe für verheiratete Kandidaten. Der Wiener Weihbischof *Helmut Krätzl* schlug eine stufenweise Lockerung des Gesetzes vor. Dazu bewog ihn vor allem die Tatsache, daß immer mehr Pfarrgemeinden am Sonntag auf die Eucharistiefeier verzichten müssen, weil es nicht genügend Priester gibt. „Daß eine Gemeinde Eucharistie feiert", erklärt der Bischof, „gehört zum Konstitutiven. Dieser Wert ist höher zu achten als ein Kirchengesetz." Auch er sieht den ersten sofort gangbaren Schritt in der Weihe bewährter verheirateter Männer. Am Ende sollte nach seiner Ansicht eine allgemeine Eheerlaubnis für Priester stehen. Doch Krätzl stieß sogleich auf heftigen Widerspruch bei Amtskollegen, vor allem bei Erzbischof *Georg Eder* von Salzburg und Bischof *Kurt Krenn* von St. Pölten. Wenn nicht mehr in allen

Pfarreien eine Sonntagsmesse stattfinden könne, ist dies für Eder ein Umstand, der auf die Mission in Afrika schon immer zugetroffen habe. Ja, er wagte sogar die Aussage, daß eine lebendige Christengemeinde nicht davon abhängig sei, ob sie jeden Sonntag Eucharistie feiern könne. Und Krenn meinte seinen bischöflichen Mitbruder Krätzl daran erinnern zu müssen, daß bereits zwei Bischofssynoden mehrheitlich für die Fortdauer des allgemeinen Zölibatsgesetzes gestimmt hätten: „Man muß auch einmal Entscheidungen der Kirche ernstnehmen, sie akzeptieren und vertreten. Man kann nicht immer wieder von vorn beginnen." Ausdrücklich betonte er die größere „Belastbarkeit" des Priesters, „wenn dieser frei ist" (gemeint ist: von Frau und Familie). Weihbischof Krätzl erhielt nicht nur aus Laienkreisen Unterstützung. Sein Amtsbruder in Wien, Weihbischof *Florian Kuntner*, wertete die Kritik als Zeichen „einer hohen pastoralen Alarmstufe". Der immer spürbarer werdende Priestermangel sei schuld daran, daß Priester bereits heute weithin überlastet seien. Mit Bedauern registrierte er, daß „hervorragende Priester ihr Amt aufgeben müssen, nur weil sie Ehe und Familie wollen". An die Adresse des Papstes und der für diese Frage Verantwortlichen in der Kurie gerichtet, meinte Kuntner, sie seien „gut beraten, wenn sie genau hinhören und nicht vorschnell nein sagen." Der Münchener Weihbischof *Heinrich von Soden-Frauenhofen* betrachtete die Meinungsäußerung Krätzls im Österreichischen Rundfunk als Ausdruck einer Gewissensnot der Bischöfe in ganz Europa. Im Gegensatz zu Erzbischof Eder meint der Münchener Weihbischof: „Wir Bischöfe sind gehalten, unsere Pfarreien mit Seelsorgern zu besetzen. Das ist unsere Pflicht vor Gott, den Menschen und gegenüber der Kirche." Und im Blick auf das Zölibatsgesetz gesteht der Prälat, „daß es uns sicherlich hie und da schwerer macht, der meiner Meinung nach übergeordneten Pflicht der Seelsorge nachzukommen".[16]

Wie in Österreich die Bischöfe Eder und Krenn, so gibt es auch in Deutschland Oberhirten, welche das Zölibatsgesetz unter allen Umständen verteidigen. Zu ihnen zählt der Kölner Kardinal-Erzbischof *Joachim Meisner*. Im November 1992 gab Meisner der Tageszeitung „Deutsche Tagespost" ein Interview, das er nicht nur zu einem deutlichen Plädoyer für das Zölibatsgesetz nutzte, sondern auch zu einer vehementen Attacke gegen alle, die über Sinn und Notwendigkeit dieses Gesetzes diskutieren, aber nach seiner Ansicht „mitunter den Eindruck erwecken, nicht zu wissen, wovon sie eigentlich reden". Ihre Kritik diene als Alibi-Funktion für ihre Dispens von „der Radikalität der eigenen Christusnachfolge". Den Kritikern sei „eine gewisse Krämergeist-Haltung" eigen. Daß solche „Krämerseelen", solche „Rechner", solche „geistlichen Pfennigfuchser" gegen den Zölibat opponieren, erscheint dem Kardinal als völlig normal. Bedauerlich finde er nur, daß es so viele davon in der Kirche heute gebe. Der Hauptgrund der Zölibatsdiskussion, die „einen erschreckenden Mangel an Glaubenswissen und auch an Glaubenserfahrung" zeige, liegt nach Meisner in der „gegenwärtigen Glaubenskrise". Der Zweifel am Zölibat sei zutiefst „ein Zweifel an der Wirklichkeit und Erfahrbarkeit Gottes", speziell an der Existenz Jesu Christi: „Wer Christi Existenz nicht mehr erfährt, wer ihn nicht mehr im Herzen spürt und nicht mehr an ihn glaubt, für den ist ein Zölibatärer in der Tat ein Verrückter oder Kranker." Der Zölibat des Priesters läßt sich nach Kardinal Meisners Überzeugung „nicht mit soziologischen, psychologischen oder pädagogischen Kategorien fassen, sondern nur mit theologischen und spirituellen", und diese bedürften keiner neuen Begründung. Ohne das Gebet gebe es keinen Zugang zum Zölibat. In der Aufhebung des gesetzlichen Zölibats sieht der Kölner Erzbischof aus zwei Gründen keinen Weg zur Behebung des Priestermangels: „Ehekrisen oder gar Ehescheidungen würden den Einsatz von solchen Priestern so stark einschränken, daß wir de facto weniger Priester hätten als jetzt." Für diese pessimistische Prognose verweist er auf die anderen Kirchengemeinschaften, die keine Zölibatsverpflichtung kennen. Und im übrigen bestehe gar kein Mangel an Priestern, wohl aber an wirklichen Christen: „Im Vergleich zur Zahl der Kirchenbesucher gibt es eigentlich gar keinen Priestermangel." Für die kleiner werdende Herde habe man heute mehr pastorale Mitarbeiter als früher.

Bei dieser Einstellung des Kardinals wundert man sich nicht, wenn er auf die entscheidende Frage, ob er dem Zölibat noch eine

Zukunft gebe, kurz entschlossen antwortet: „Ja, und zwar jetzt erst recht." [17] Darin stimmt er gewiß mit Papst Johannes Paul II. überein. Ob dies auch noch die Antwort unter dem Nachfolger dieses Papstes sein wird?

Solidarität der Priester gefordert

Abstimmungen und Befragungen unter dem Klerus, die in den letzten Jahren durchgeführt wurden, ergaben stets, daß die Mehrheit der Priester und Ordensleute gegen die gesetzliche Verpflichtung zur Ehelosigkeit eingestellt ist. Wer solche Meinungsäußerungen als Verfallensein an den Sexualismus oder gar als Glaubenslosigkeit deutet, beweist wenig Sinn für kritische Analyse der kirchlichen Situation. Man kann es nicht oft genug betonen: Der Zölibat als gesetzliche Verpflichtung ist nicht eine Sache des Glaubens, sondern eine Frage der Kirchendisziplin. So sinnvoll und fruchtbar eine Ehelosigkeit sein mag, die aus Liebe zu Jesus Christus und aus Engagement für das Reich Gottes freiwillig gewählt wird, so sinnlos und fruchtlos kann eine Ehelosigkeit sein, wenn sie nur als gesetzliche Verpflichtung übernommen wird. Ja, es ist sogar zu fragen, ob es nicht in mehrfacher Weise ein Unrecht bedeutet, wenn eine derart gefährdete Lebensform, wie sie das ehelose Leben darstellt, einem ganzen Berufsstand als Gesetz auferlegt wird.

Noch so massive Proteste und eindeutige Abstimmungsresultate vermochten bis jetzt bei der obersten Kirchenhierarchie keine Sinnesänderung herbeizuführen. Die menschliche Lage der betroffenen Priester und die pastorale Notsituation vieler Kirchengemeinden verlangen darum nach stärkerer Deutlichkeit und Solidarität. Nicht austreten aus der Kirche, sondern auftreten in der Kirche! So muß die Devise heißen. Auf der Suche nach einem wirksamen Weg braucht man sich nur einmal vorzustellen, was geschehen würde, wenn die für eine Änderung des Zölibatsgesetzes votierenden Geistlichen – also nicht nur die heiratswilligen unter ihnen –, tatkräftig unterstützt von genauso denkenden Laien, geschlossen in den Berufsstreik träten, und zwar so lange, bis die Heirat eines Amtsbruders ebensowenig ein Hindernis für das Verbleiben im Priesterdienst darstellt, wie die Tatsache des

Verheiratetseins eines Mannes oder einer Frau ein Hindernis für die Weihe zum Priester oder zur Priesterin bedeutet.

Das die ganze Kirche mehr und mehr in Mitleidenschaft ziehende Zölibatsproblem erfordert Solidarität. Dazu braucht es allerdings Mut und Glauben.

Wie lange noch Tanz um das „Goldene Kalb"?

Kaum ein Tag vergeht, ohne daß zwei oder drei Priester aus dem Amt scheiden müssen. Und der Grund: Heirat. In der Zeitung kann man es dann zum Beispiel so lesen: „Kaplan legte wegen Heirat Amt nieder."[1] Ein etwas seltener Fall diesmal, zugegeben, denn der 33jährige Kaplan Nikolaus Bernhard war erst drei Jahre vorher im Augsburger Dom zum Priester geweiht worden. Und jetzt schon das „Aus". Muß das sein? Ich will damit nicht sagen, daß der junge Priester seinen Heiratsplan hätte aufgeben sollen. Nein, mich bedrängt allen Ernstes die Frage, ob es menschlich und theologisch zu verantworten ist, allen Kandidaten für die Priesterweihe, die im Durchschnitt 25 Jahre alt sind, ein für ihr ganzes Leben geltendes Versprechen der Ehelosigkeit abzunehmen, ein Versprechen, das selbst Jesus Christus, dessen Priester sie sein sollen, nicht verlangt hat. Ohne dieses Versprechen aber wäre die Ehe des jungen Kaplan Bernhard jetzt kein Skandal, sondern eine ganz alltägliche Angelegenheit.

Wolfgang Trilling, Praepositus der Gemeinschaft des Oratoriums in Leipzig und Professor für Neues Testament, erklärte bei einer Predigt in der Liebfrauenkirche zu Leipzig am 25. September 1988 zum Ausscheiden von zwei Mitbrüdern wegen Heirat: „Wenn ein Priester glaubt, diese Lebensform (des Zölibats) nicht mehr glaubwürdig ausfüllen zu können, so ist das sicher schlimm, es ist vielleicht menschliche Tragik oder schuldhaftes Versagen – es ist aber keine Katastrophe. Vor allem ist es für uns selber nicht eine Frage, die unseren Glauben beträfe. Das zu wissen ist sehr wichtig. Es schmerzt uns, aber es macht uns nicht im Glauben irre. Denn der Zölibat betrifft nicht eine Frage des Glaubens, sondern eine Frage der Ordnung der Kirche. Eher könnten wir schon fragen, ob die Kirche es weiterhin verantworten kann, den Zölibat in der jetzigen Form, also als Gesetz, aufrechtzuerhalten, wenn er so viele junge, begabte Leute abhält, das Priestertum zu ergreifen, und wenn er so viele Opfer fordert."[2]

Immer mehr Katholiken, Priester wie Laien, fragen sich besorgt: Soll es auch in Zukunft so sein, daß Zölibat und Priester in der römisch-katholischen Kirche unbedingt zusammengehören? Sollen weiterhin nur ledige und für das ganze Leben zum Ledigbleiben entschlossene Männer Priester werden können? Muß es wirklich so bleiben, daß jährlich Hunderte von Priestern ihren Beruf verlieren, nur weil sie geheiratet haben? Müssen die Schäden, die dem Ansehen der Hierarchie und mehr noch der praktischen Seelsorge durch Heiratsmeldungen von Priestern fast täglich zugefügt werden, jetzt schon groß genug, von Jahr zu Jahr noch größer werden? Es gibt keine offizielle Statistik. Und was die Dunkelziffer betrifft, sind wir auf Schätzungen angewiesen. Aber ungefähr 80000–100000 wegen Heirat suspendierte Priester dürften es wohl sein – das sind rund 20 Prozent des gesamten Klerus –, die unter dem Pontifikat Pauls VI. ohne weiteres, unter dem jetzigen Papst Johannes Paul II. aber nur in begrenzter Zahl vom Zölibat entbunden wurden und damit auch kirchlich heiraten konnten. Ihnen standen im Jahr 1989 rund 400000 amtierende Priester gegenüber. Erschütternde Zahlen, die deutlich machen, daß der viel beklagte Priestermangel – Tendenz immer noch steigend – über Nacht behoben sein könnte, wenn man Priestern die Eheschließung gestattete und sie dennoch im Amt behielte. Wer könnte und möchte diesen katastrophalen Zustand noch länger verantworten?

Darum nochmals die Frage: Soll es wirklich so weitergehen wie bisher? Die Antwort, die Papst Johannes Paul II. und vermutlich auch die Mehrzahl der Bischöfe und Kardinäle noch geben, lautet: Ja. Sie scheinen von der Angemessenheit – keiner von ihnen spricht von Notwendigkeit – des Zölibats für das Priesteramt so sehr überzeugt zu sein, daß sie diese Ehelosigkeit nicht der freien Entscheidung des einzelnen Bewerbers für das Priesteramt überlassen wollen, sondern sie per Gesetz erzwingen zu müssen meinen. Außerdem möchten sie mit ihrem festen Beharren auf der Tradition dem aufweichenden „Zeitgeist", dessen Botschaft „Sex und freie Liebe" heißen soll, keine Chance geben, sondern ihm ein mächtiges Bollwerk entgegensetzen.

Zu diesen Oberhirten gehört auch der 73jährige Erzbischof *Elmar Maria Kredel* von Bamberg. In seiner Predigt bei der Chrisammesse des Jahres 1992 äußerte er die Meinung, die priesterliche Ehelosigkeit dürfe keineswegs „dem modischen Zeitgeist" geopfert werden. Wer den Zölibat als Grund für den derzeitigen Priestermangel hinstellt, vertauscht nach seiner Ansicht Ursache und Wirkung; denn: „Die Krise der Kirche ist eine Krise des Glaubens. Aus ihr kommt auch die Krise der Berufungen. Der Priestermangel ist die Folge eines Mangels an Glauben oder besser gesagt an Gläubigen – und nicht umgekehrt."[3] Mit dieser Argumentation wollte der Erzbischof die bei einer Pressekonferenz der Bamberger Informationsstelle für geistliche Berufe vorgetragene Kritik, das Festhalten der katholischen Kirche an der Ehelosigkeit der Priester sei „ein Tanz um's Goldene Kalb", als unzutreffend abtun. Diesen schockierenden Vergleich gebrauchte in der Tat der Bamberger Domvikar *Clemens Löffler*, der als Leiter der Diözesanstelle für kirchliche Berufe mit viel Mühe und Phantasie junge Leute für den Beruf des Priesters anzuwerben sucht. Und *Wolfgang Klausnitzer*, Regens des Bamberger Priesterseminars, bemerkte bei derselben Gelegenheit nicht ohne Ironie, das Gesetz des Zölibats bedeute nur dann kein Problem, wenn man sich im Erzbischöflichen Ordinariat mit ungefähr sieben Priesterweihen pro Jahr zufriedengebe.

Der Bamberger Erzbischof behauptete in seiner Predigt weiter, die römisch-katholische Kirche habe die Ehelosigkeit ihrer Priester „immer als Gnade und Gabe vom Herrn der Kirche gedacht, erbetet und entgegengenommen." Wie falsch das Wörtchen „immer" an dieser Stelle ist, dürfte der geschichtliche Teil deutlich gemacht haben. Die Kirche halte es für „angemessen", betonte Erzbischof Kredel schließlich, gestützt auf ein heute problematisch gewordenes kultisches Priesterverständnis, „daß derjenige, der das Amt Christi, des Hauptes der Kirche, vor allem in der Feier der Eucharistie, aber auch in der Feier der übrigen Sakramente übernimmt, wie dieser Jesus Christus vollkommen frei ist für den Dienst am Heil des Volkes Gottes."[4] Bei seinem hohen Lob auf die

Verdienste der zölibatären Priester machte der Oberhirte dann doch das leichte Eingeständnis, daß „einzelne Priester" ihre Verpflichtung zum Zölibat verletzt hätten. Ganz abgesehen davon, daß Zölibat mehr bedeutet als Nicht-Heiraten, nämlich völlige Keuschheit, und niemand beurteilen kann, in welchem Ausmaß der einzelne Priester das Gebot völliger Enthaltsamkeit erfüllt, sollte ein Oberhirte, wenn er schon die horrende Zahl der verheirateten Priester auf Weltebene ignoriert, allein die Zahl der Priester bedenken, die in deutschen Bistümern den Priesterdienst aus Heiratsgründen quittieren mußten. Verharmlosung ist aber ein untauglicher Weg zur Klärung eines Problems.

Es ist eigenartig, daß kirchliche Autoritäten mit Vorliebe auf die Tradition blicken und vor Neuerungen einen gewissen Schrecken empfinden. Die beim 2. Vatikanischen Konzil ausgetragenen Kontroversen um den verheirateten Diakon, der inzwischen wieder zur Wirklichkeit der Kirche gehört, sind ein anschaulicher Beweis dafür. Warum bloß kommt Hierarchen so selten in den Sinn, daß neue Wege auch neue Möglichkeiten eröffnen können? Warum fällt es ihnen heute noch so schwer zu erkennen, daß verheiratete Priester und Priesterinnen auch einen Gewinn für die Kirche bedeuten können, wie es *Walter Kasper*, Bischof des Bistums Rottenburg-Stuttgart, in einem Interview des Südwestfunks Baden-Baden auszusprechen wagte: „Wenn wir verheiratete Priester hätten neben den ehelos lebenden, käme eine neue Erfahrungsdimension in den Klerus. Das könnte auch eine Bereicherung darstellen."[5]

Daß neue Formen des Priesterbildes auch in der katholischen Kirche lebendig werden, prophezeite übrigens Kardinal *Joseph Ratzinger*, allerdings vor 20 Jahren als Professor der Theologie, in einer kühnen Vision von der „Kirche im Jahre 2000": „Sie wird auch gewiß neue Formen des Amtes kennen und bewährte Christen, die im Beruf stehen, zu Priestern weihen: In vielen kleineren Gemeinden bzw. in zusammengehörigen sozialen Gruppen wird die normale Seelsorge auf diese Weise erfüllt werden. Daneben wird der hauptamtliche Priester wie bisher unentbehrlich sein."[6] Seit 1982 Präfekt der Kongregation für die Glaubenslehre, kennt Kardinal Ratzinger die gegenwärtige Situation der Kirche, insbesondere des Klerus, so genau wie kein zweiter. Er weiß auch sehr wohl, daß das kirchliche Gesetz nicht an höchster Stelle stehen darf, und sprach dies unlängst auch unmißverständlich aus: „Das Gesetz ist für den Menschen da und nicht der Mensch für das Gesetz: Die Struktur hat ihre Berechtigung, aber sie darf nicht die Person ersticken!"[7] Doch wie steht es mit den Personen, fragt man unwillkürlich, die Priester sind und die wegen der mit der Heirat verbundenen Amtssuspension einen geistlichen „Erstickungstod" sterben müssen? Und wie steht es mit den Pfarrgemeinden, denen wegen des auch durch den Zölibat bedingten Priestermangels kein Pfarrer mehr zur Verfügung steht?

Der Dominikaner *Heinrich Basilius Streithofen* hat erst kürzlich aus der ganzen langen Zölibatsgeschichte die einzig richtige Konsequenz gezogen: „Wer auch immer für oder gegen den Zölibat spricht, kann nie einen absoluten und allgemeingültigen Anspruch für seine Argumente beanspruchen."[8] Es kommt also einzig und allein entscheidend darauf an, daß die zuerst verantwortlichen Vertreter der Kirche, Papst und Bischöfe, die Verkündigung des Evangeliums an die erste Stelle setzen und kirchenpolitische Interessen ganz am Rande liegen lassen.

Doch der jetzige Papst *Johannes Paul II.* hält bekanntlich seit Beginn seines Pontifikats mit seltener Hartnäckigkeit am Zölibatsgesetz fest. Um dieses Gesetz nicht durch heiratswillige Priester weiter unterminieren zu lassen, so daß am Ende nur noch die Aufhebung übrigbliebe, verschärfte er die Bestimmungen für die sogenannte Laisierung. Weil aber eine zeitgemäße Lösung der Zölibatsfrage letztlich in Händen des Papstes liegt, hat sich der bereits genannte Kapuzinerpater und Pfarrer *Ezechiel Britschgi* in einem Brief an den Papst gewandt, um ihm unter einer Reihe von aktuellen Themen vor allem die Dringlichkeit der Zölibatsfrage vor Augen zu stellen. Der Pater betont darin eingangs, daß „Hunderttausende, ja Millionen bester, intelligenter und glaubenstreuer Katholiken" in dieser Angelegenheit genauso dächten und nicht weniger als er selbst „unter dem heutigen Kirchenregime leiden". Dann stellt er dem höchsten Repräsentanten der römisch-katholischen Kirche ein paar dornige Fragen: „Wie lange wollen Sie, Herr Papst, noch – wohl gegen Ihr besseres Wissen – den

Pflichtzölibat für Weltpriester noch durchzwängen, obwohl Sie bestens wissen, wissen müssen, daß ein erschreckend hoher Prozentanteil der Priester ihn schlecht oder gar nicht hält? Und denken Sie auch hie und da an die unzähligen Frauen, die, unter ständiger Geheimnistuerei, psychisch beinahe zugrunde gehen?" Der Brief schließt mit dem bei einem Ordenspriester doppelt unerwarteten Bekenntnis: „noch nie in meinem Leben hatte ich soviel Mühe wie heute, *freudig* Glied dieser Kirche zu sein." Dieses Klageschreiben erreichte tatsächlich seinen Adressaten, wie die Antwort des Assessors Mons. *C. Sepe* im Staatssekretariat vom 23. Januar 1990 beweist. Auf das wohl nur als captatio benevolentiae zu verstehende Lob folgt freilich ein unverhohlener Tadel: „Dennoch befremden nicht wenige Ihrer Ausführungen und Schlußfolgerungen, besonders aber der Ton und die Art und Weise, mit der Sie Ihre kritischen Anmerkungen und Ratschläge vortragen. Beurteilen Sie selber, ob diese jenem Ideal entsprechen, nach dem Ihr Ordensvater der Kirche Jesu Christi und ihrem Obersten Hirten beizustehen und zu dienen sich bemüht hat und es wohl auch von seinen geistlichen Söhnen erwartet."[9] Freie Meinungsäußerung und ernster Dialog sind an der Spitze der Kirche, wie es scheint, heute immer noch nicht selbstverständlich.

Wie schwer die oberste Kirchenautorität zu einer Änderung des Zölibatsgesetzes zu bewegen ist, konstatierte der bereits erwähnte Pfarrer *Josef Thomé* schon vor Jahrzehnten in seinen „Gedanken zum Zölibat", die erst jetzt gedruckt vorliegen. Die Kirchengeschichte lehrt uns zur Genüge, schreibt Thomé, daß Neuerungen in der Kirche meist von unten ausgingen und der Obrigkeit fast immer abgezwungen werden mußten. Er verfiel aber deshalb nicht in Resignation, sondern richtete seinen Blick voller Hoffnung in die Zukunft: „Die alte Kirche in ihrer alten Form wird unter großen Wehen sterben, weil sie die Zeit der Heimsuchung nicht erkannt hat; auferstehen wird unter Feuer und Sturm die alte Kirche in neuer, lebendiger, verklärter Gestalt, gebaut auf die lebenzeugenden Kräfte des Glaubens und der Liebe. Unter Sturm und Brausen wird der Geist Gottes über sie kommen und ihr neue Sendung geben. Und Fragen wie die des Zölibats werden nicht einmal mehr die Bedeutung der Frage des Sabbattages in der Urkirche haben."[10]

Wenn ich der katholischen Kirche etwas Böses wünschen sollte, wäre es dies: Daß sie die Zölibatsverpflichtung ihrer Priester unter allen Umständen und gegen alle Widerstände als eisernes Gesetz aufrechterhält. Doch ich wünsche es nicht, und zwar im Interesse der Kirche Jesu Christi und aller Menschen, für welche diese Kirche dasein soll.

Das allerletzte Wort soll die Ordensschwester *Christeta Hess* (geb. 1936) haben, die 1956 in die Kongregation der Armen Dienstmägde Jesu Christi (Mutterhaus in Dernbach) eintrat und hauptsächlich als Lehrerin wirkte. Seit August 1992 ist sie Provinzoberin. Die Frage, ob der Zölibat der Weltpriester aufgehoben werden sollte, beantwortete Schwester Hess so: „Die Lebensform der gottgeweihten Ehelosigkeit ist wichtig und wertvoll in der Kirche. Es ist meine Lebensform, die aller Ordensleute – und sie halten dieses Zeichen in der Kirche aufrecht. Der Zölibat des Weltpriesters ist eine kirchenrechtliche Festlegung. Viele Priester haben ihn gelebt, er hat Gutes bewirkt, aber auch viele vermeidbare Härten und Konflikte. Ich sehe keinen zwingenden Grund, Priestertum und Zölibat miteinander zu koppeln und wünsche diese Verpflichtung aufgehoben."[11]

Anmerkungen

I. Priesterbild im Wandel

[1] W. Pesch: Priestertum und Neues Testament, in: W. Pesch / P. Hünermann / F. Klostermann, Priestertum 15.

[2] Ebd. 18.

[3] R. M. Hübner: Die Anfänge von Diakonat, Presbyterat und Episkopat in der frühen Kirche, in: A. Rauch / P. Imhof (Hg.): Das Priestertum 72.

[4] P. Hoffmann: Evangelium ohne Priester?, in: P. Eicher (Hg.): Der Klerikerstreit 173.

[5] E. L. Grasmück: Vom Presbyter zum Priester. Etappen der Entwicklung des neuzeitlichen katholischen Priesterbildes, in: P. Hoffmann (Hg.): Priesterkirche 108.

[6] Ebd. 107.

[7] B. Griffiths: Eucharistie – Gemeinschaft in Liebe, in: Christ in der Gegenwart, 26. 4. 1992.

[8] BKV 27, 140.

[9] Migne: PL 77, 766.

[10] Grasmück (wie Anm. 5) 118 f.

[11] L. Zirker: Leben im Dialog 12.

[12] Römischer Katechismus 237.

[13] L. Lehmann: Das dogmatische Problem des theologischen Ansatzes zum Verständnis des Amtspriestertums, in: F. Henrich (Hg.): Existenzprobleme 131.

[14] J.-M. De Maistre: Vom Papste, hg. v. J. Bernhart, Bd. II, München 1923, S. 59, 79, 86.

[15] L.'Osservatore Romano, 10. 2. 1972.

[16] J. O. Zöller: Abschied von Hochwürden 74–77.

[17] W. Gessel: Resakralisierungstendenzen 122.

[18] D. v. Hildebrand: Zölibat 137 f.

II. Gesetzgebung zur Enthaltsamtkeit und zum Zölibat

1. Biblische Aussagen

[1] K. Mörsdorf: Zölibat, in: LThK X, 1396.

2. Kirchengeschichte

[1] Migne: PL 22, 1050.
[2] Denzler: Papsttum I, 13 f.
[3] Mirbt/Aland: Quellen I, 106 f.
[4] Migne: PL 54, 1204.
[5] Mansi: Collectio 15, 871.
[6] Quellen des 9. und 11. Jahrhunderts zur Geschichte der Hamburgischen Kirche und des Reiches. Adam von Bremen: Bischofsgeschichte der Hamburger Kirche, Darmstadt 1961, S. 365.
[7] Migne: PG 42, 867 f.
[8] Denzler: Papsttum I, 54.
[9] Mansi: Collectio 20, 236 f.
[10] Conciliorum oecumenicorum decreta 174.
[11] Mansi: Collectio 1, 715.
[12] Conciliorum oecumenicorum decreta 193 f.
[13] Conciliorum oecumenicorum decreta 218.
[14] Mansi: Collectio 23, 1170 f.
[15] Mansi: Collectio 23, 1157.
[16] Roskovány: Coelibatus II, 53.
[17] Conciliorum oecumenicorum decreta 731.
[18] Conciliorum oecumenicorum decreta 769.
[19] Picard: Zölibatsdiskussion 356.
[20] Denzinger: Kompendium 617.
[21] Denzler: Papsttum II, 293.
[22] Denzler: Papsttum II, 302.
[23] Denzler: Papsttum II, 310.
[24] Denzler: Papsttum II, 311.
[25] Denzler: Papsttum II, 320 f.
[26] Denzler: Papsttum II, 323.
[27] Denzler: Papsttum II, 324.
[28] Denzler: Papsttum II, 333.
[29] Denzler: Papsttum II, 358 f.
[30] Der Seelsorger 37 (1967) 303–306.
[31] Hampe: Autorität der Freiheit II, 241.
[32] Rahner / Vorgrimler: Konzilskompendium 589.
[33] Akten Papst Paul VI. Rundschreiben über den priesterlichen Zölibat, Trier 1968, S. 63.
[34] Denzler: Papsttum II, 339.
[35] Denzler: Papsttum II, 351.
[36] Acta Apostolicae Sedis 63 (1971) 276 f.

[37] L'Osservatore Romano, 4.8.71.
[38] Bischofssynode 1971. Das Priesteramt, Einsiedeln 1972, S. 77.
[39] L'Osservatore Romano, 2.4.1982.
[40] Papst Johannes Paul II: Pastores dabo vobis 69.
[41] Zweites Deutsches Fernsehen, 13.2.1970.
[42] Pontificale Romanum, Rom 1972, S. 29.

III. Innere und äußere Gründe für das Zölibatsgesetz

1. Kultische Reinheit

[1] Goldbrunner: Seelsorge 129.
[2] L. M. Weber: Reinheit, in: LThK VIII, 1144.
[3] C. Munier: Concilia Galliae a. 314 – a. 506, Turnholt 1963, S. 143f.
[4] J. A. Fischer: Die Apostolischen Väter, Darmstadt 1970, S. 221.
[5] Migne: PG 22, 81.
[6] Migne: PG 41, 867f.
[7] BKV 32, 129.
[8] BKV 27, 140.
[9] Denzler: Papsttum I, 16f.
[10] Mansi: Collectio 18, 438.
[11] Migne: PL 161, 515f.
[12] Denzler: Papsttum I, 54.
[13] K. Reindel: Die Briefe des Petrus Damiani, Bd. 2, München 1988, S. 206–208.
[14] Denzler: Papsttum I, 60f.
[15] Migne: PL 145, 393.
[16] Thomas von Aquino: Das Geheimnis der Eucharistie (Die Deutsche Thomas-Ausgabe, Bd. 30), Salzburg/Leipzig 1938, S. 308.
[17] Denzler: Papsttum I, 93f.
[18] Jean Gerson: Oeuvres complètes, Bd. X, Paris 1973.
[19] Denzler: Papsttum I, 108.
[20] S. Bernardini Senensis opera omnia, Bd. VII, Florenz 1959, S. 414.
[21] Denzler: Papsttum II, 242f.
[22] Roskovány: Coelibatus II, 482f.
[23] Picard: Zölibatsdiskussion 361.
[24] G. Phillips: Cölibat, in: Kirchenlexikon, Bd. III, Freiburg ²1884, S. 585.
[25] Bamberger Pastoralblatt, 22.5.1886; zit. bei W. Leinweber: Streit um den Zölibat 425f.
[26] Acta et constitutiones concilii Provinciae Salisburgensis, Salzburg 1910, S. 192.
[27] M. Faulhaber: Zeitfragen und Zeitaufgaben. Gesammelte Reden, Freiburg ⁸1935, S. 7f.
[28] Denzler: Papsttum II, 320f.
[29] Denzler: Papsttum II, 323f.

[30] Denzler: Papsttum II, 324 f.

[31] A. M. Rathgeber: Wissen Sie Bescheid? Augsburg 1964, S. 541.

[32] J. Pieper: Was ist ein Priester?, in: K. W. Kraemer / K. Schuh (Hg.): Zölibat in der Diskussion, S. 13 f.

[33] Dienst aus der größeren Liebe zu Christus. Schreiben Papst Johannes Pauls II. an die Priester. Mit einem Kommentar von Hans Urs v. Balthasar, Freiburg/Basel/Wien 1979, S. 62. Um zu sehen, wie andere Priester denken, vgl. G. Denzler (Hg.): Priester für heute.

[34] B. Streithofen: Eine neue Kirche? Wie man die katholische Kirche im Schlaf vernichtet, in: Die neue Ordnung 45 (1991) 305.

[35] Heinrichsblatt. Kirchenzeitung für das Erzbistum Bamberg, 26. 4. 1992.

[36] Leitgedanken für die Erziehung zum priesterlichen Zölibat, Rom 1974, S. 17.

2. Asketische Reinheit

[1] H. Chadwick: Enkrateia, in: RAC V, 347.

[2] F. Wulf: Askese, in: H. Fries (Hg.): Handbuch theologischer Grundbegriffe, Bd. I, München 1962, S. 118.

[3] H. Chadwick: Askese, in: RAC I, 760 f.

[4] BKV 12, 322.

[5] BKV 7, 65.

[6] P.-P. Joannou: Discipline générale antique (IVe–IXe s.), t. I, 2: Les canons des Synodes Particuliers, Grottaferrata 1962, S. 35 f.

[7] Denzler: Papsttum II, 14 f. (Der Brief ist hier fälschlich noch Damasus zugeschrieben.)

[8] H. Bornkamm (Hg.): Das Augsburger Bekenntnis, Hamburg 1965, S. 36.

[9] J. B. Heinrich: Die kirchliche Reform. Eine Beleuchtung der Hirscher'schen Schrift „Die kirchlichen Zustände der Gegenwart", Bd. II, Mainz 1850, S. 96 f. Vgl. dazu W. Leinweber: Streit um den Zölibat 422–425.

[10] F. Wulf (wie Anm. 2) 120.

3. Gesellschaftliches Prestige

[1] Migne: PL 50, 430 f.

[2] Zitat bei Picard: Zölibatsdiskussion 350, Anm. 32.

[3] Beleg leider verlorengegangen.

[4] L.'Osservatore Romano, 8. 9. 1979.

[5] Pfürtner: Sexualfeindschaft 56 f, 60.

[6] Leserbrief von P. Josef Ulbrich SVD, in: Deutsche Tagespost, 30. 10. 1990.

4. Ökonomisches Interesse

[1] Eusebius von Cäsarea: Kirchengeschichte, hg. v. H. Kraft, Darmstadt 1967, S. 288.

[2] H. Tüchle: Anno, Reichsbischof und Reformer, in: Sankt Anno und seine viel liebe statt, hg. v. G. Bausch, Siegburg 1975, S. 86.

[3] W. Lautermann: Geschichte in Quellen. Mittelalter, München ²1978, S. 236–242.

[4] Max Weber: Wirtschaft und Gesellschaft, hg. v. Joh. Winckelmann, 5. Aufl. der Studienausgabe, Tübingen 1972, S. 363.

[5] Franzen: Zölibatsfrage 383.

5. Machtstreben

[1] Pfürtner: Sexualfeindschaft 46, 66.

[2] Meschler: Vom kirchlichen Zölibat, in: Stimmen aus Maria Laach (1912) 266.

[3] Richard Schoenherr: Heilige Macht, heilige Autorität und heiliger Zölibat, in: Concilium 8 (1972) 632. Vgl. Bensberger Kreis (Hg.): Kirche – Macht – Sexualität, (Eigenverlag) 1992, S. 33–36.

[4] Denzler: Papsttum II, 277; Picard: Zölibatsdiskussion 132.

[5] Aufbruch. Forum für eine offene Kirche (1990) 14.

6. Theologische Argumente

[1] Baumert: Frau und Mann bei Paulus 390.

[2] Schillebeeckx: Das kirchliche Amt 133.

[3] Rahner / Vorgrimler: Konzilskompendium 161 u. 174f.

[4] Publik-Forum, 1.12.1978.

[5] BKV 16, 132.

[6] A. Auer: Diakonat und Zölibat, in: K. Rahner / H. Vorgrimler (Hg.): Diakonia in Christo. Über die Erneuerung des Diakonates, Freiburg/Basel/Wien 1982, S. 329.

[7] Rahner / Vorgrimler: Konzilskompendium 588f.

[8] L'Osservatore Romano, 13.6.1987.

[9] L'Osservatore Romano, 29./30.10.1990.

[10] Papst Johannes Paul II.: Pastores dabo vobis 69.

[11] L'Osservatore Romano, 28.10.1990.

[12] Augustinus: Bekenntnisse, Frankfurt 1987, S. 551.

[13] BKV 32, 130.

[14] Römischer Katechismus 255.

[15] Bellarmin: Ausführliche Erklärung der christlichen Lehre (im Auftrag seiner Heiligkeit Papst Clemens' VIII.), München 1844, S. 122.

[16] G. Söll: Maria in der Geschichte von Theologie und Frömmigkeit, in: W. Beinert / H. Petri (Hg.): Handbuch der Marienkunde, Regensburg 1984, S. 165.

[17] F. X. Arnold u. a. (Hg.): Handbuch der Pastoraltheologie, Bd. IV, S. 188.

[18] C. J. M. Halkes: Maria/Mariologie, in: P. Eicher (Hg.): Neues Handbuch theologischer Grundbegriffe. Erweiterte Neuausgabe. Bd. III, München 1991, S. 316.

[19] W. Dirks: Der Mann in der Kirche, in: F. X. Arnold u. a. (Hg.): Handbuch der Pastoraltheologie, Bd. IV, S. 270.

[20] C. J. M. Halkes: Maria, in: E. Gössmann u. a. (Hg.): Wörterbruch der feministischen Theologie, Gütersloh 1991, S. 270f.

[21] Drewermann: Kleriker 512.

[22] D. Thalhammer: Maria und der Priester, in: P. Sträter (Hg.): Maria im Christenleben, Bd. III, Paderborn 1951, S. 208.

[23] Karl Guido Rey: Pubertätserscheinungen in der katholischen Kirche, Zürich 1970, S. 17.

[24] B. Lang: Engel, in: P. Eicher (Hg.): Neues Handbuch theologischer Grundbegriffe, Bd. I, München 1984, S. 227 f.

[25] H. Vorgrimler: Wiederkehr der Engel? Ein altes Thema neu durchdacht, Kevelaer 1991, S. 18.

[26] Zitiert bei S. Frank: Aggelikos bios, Münster 1964, S. 169.

[27] H. Chadwick: Enkrateia, in: RAC V, 361.

[28] Migne: PL 16, 342.

[29] Migne: PL 16, 174.

[30] Heilmann: Texte IV, 184–186.

[31] Vorgrimler (wie Anm. 25) 79 f.

[32] Conciliorum oecumenicorum decreta 673.

[33] Bellarmin: Erklärung (wie Anm. 15) 122.

IV. Gegner des Zölibatsgesetzes

[1] Carl Andresen: Die Kirchen der alten Christenheit, Stuttgart 1971, S. 657.

[2] Ausgewählte Quellen zur deutschen Geschichte des Mittelalters, Bd. XIII., Darmstadt 1957, S. 259–261.

[3] J. Oswald: St. Altmanns Leben und Wirken, in: Der heilige Altmann, Bischof von Passau. Festschrift zu 900-Jahr-Feier 1965, Abtei Göttweig 1965, S. 148.

[4] Mansi: Collectio 20, 437 f.

[5] Migne: PL 172, 1397 f.

[6] Denzler: Papsttum I, 97.

[7] O. Clemen: Luthers Werke in Auswahl, Bd. I, Berlin 8 1959, S. 345.

[8] Missa de nuptiis Andreae Carolostadii, et sacerdotibus matrimonium contrahentibus: Bibliotheca Apostolica Vaticana, Palatina IV 121 (int. 21). Die Übersetzung aus dem Lateinischen besorgte dankenswerterweise Frau Prof. Dr. Helga Schüppert (Stuttgart).

[9] Denzler: Papsttum II, 223.

[10] Denzler: Papsttum II, 287.

[11] Picard: Zölibatsdiskussion 308 f.

[12] Ignaz Döllinger (Hg.): J. A. Möhlers Schriften und Aufsätze, Bd. I, Regensburg 1839, S. 180.

[13] Stephan Lösch: Dr. Adam Gengler 1799–1866, Würzburg 1963, S. 80 u. 85 f.

[14] E. R. Huber – W. Huber: Staat und Kirche im 19. und 20. Jahrhundert, Bd. I, Berlin 1973, S. 485 f. (Nr. 215).

[15] Denzler: Papsttum II, 310.

[16] Denzler: Papsttum II, 315 f.

[17] Archiv des Autors.

[18] Archiv des Autors.

[19] Archiv des Autors (Ungedrucktes Manuskript).

[20] Bischofssynode 1971. Das Priesteramt, Einsiedeln 1972, S. 77.

[21] Denzler: Papsttum II, 368.

[22] Gemeinsame Synode der Bistümer in der Bundesrepublik Deutschland. Beschlüsse der Vollversammlung, Bd. I, Freiburg/Basel/Wien 1976, S. 628.

[23] Frankfurter Rundschau, 7.1.1992.

[24] Denzler: Papsttum II, 370.

[25] Il Regno, 15.4.1981.

[26] Archiv des Autors.

[27] Franzen: Das Zölibatsfrage 345.

V. Verwirklichung des Zölibatsgesetzes

[1] Denzler: Papsttum I, 35.

[2] Denzler: Papsttum I, 37.

[3] Stickler: La continenza 291.

[4] K. H. Hermann: Das Tuskulanerpapsttum (1012–1046). Benedikt VIII., Johannes XIX., Benedikt IX., Stuttgart 1973, S. 146.

[5] Mansi: Collectio 24, 28 f.

[6] G. Morel (Hg.): Offenbarungen der Schwester Mechtild von Magdeburg oder das fließende Licht der Gottheit, Regensburg 1869, S. 198.

[7] Theiner: Einführung III, 703 f.

[8] J. Hartzheim: Concilia Germaniae, Bd. V, Köln 1760, S. 357.

[9] J. Gerson: Œuvres complètes, Bd. X, Paris 1973, S. 162.

[10] Bibliotheca Apostolica Vaticana: Cod. Vat. lat. 3881 fol. 250.

[11] D. Erasmus: Opera omnia, Bd. IX, Leiden 1706, S. 1201.

[12] J. Janssen: Geschichte des deutschen Volkes, Bd. VIII, Freiburg 1894, S. 392 f.

[13] A. Landersdorfer: Das Bistum Freising in der bayerischen Visitation des Jahres 1560, St. Ottilien 1986, S. 48.

[14] R. Dobersberger: Briefe von Franz Georg Benkert an Johann Ladislaus Pyrker von 1828 bis 1847, in: Würzburger Diözesangeschichtsblätter 42 (1980) 403–406.

[15] Goldmann-Posch: Unheilige Ehen 254.

[16] Süddeutsche Zeitung, 11.5.1992.

[17] Franzen: Zölibatsfrage 345.

VI. Laisierung: Vom Priester zum Laien

[1] Vgl. Denzler: Priester und Frau 312–315.

[2] Johannes Kowarz: Joseph Wittig und die Kirche (im Lichte des Vaticanum II), in: Th. Kampmann/R. Padberg (Hg.): Der Fall Josef Wittig fünfzehn Jahre danach, Paderborn 1975, S. 53.

[3] Deutsches Allgemeines Sonntagsblatt, 24.5.1987.

[4] Frankfurter Allgemeine Zeitung, 19.9.1992.

[5] Acta et documenta concilio Oecumenico Vaticano II apparando, ser. I, vol. II, pars II, Città del Vaticano 1968, S. 744f.

[6] Ebd. ser. II (praep.), vol. II, pars IV, Città del Vaticano 1968, S. 422.

[7] Akten Papst Paul VI. Rundschreiben über den priesterlichen Zölibat, Trier 1968, S. 97–99 (Nr. 83 – Nr. 88).

[8] P. Zulehner: Kirche und Priester zwischen dem Auftrag Jesu und den Erwartungen der Menschen. Ergebnisse der Umfragen des Instituts für kirchliche Sozialforschung Wien über „Religion und Kirche in Österreich" und „Priester in Österreich", Wien/Freiburg/Basel 1974.

[9] Bischofssynode 1971. Das Priesteramt, Einsiedeln 1972, S. 76.

[10] Dienst aus der größeren Liebe zu Christus. Schreiben Papst Johannes Pauls II. an die Priester, Freiburg/Basel/Wien 1979, S. 40.

[11] K. Mörsdorf: Laisierung, in: LThK VI, 750.

[12] M. Seybold: „Priester auf ewig" 405–407.

[13] W. Molinski: Zölibat als Charisma und Institution, in: Orientierung 54 (1990) 112.

[14] Aufbruch. Forum für eine offene Kirche (Mai 1990) 17.

[15] J. Leppich: Die frohe Botschaft für Schuldige und Unschuldige, in: B. Marz (Hg.): Alles für Gott. Priester sein zwischen Anspruch und Wirklichkeit, Düsseldorf 1990, S. 136.

[16] W. Friedberger: Was hat mir geholfen und was hilft mir? in: Lebendige Seelsorge 43 (1992) 219.

[17] Christ in der Gegenwart, 1.11.1992.

[18] J. Gaillot: Eine Kirche, die nicht dient, dient zu nichts. Erfahrungen eines Bischofs, Freiburg/Basel/Wien 1990, S. 178.

VII. Gegenwärtige Zölibatsdiskussion

[1] Albert Bäumer: Zur Situation des Priesters, in: zum Thema Priesteramt, Stuttgart 1970, S. 97.

[2] Josef Thomé: Gedanken zum Zölibat 42.

[3] Michael Raske: Zur Reform des Zölibatsgesetzes in der westlichen Kirche, in: R. Kottje u. a.: Ehelosigkeit 46.

[4] Heinrichsblatt. Kirchenzeitung für das Erzbistum Bamberg, 19.4.1992.

[5] Albert Görres: Krise eines Berufsstandes, in: F. Henrich (Hg.): Weltpriester 132f.

[6] E. Sauser: Die Ehrlichkeit des Priesters, in: Anzeiger für die katholische Geistlichkeit (1979) 410.

[7] F. Wulf: Zur Anthropologie 353 f.

[8] K. Rahner: Strukturwandel der Kirche als Chance und Aufgabe. Neuausgabe mit einer Einführung von J. B. Metz, Freiburg/Basel/Wien 1989, S. 132.

[9] Orientierung 55 (1991) 93.

[10] Rahner/Vorgrimler: Konzilskompendium 591 f.

[11] Heinrichsblatt. Kirchenzeitung für das Erzbistum Bamberg, 10. 5. 1992.

[12] P. Müller-Goldkühle: Der Zugang zum Priestertum, in: Stimmen der Zeit 117 (1992) 394.

[13] Pfürtner: Sexualfeindschaft 48 u. 53.

[14] Film von Yvonne Menne: Erstes Deutsches Fernsehen, Regenbogen, 15. 11. 1992.

[15] Werner Böckenförde: Neuere Tendenzen im katholischen Kirchenrecht. Divergenz zwischen normativem Geltungsanspruch und faktischer Geltung, in: Theologia practica 27 (1992) 123 f.

[16] Alle Zitate in: Münchener Katholische Kirchenzeitung, 23. 8. 1992.

[17] Presseamt des Erzbistums Köln: Pressedienst vom 15. 10. 1992.

Wie lange noch Tanz um das „Goldene Kalb"?

[1] Münchner Merkur, 17. 3. 1992.

[2] Mitteilungsblatt der Vereinigung katholischer Priester und ihrer Frauen e. V., (1989) Nr. 6.

[3] Heinrichsblatt. Kirchenzeitung für das Erzbistum Bamberg, 19. 4. 1992.

[4] Ebd., 19. 4. 1992.

[5] Südwestfunk/Fernsehen, 7. 11. 1991.

[6] Joseph Ratzinger: Glaube und Zukunft, München 1970, S. 122.

[7] Joseph Ratzinger: Zur Lage des Glaubens. Ein Gespräch mit Vittorio Messori, München/Zürich/Wien 1985, S. 68.

[8] H. B. Streithofen: Entscheidung für das Himmelreich, in: Rheinischer Merkur, 23. 10. 1992.

[9] Aufbruch. Forum für eine offene Kirche (Mai 1990) 17.

[10] J. Thomé: Gedanken zum Zölibat 45.

[11] Christ in der Gegenwart im Bild, Heft 1 (1993).

Bibliographie

Baumert, Norbert: Ehelosigkeit und Ehe im Herrn. Eine Neuinterpretation von 1 Kor 7, Würzburg 1984

BKV = Bibliothek der Kirchenväter, 1. Reihe: 63 Bde., Kempten 1911–1931; 2. Reihe: 20 Bde., Kempten 1932–1938

Böckle, Franz (Hg.): Der Zölibat. Erfahrungen – Meinungen – Vorschläge, Mainz 1968

Boelens, Martin: Die Klerikerehe in der Gesetzgebung der Kirche unter besonderer Berücksichtigung der Strafe. Eine rechtsgeschichtliche Untersuchung von den Anfängen der Kirche bis zum Jahre 1139, Paderborn 1968.

– Die Klerikerehe in der kirchlichen Gesetzgebung vom II. Laterankonzil bis zum Konzil von Basel, in: Scheuermann, Audomar / May, Georg (Hg.): Jus sacrum. Festgabe für Klaus Mörsdorf zum 60. Geburtstag, München/Paderborn/Wien 1969, S. 593–614

– Die Klerikerehe in der kirchlichen Gesetzgebung zwischen den Konzilien von Basel und Trient, in: Archiv für katholisches Kirchenrecht 138 (1969) 62–81

Brown, Peter: Die Keuschheit der Engel. Sexuelle Entsagung, Askese und Körperlichkeit am Anfang des Christentums, München 1991

Cholij, Roman: Clerical Celibacy in East and West, Leominister 1988

Concilium 8 (1972) Heft 10 (Der Zölibat des katholischen Priesteramts)

Cochini, Christian: Origines apostoliques du célibat sacerdotal, Paris/Namur 1981

Conciliorum oecumenicorum decreta, hg. v. J. Alberigo u. a., Freiburg/Basel/Wien 1962

Coppens, Joseph (Hg.): Sacerdoce et célibat. Etudes historiques et théologiques, Gembloux/Louvain 1971

Crottogini, Jakob: Werden und Krise des Priesterberufes. Eine psychologisch-pädagogische Untersuchung über den Priesternachwuchs in verschiedenen Ländern Europas. Einsiedeln/Zürich/Köln 1955

Dalarun, Jacques: Erotik und Enthaltsamkeit. Das Kloster des Robert von Arbrissel, Frankfurt 1987

Demmer, Klaus: Zumutung aus dem Ewigen. Gedanken zum priesterlichen Zölibat, Freiburg 1991

Denzinger, Heinrich: Kompendium der Glaubensbekenntnisse und kirchlichen Lehrentscheidungen, hg. v. P. Hünermann, Freiburg/Basel/Wien [37]1991

Denzler, Georg: Papsttum und Amtszölibat, 2 Bde., Stuttgart 1973–1975

- Priester und Frau – Joseph Bernharts Eheprozeß, in: neues hochland 66 (1974) 303–320
- (Hg.), Priester für heute. Antworten auf das Schreiben Papst Johannes Pauls II. an die Priester. Mit Dokumentation des Papstschreibens vom 8. April 1979, München 1980; Taschenbuchausgabe unter dem Titel: Weshalb Priester?, München 1982 (mit zusätzlicher Dokumentation des Konflikts zwischen Bischof Dr. Josef Stimpfle und Pfarrer Franz Xaver Janssen)
- Die verbotene Lust. 2000 Jahre christliche Sexualmoral, München 1988
- (Hg.): Lebensberichte verheirateter Priester. Authentische Zeugnisse zum Konflikt zwischen Ehe und Zölibat, München 1989

Deschner, Karlheinz: Das Kreuz mit der Kirche. Eine Sexualgeschichte des Christentums, Düsseldorf 1974

Diskussion um den Priester. Briefe an Bischof Riobé, Salzburg 1974

Doms, Herbert: Vom Sinn des Zölibats. Historische und systematische Erwägungen, Münster 1954

Drewermann, Eugen: Kleriker. Psychogramm eines Ideals, Olten 1989

Eicher, Peter (Hg.): Der Klerikerstreit, München 1990

Forster, Karl (Hg.): Priester zwischen Anpassung und Unterscheidung. Auswertungen und Kommentare zu den im Auftrag der Deutschen Bischofskonferenz durchgeführten Umfragen unter allen Welt- und Ordenspriestern in der Bundesrepublik Deutschland, Freiburg/Basel/Wien 1974

Franzen, August: Zölibat und Priesterehe in der Auseinandersetzung der Reformationszeit und der katholischen Reform des 16. Jahrhunderts, Münster 1969

- Die Zölibatsfrage im 19. Jahrhundert. Der „Badische Zölibatssturm" (1828) und das Problem der Priesterehe im Urteile Johann Adam Möhlers und Johann Baptist Hirschers, in: Historisches Jahrbuch 91 (1971) 345–383

Friedberger, Walter: Was hat mir geholfen, und was hilft mir?, in: Lebendige Seelsorge 43 (1992) 215–219

Fuchs, O. / Greinacher, N. / Karrer, L. / Mette, N. / Steinkamp, H.: Der pastorale Notstand. Notwendige Reformen für eine zukunftsfähige Kirche, Düsseldorf 1992

Gansrigler, Franz: Jeder war ein Papst. Geheimkirchen in Osteuropa, Salzburg 1991

Gessel, Wilhelm: Resakralisierungstendenzen in der christlichen Spätantike, in: Hartmut Bartsch (Hg.): Probleme der Entsakralisierung, München/Mainz 1970, S. 101–122

Goldmann-Posch, Ursula: Unheilige Ehen. Gespräche mit Priesterfrauen, München 1985

Greely, Andrew M.: The Cardinals Sins, New York 1981

Gryson, Roger: Les origines du célibat ecclésiastique du premier au septième siècle, Gembloux 1970

Hampe, Johann Christoph (Hg.): Die Autorität der Freiheit. Gegenwart des Konzils und Zukunft der Kirche im ökumenischen Disput, 3 Bde., München 1967

Heilmann, Alfons (Hg.): Texte der Kirchenväter, 5 Bde., München 1963–1966

Heimerl, Hans: Der Zölibat. Recht und Gerechtigkeit, Wien 1985

213

Henrich, Franz (Hg.): Existenzprobleme des Priesters, München 1969

– (Hg.): Weltpriester nach dem Konzil, München 1969

Hildebrand, Dietrich von: Zölibat und Glaubenskrise, Regensburg 1970

Hirschmann, Adam: Bilder aus dem Leben der Geistlichen der Diözese Eichstätt um die Mitte des 16. Jahrhunderts, in: Archiv für Kulturgeschichte 12 (1916) 380–400

Hödl, Ludwig: Die lex continentiae. Eine problemgeschichtliche Studie über den Zölibat, in: Zeitschrift für katholische Theologie 83 (1961) 325–344

Hoffmann, Paul (Hg.): Priesterkirche, Düsseldorf 1987

Holl, Adolf: Wie ich ein Priester wurde, warum Jesus dagegen war, und was dabei herausgekommen ist, Reinbek 1992

Jäckel, Karin: Sag keinem, wer dein Vater ist! Das Schicksal von Priesterkindern. Zeugnisse – Berichte – Fragen, Recklinghausen 1992

Jedin, Hubert: Das Leitbild des Priesters nach dem Tridentinum und dem Vaticanum II, in: Theologie und Glaube 60 (1970) 102–124

Jonkers, E. J.: Acta et symbola conciliorum quae saeculo quarto habita sunt, Leiden 1954

Kavanaugh, James: Protest aus Liebe. Ein moderner Priester klagt seine unzeitgemäße Kirche an, Olten 1969

Klostermann, Ferdinand (Hg.): Der Priestermangel und seine Konsequenzen. Einheit und Vielfalt der kirchlichen Ämter und Dienste, Düsseldorf 1977

– Die pastoralen Dienste heute. Priester und Laien im pastoralen Dienst. Situation und Bewältigung, Linz/Wien/Passau 1980

– Gemeinde ohne Priester. Ist der Zölibat eine Ursache?, Mainz 1981

Kopp, G. L. C.: Die katholische Kirche im neunzehnten Jahrhunderte und die zeitgemäße Umgestaltung ihrer äußeren Verfassung, Mainz 1830

Kötting, Bernhard: Der Zölibat in der Alten Kirche, Münster 1968

Kottje, R. / Nastainczyk, W. / Raske, W. / Stenger, H.: Die Ehelosigkeit des Priesters in Geschichte und Gegenwart, Regensburg 1970

Kraus, Alfons: Für einen gefallenen Engel beten sie nicht. Die Katholische Kirche und ihre verheirateten Priester, (Selbstverlag) Ingolstadt 1988

Kretschmar, Georg: Ein Beitrag zur Frage nach dem Ursprung frühchristlicher Askese, in: Zeitschrift für Theologie und Kirche 61 (1964) 27–67

Leinweber, Winfried: Der Streit um den Zölibat im 19. Jahrhundert, Münster 1978

Leist, Fritz: Zölibat – Gesetz oder Freiheit? München 1968

– Der sexuelle Notstand und die Kirchen, Gütersloh 1972

– Zum Thema Zölibat. Bekenntnisse von Betroffenen, München 1973

Liotta, Filippo: La continenza dei chierici nel pensiero canonistico classico. Da Graziano à Gregorio IX, Milano 1971

LThK = Lexikon für Theologie und Kirche. 10 Bde., Freiburg/Basel/Wien 1957–1965

Luthe, Friedhelm: Der Berufswechsel der Priester. Eine empirische Studie, Düsseldorf 1971

Maas, C.: Affektivität und Zölibat. Dargestellt aufgrund einer Untersuchung der holländischen Literatur 1960–1978, St. Augustin 1979

Marz, Bernd (Hg.): Alles für Gott? Priester sein zwischen Anspruch und Wirklichkeit, Düsseldorf 1990

Mansi, J. D.: Sacrorum conciliorum nova et amplissima collectio, 31 Bde., Florenz/Venedig 1757–1798 (= Mansi: Collectio)

Mersy, F. L. (Hg.): Sind Reformen in der katholischen Kirche notwendig?, Offenburg 1833

Migne, J. P.: Patrologiae cursus completus, series latina, Bd. 1–217, Paris 1844–1855 (= Migne: PL)

– Patrologiae cursus completus, series graeca, Bd. 1–161, Paris 1857–1866 (= Migne: PG)

Mirbt, C. / Aland, K.: Quellen zur Geschichte des Papsttums und des römischen Katholizismus, Bd. I, Tübingen 1967

Möhler, Johann Adam: Vom Geist des Zölibates. Beleuchtung der Denkschrift für die Aufhebung des den katholischen Geistlichen vorgeschriebenen Zölibates, hg. v. Dieter Hattrup, Paderborn 1992

Mynarek, Hubertus: Eros und Klerus. Vom Elend des Zölibats, Düsseldorf/Wien 1978

Papst Johannes Paul II.: Nachsynodales Apostolisches Schreiben Pastores dabo vobis an die Bischöfe, Priester und Gläubigen über die Priesterausbildung im Kontext der Gegenwart, Würzburg 1992

Pesch, Wilhelm / Hünermann, Peter / Klostermann, Ferdinand: Priestertum – Kirchliches Amt zwischen gestern und morgen, Aschaffenburg 1971

Pfürtner, Stephan H.: Kirche und Sexualität, Reinbek 1972

– Sexualfeindschaft und Macht. Eine Streitschrift für verantwortete Freiheit in der Kirche, Mainz 1992

Picard, Paul: Zölibatsdiskussion im katholischen Deutschland der Aufklärungszeit. Auseinandersetzung mit der kanonischen Vorschrift im Namen der Vernunft und der Menschenrechte, Düsseldorf 1975

Priesterlicher Lebensstil in der Gegenwart, Würzburg 1962

RAC = Reallexikon für Antike und Christentum, Stuttgart 1950 ff.

Rahner, K. / Vorgrimler, H.: Kleines Konzilskompendium, Freiburg/Basel/Wien 1967

– (Hg.): Diaconia in Christo. Über die Erneuerung des Diakonates, Freiburg/Basel/Wien 1982

Rajšp, Aleksander: „Priester" und „Laien". Ein neues Verständnis, Düsseldorf 1982

Rauch, Andreas / Imhof, Paul (Hg.): Das Priestertum in der Einen Kirche. Diakonat, Presbyterat und Episkopat, Aschaffenburg 1987

Rey, Karl Guido: Das Mutterbild des Priesters. Zur Psychologie des Priesterberufes, Zürich 1969

Rice, David: Kirche ohne Priester. Der Exodus der Geistlichen aus der katholischen Kirche, München 1991

Rinser, Luise: Zölibat und Frau, Würzburg 1967

Römischer Katechismus nach dem Beschlusse des Konzils von Trient, Kirchen/Siegen 1970

Roskovány, Anton de: Coelibatus et Breviarium: duo gravissima clericorum officia, e monumentis omnium saeculorum demonstrata. Accessit completa literatura, Bd. I–IV, Pest 1861, Bd. VI–VII, Neutra 1877, Bd. IX–X, Neutra 1881. Supplementa ad collectiones monumentorum et literaturae, Bd. III–IV, Neutra 1888

Sand, Alexander: Reich Gottes und Eheverzicht im Evangelium nach Matthäus, Stuttgart 1983

Schillebeeckx, Edward: Der Amtszölibat. Eine kritische Besinnung, Düsseldorf 1967

– Das kirchliche Amt, Düsseldorf 1981

Schimmelpfennig, Bernhard: Zölibat und Lage der „Priestersöhne" vom 11. bis 14. Jahrhundert, in: Historische Zeitschrift 227 (1978) 1–44

– Die Degradation von Klerikern im späten Mittelalter, in: Zeitschrift für Religions- und Geistesgeschichte 34 (1982) 305–323

Schmidtchen, Gerhard: Priester in Deutschland. Forschungsbericht über die im Auftrag der Deutschen Bischofskonferenz durchgeführte Umfrage unter allen Welt- und Ordenspriestern in der Bundesrepublik Deutschland, Freiburg/Basel/Wien 1973

– Umfrage unter Priesteramtskandidaten. Forschungsbericht des Instituts für Demoskopie Allensbach über eine im Auftrag der Deutschen Bischofskonferenz durchgeführte Erhebung, Freiburg/Basel/Wien 1975

Seybold, Michael: „Priester auf ewig?" Dogmatische Anmerkungen zur Laisierung von Priestern, in: Theologie und Glaube 65 (1975) 19–37

Sipe, A. W. Richard: Sexualität und Zölibat, Paderborn 1992

Stickler, Alfons Maria: La continenza dei diaconi specialmente nel primo millennio della Chiesa, in: Salesianum 26 (1964) 275–302

– Tratti salienti nella storia del celibato, in: Sacra doctrina 60 (1970) 585–620

– A New History of Papal Legislation on Celibacy, in: The Catholic Historical Review 57 (1978) 76–84

– Der Klerikerzölibat. Seine Entwicklungsgeschichte und seine theologischen Grundlagen, Abensberg 1993

Stiegler, Martin: Mein Versöhnungsweg vom Priester zum Laien und Ehepartner, in: E. Garhammer / F. Gasteiger / H. Hobelsberger / G. Tischler (Hg.): … und führe uns in Versöhnung. Zur Theologie und Praxis einer christlichen Grunddimension, München 1990, S. 74–86

Theiner, August / Theiner, Johann Anton: Die Einführung der erzwungenen Ehelosigkeit bei den christlichen Geistlichen und ihre Folgen, 2 Bde., Altenburg 1828, 3 Bde., Breslau 1845

Thomé, Josef: Gedanken zum Zölibat. Mit einer Einführung von Franz Lüttgen, Aachen 1992

Thüsing, Wilhelm: Die Intention Jesu und der Zölibat, in: Diakonia 3 (1972) 363–377

Vogels, Heinz-Jürgen: Pflicht-Zölibat, München 1978; überarb. Auflage unter dem Titel: Priester dürfen heiraten. Biblische, geschichtliche und rechtliche Gründe, Bonn 1992

Waltermann, Leo: Über den Zölibat der Priester. Niederschrift einer Diskussion, Köln 1970

Welten, Angelika: Diagnose: Zölibat. Bericht einer Betroffenen, Frankfurt 1991

Wendebourg, Dorothea: Die alttestamentlichen Reinheitsgesetze in der frühen Kirche, in: Zeitschrift für Kirchengeschichte 95 (1984) 149–170

Wili, Hans-Urs: Zur Zölibatspflicht der Weltkleriker im katholischen Kirchenrecht, in: Pfammatter, Josef / Furger, Franz (Hg.): Theologische Berichte, Bd. IV, Zürich/Einsiedeln/Köln 1974, S. 183–244

Winninger, Paul: Ordonner des prêtres. Le célibat une loi, le ministère une nécessité, Paris 1977

Wulf, Friedrich: Zur Theologie der christlichen Ehelosigkeit und Jungfräulichkeit, in: Geist und Leben 36 (1963) 341–352

– Zur Anthropologie von Zölibat und Jungfräulichkeit, in: Geist und Leben 36 (1963) 352–360

Zirker, Leo: Leben im Dialog. Perspektiven für ein zeitgemäßes Priesterbild, Mainz 1976

Zöller, Josef O.: Abschied von Hochwürden. Seelsorger der Zukunft, Frankfurt 1969

Weitere Bücher von Georg Denzler zu diesem Thema

Das Papsttum und der Amtszölibat
2 Teilbände, Verlag Hiersemann, Stuttgart 1973–1976

Priester für heute
Verlag Kösel, München 1980

Die verbotene Lust
2000 Jahre christliche Sexualmoral
Verlag Piper, München 1988, 3. Aufl. 1991

Lebensberichte verheirateter Priester
Autobiographische Zeugnisse zum Konflikt zwischen Ehe und Zölibat
Verlag Piper, München 1989

Religion im Gespräch

Eugen Drewermann
Die Spirale der Angst
Der Krieg und das Christentum
Mit vier Reden gegen den Krieg am Golf
Band 4003
Ein Buch für eine neue Qualität des Zusammenlebens in Politik,
Gesellschaft und Religion.

Eugen Drewermann
Der tödliche Fortschritt
Von der Zerstörung der Erde und des Menschen im Erbe des
Christentums
Band 4032
Eine erschreckende Bilanz – zugleich ein Plädoyer für ein neues
Menschenbild.

Karlheinz Weißmann
Druiden, Goden, Weise Frauen
Zurück zu Europas alten Göttern
Band 4045
Sind die neuen Heiden im Kommen? Fakten und Trends.

Carl Friedrich von Weizsäcker
Die Sterne sind glühende Gaskugeln und Gott ist gegenwärtig
Über Religion und Naturwissenschaft
Band 4077
Ein Buch, das mit uralten Mißverständnissen aufräumt und einen
radikalen Bewußtseinswandel fordert.

Peter L. Berger
Der Zwang zur Häresie
Religion in der pluralistischen Gesellschaft
Band 4098
Religion ist kein Schicksal. Man muß sich dafür entscheiden. Ein
kontroverses Buch, das keine Auseinandersetzung scheut.

HERDER / SPEKTRUM

Johann Maier
Geschichte der jüdischen Religion
Band 4116

Die aufregende und wechselvolle Biographie einer der ältesten
Menschheitsreligionen der Welt.

Georg Fohrer
Geschichte der israelitischen Religion
Band 4144

Von Macht und Ohnmacht, phantastischen Aufbrüchen und verheerenden
Niederlagen: ein Meisterwerk lebendiger Geschichtsschreibung.

Dalai Lama
Einführung in den Buddhismus
Die Harvard-Vorlesungen
Band 4148

Ein faszinierendes Dokument östlicher Geisteskultur, wie es außer dem
Friedensnobelpreisträger wohl kaum ein buddhistischer Lehrer entfalten
kann.

Das Ethos der Weltreligionen
Islam, Hinduismus, Buddhismus, Judentum, Christentum,
Konfuzianismus
Herausgegeben von Adel Theodor Khoury
Band 4166

Die Herausforderungen der Gegenwart können nur im Zusammenwirken
aller Religionen gemeistert werden. Eine realistische Vision.

Daisetz T. Suzuki
Wesen und Sinn des Buddhismus
Ur-Erfahrung und Ur-Wissen
Band 4197

Die Quintessenz des Buddhismus: Grundideen des Zen, seine Spiritualität
und Philosophie in überzeugend klarer Darstellung.

HERDER / SPEKTRUM

Scientology – der Griff nach Macht und Geld
Selbstbefreiung als Geschäft
Herausgegeben von Friederike Valentin und Horand Knaup
Herder/Spektrum Band 4109
Praktiken und Programm eines weltweit vernetzten Wirtschaftsgiganten,
der sich als Heilsbringer tarnt.

Hartmut Stegemann
Die Essener, Qumran, Johannes der Täufer und Jesus
Ein Sachbuch
Herder/Spektrum Band 4128
Das Geheimnis der Höhlen von Qumran und einer der einflußreichsten
religiösen Vereinigungen zur Zeit Jesu.

Eugen Drewermann/Eugen Biser
Welches Credo?
Ein Disput
Herausgegeben von Michael Albus
Herder/Spektrum Band 4202
Das Credo: leere Formel oder Fundament des Lebens? Ein kontroverses
Buch, das zuspitzt, was am Christentum wesentlich bleibt.

Friedrich-Wilhelm Haack
Europas neue Religion
Sekten – Gurus – Satanskult
Herder/Spektrum Band 4221
Haben Kirchen und Gesellschaft versagt? Zunehmend bedienen sich neue
Gruppierungen raffinierter psychologischer Methoden, um Menschen in
ihren Bann zu ziehen.

Erhart Neubert
Vergebung oder Weißwäscherei
Zur Aufarbeitung des Stasiproblems in den Kirchen
Herderbücherei Band 1785
Der Ostberliner Erhart Neubert klärt in seinem gründlich recherchierten,
umfassenden Buch Voraussetzungen und Hintergründe für eine
Vergangenheitsbewältigung in der Kirche.

Herder Taschenbuch

Die Faszination der Weltreligionen

Die fünf großen Weltreligionen
Islam, Judentum, Buddhismus, Hinduismus, Christentum
Herausgegeben von Emma Brunner-Traut
Band 4006
Über die Grenzen der Kontinente hinweg erschließt dieses Buch den Kosmos der Religionen.

A. Th. Khoury/L. Hagemann/P. Heine
Islam-Lexikon
Geschichte – Ideen – Gestalten
Drei Bände in Kassette
Band 4036
„Ein echter, wertvoller Gewinn, gleichsam eine Gebrauchsanleitung für das Gespräch von morgen" (Rheinischer Merkur).

Lexikon der Religionen
Phänomene – Geschichte – Ideen
Herausgegeben von Hans Waldenfels
Begründet von Franz König
Band 4090
„In Fachkompetenz, Klarheit und Aktualität einzigartig" (Süddeutscher Rundfunk).

Die Bhagavadgita
Herausgegeben von Sri Aurobindo
Mit einem Nachwort von Anand Nayak
Band 4106
Die älteste heilige Schrift der Menschheit in der tiefschürfenden Übertragung eines der bedeutendsten indischen Yogis.

Die Reden des Buddha
Lehre, Verse, Erzählungen
Band 4112
Texte voll denkerischer Tiefe und Poesie – ein Kompendium des Weisheitswissens von unvergleichlicher Aktualität.

HERDER / SPEKTRUM

Meditation und Deutung

Karlfried Graf Dürckheim
Das Tor zum Geheimen öffnen
Ausgewählt und eingeleitet von Gerhard Wehr
Band 4027

Die Kerngedanken eines Meisters der Meditation, der die Weisheitslehren des Ostens und des Westens schöpferisch vereint hat.

Karlfried Graf Dürckheim
Vom doppelten Ursprung des Menschen
Band 4053

„Menschliche Reife ist kein Privileg für wenige. Praktische Übungen, die jeder vollziehen kann" (Lehrer und Schule heute).

Eugen Drewermann
Dein Name ist wie der Geschmack des Lebens
Tiefenpsychologische Deutung der Kindheitsgeschichte nach dem Lukasevangelium
Band 4113

Die geheimnisvolle Botschaft von der Ankunft Gottes in der Welt wird in dieser poetischen Meditation der Liebe lebendig.

Hugo M. Enomiya-Lassalle
Zen – Weg zur Erleuchtung
Einführung und Anleitung
Band 4121

Die klassisch gewordene Einführung. Eine unwiderstehliche Einladung zu einem neuen Leben aus der Kraft der Meditation.

Maria Kassel
Biblische Urbilder
Tiefenpsychologische Auslegung nach C. G. Jung
Band 4137

Bilder bergen einen ungeahnten Schatz. Wer ihn hebt, findet die Tiefe des eigenen Lebens.

HERDER / SPEKTRUM

Hugo M. Enomiya-Lassalle
Der Versenkungsweg
Zen-Meditation und christliche Mystik
Band 4142

In jedem Menschen steckt ein Mystiker – hier vermittelt der große Lehrer
fernöstlicher Weisheit die Essenz seiner Erfahrung.

Karlfried Graf Dürckheim
Meditieren – wozu und wie
Band 4158

Geheimnisse erfahren und sich als ganzer Mensch verwandeln. – Eines der
reifsten und praktischsten Werke Karlfried Graf Dürckheims.

Eugen Drewermann
Der gefahrvolle Weg der Erlösung
Die Tobitlegende tiefenpsychologisch gedeutet
Band 4165

Die zentrale Botschaft vom Urvertrauen und der Überwindung der Angst:
hier werden Geheimnis und Wunder des ganzen Lebens lebendig.

Katsuki Sekida
Zentraining
Das große Buch über Praxis, Methoden, Hintergründe
Band 4184

Wie kann man als westlicher Mensch Zen-Meditation lernen?
„Das erste umfassende Handbuch" (Psychology today).

Karlfried Graf Dürckheim
Von der Erfahrung der Transzendenz
Band 4196

„Für Leser, die auf ihrem Lebensweg spirituell vertiefte Weiterentwicklung
suchen" (Das neue Buch).

HERDER / SPEKTRUM